新知 XINZHI 严格依据最新甘肃省选拔万名普通高校毕业生到基层工作考试大纲编写

2015 最新版

甘肃省选拔万名普通高校毕业生到基层工作考试专用教材

社会保障专业知识

甘肃省选拔万名普通高校毕业生到基层工作考试命题研究组 编

本书特色

- 内容全面 针对性强
- 考纲为本 真题链接
- 知识框架精细 体系明晰

内容涵盖

- 社会保障理论
- 社会保障实务
- 社会保障政策法规

蘭州大學出版社

图书在版编目（CIP）数据

社会保障专业知识 / 甘肃省选拔万名普通高校毕业生到基层工作考试命题研究组编. -- 兰州 : 兰州大学出版社, 2015.2

甘肃省选拔万名普通高校毕业生到基层工作考试专用教材

ISBN 978-7-311-04699-6

Ⅰ. ①社… Ⅱ. ①甘… Ⅲ. ①基层干部—招聘—考试—中国—教材②社会保障—中国—教材 Ⅳ. ①D630.3 ②D632.1

中国版本图书馆CIP数据核字(2015)第035079号

责任编辑　马继萌　武素珍
封面设计　盛宇图文

书　　名　社会保障专业知识
作　　者　甘肃省选拔万名普通高校毕业生
　　　　　到基层工作考试命题研究组　编
出版发行　兰州大学出版社　（地址:兰州市天水南路222号　730000）
电　　话　0931-8912613(总编办公室)　0931-8617156(营销中心)
　　　　　0931-8914298(读者服务部)
网　　址　http://www.onbook.com.cn
电子信箱　press@lzu.edu.cn
印　　刷　白银兴银贵印务有限公司
开　　本　850 mm×1168 mm　1/16
印　　张　14.75
字　　数　408千
版　　次　2015年2月第1版
印　　次　2015年2月第1次印刷
书　　号　ISBN 978-7-311-04699-6
定　　价　58.00元

前 言

为贯彻中央提出的“将高校毕业生就业工作放在就业工作首位”的要求，着力做好高校毕业生就业工作，进一步提高农村中小学、乡镇卫生院、乡镇畜牧兽医站、农技推广站及基层社保、文化、旅游等岗位专业技术人员素质，优化基层人才队伍结构，切实解决当前毕业生就业困难，缓解就业压力，我省出台了扶持一万名高校毕业生就业实施方案。该方案的提出为各位为“前途”和“生存”无计可施的广大高校毕业生提供了多种多样的平等就业机会，既解决了高校毕业生的就业问题，也为解决我省基层人才资源稀缺贡献出了一份力量，可谓一举两得。

《社会保障专业知识》是《甘肃省选拔万名高校毕业生下基层考试专用教材》系列丛书之一，是社会保障类考生的专用教材，它以2013、2014年甘肃省选拔高校毕业生下基层社会保障工作岗位考试为依托，旨在为考生服务。

本教材涵盖社会保障理论、社会保障实务和社会保障政策法规三篇内容，其中第二篇是全书的核心，涵盖了社会保险、养老保险、医疗保险、工伤保险、失业保险、生育保险、社会救助、社会福利、社会优抚和补充保障十章内容。每章增加了重要考点、出题频次、经典例题、命题趋势、易考点、经典真题再现以及附加的强化提升训练、参考答案与解析。一切从真题出发，可谓齐全周到，为诸位考生在有效的时间内系统化地梳理有关考试知识的重点难点，从而掌握一定的考试技巧提供帮助。此外，本教材编者从自身经验以及对考生、考试的了解出发，从对真题的揣摩和研究出发，多次进行实战模拟，旨在编撰出内容全面、针对性强、体系明确的考试教材，使每一位考生能够轻松地融会贯通，在兴趣与快乐中学习，轻松应对考试。

您的成功是我们最大的心愿，您的支持是我们最大的动力。愿各位考生都能够苦尽甘来，得偿所愿。

本书编写组

2015年2月

目　　录

第一篇　社会保障理论

第二篇　社会保障实务

第三篇 社会保障政策法规

第一篇　社会保障理论

本篇为理论篇，主要介绍了社会保障的相关理论，包括社会保障概述、社会保障制度、社会保障体系与模式、社会保障立法与管理、社会保障基金制度五章内容。本篇的重点在于第二章、第三章和第四章，其中社会保障体系与模式、社会保障立法与管理是历年来的常考内容。本篇的内容多以记忆、比较为主，考生在复习本篇时要有主次，抓住易考点以及学习导读的内容，再结合强化提升训练的试题，提高效率。

第一章 社会保障概述

本章提要：

了解社会保障的理论界定及其差异的形成，熟悉社会保障的学科性质与理论框架以及社会保障的基本特征与原则，同时正确理解社会保障的目标、功能与意义。

重要考点	出题频次	经典例题	命题趋势
社会保障的特征与原则	★★★	社会保障在实践中表现为项目、水平一旦上去，就很难再逆转，这体现了社会保障具有（C）。 A. 社会化特征 B. 福利性特征 C. 刚性发展特征 D. 多样性特征	重点考查社会保障的主要特征及其具体表现，常以选择题或判断题的形式进行考查
社会保障的目标、功能及意义	★★	社会保障的功能包括（ABC）。 A. 经济调节功能 B. 实现共同富裕功能 C. 维稳功能 D. 劳动力的再生产功能	重点考查社会保障的目标与功能，常以多项选择题的形式进行考查

第一节 社会保障的理论界定

自古以来，就总有一部分社会成员会因为各种原因陷入生活困境，需要政府、社会或他人的援助才能避免生存危机。各国政府为了维护社会稳定、缓和阶层矛盾，在很早以前就制定并实施诸如救灾、济贫等方面的社会政策，如中国历代统治者均实施过救灾救荒的措施，英国则在1601年颁布了《济贫法》。19世纪末，德国为适应工业社会的需要，最早建立了与工业文明相适应的社会保险制度，但“社会保障”（Social Security）一词最早出现在美国1935年颁布的《社会保障法》中。此后，社会保障一词才被有关国际组织及多数国家所接受，并逐渐成为以政府和社会为责任主体的福利保障制度的统称。

一、国外对社会保障的界定

1. 国际劳工组织对社会保障的界定

国际劳工组织对社会保障的界定，作为以维护劳工权益为己任的主要国际性组织，国际劳工组织在1942年出版的文献中即将社会保障界定为，通过一定的组织对这个组织的成员所面临的某种风险提供保障，为公民提供保险金、预防或者治疗疾病、失业时资助并帮助他们重新找到工作。

2. 德国对社会保障的界定

德国是社会保险制度的发源地，社会保险制度的出现标志着现代社会保障制度的产生。德国对社会保障的理解主要是基于德国社会市场经济的理论，将社会保障理解为社会公平和社会安全，认为社会保障是对竞争中不幸失败的那些人提供基本的生活保障。

3. 英国对社会保障的界定

英国是西方福利国家的代表,建立福利国家的理论与政策依据是1942年由贝弗里奇起草的研究报告《社会保险及相关服务》。在这份报告中社会保障首次被赋予了普遍性原则和类别原则,被认为是代表社会进步的可理解的政策的一个组成部分,其目的是为国民在失业、疾病、伤害、年老以及家庭收入锐减、生活贫困时给予的生活保障。

4. 美国对社会保障的界定

美国是最早采用社会保障一词的国家,其对社会保障的界定为,根据政府法规而建立的项目,给个人谋生能力中断或丧失以保险,还为结婚、生育或死亡而需要某些特殊开支时提供保障。为抚养子女而发给的家属津贴也包括在这个定义之中。

5. 日本对社会保障的界定

日本官方对社会保障的界定是对疾病、负伤、分娩、残疾、死亡、失业、多子女及其他原因造成的贫困,从保险方法和直接的国家负担上,寻求经济保障途径。日本学术界认为社会保障有广义和狭义之分,而日本社会福利学者亦有不同的看法。

实际上,对社会保障概念界定的差异在一国之内的不同历史时期和不同学者之间亦存在,这是因为社会保障一直处于发展之中,而研究者亦有着自己不同的价值取向与研究视角,因此,要想有一个全球统一的社会保障理论界定在相当长时期内还是难以实现的。

二、港台地区对社会保障的界定

由于香港、澳门长期被英国、葡萄牙占领,回归后又一直实行"一国两制",台湾则与大陆分割而治已达半个多世纪,致使中国一国四地不仅在社会保障实践方面有很大的差异,而且在对社会保障概念的认识方面也存在着分歧。

1. 香港地区对社会保障的界定

在香港,官方界定的社会保障是以政府为责任主体并通过向有需要人士直接发放款项的方式提供的福利,包括综合保障援助计划、公共福利金计划、暴力及执法伤亡赔偿计划、交通意外伤亡援助计划、灾民紧急救济等。香港学者周永新认为社会保障是政府为保障国民最低生活需求所采取的政策措施,包括非供款性的社会救助、供款性的社会保险和普遍津贴制度等。另一专家莫泰基则认为,社会保障可以理解为一个政府设立的制度,运用大众的财富,给予需要的人最基本或应得的援助,借以维持生活需要,以及配合社会发展,增加国民福利。由此可见,香港官方的界定范围较窄,而专家学者的界定范围较宽,不仅限于官方的非供款性援助,还包括了供款性的社会保险等在内。

2. 台湾地区对社会保障的界定

台湾的社会保障制度较香港要健全,对社会保障概念的界定是认为社会保障是国家以社会救助、社会保险以及公共服务等各种不同方式,对于国民因遭遇危险事故,以致失能、失依,因而生活受损的人,提供各项生活需求,给予其健康保障、职业保障及收入保障,从而促进民族健康、全民就业及民生均足。总体而言,台湾地区更好提社会福利概念或将社会保险、社会救助、社会福利等概念分割界定。

三、中国内地对社会保障的界定

中国内地对社会保障的认知有其共识的一面,即都以广义的社会保障为对象,但在具体阐述其定义时,依然存在着较大的差异。

1. 官方对社会保障的界定

官方对社会保障的界定为，社会保障是国家和社会对全体社会成员的社会生活提供基本保障的制度安排，但未完全定型，如是否将教育福利纳入社会保障体系，是否将商业保险尤其是商业性的人寿保险、医疗保险等纳入社会保障体系等。

2. 理论学术界对社会保障的界定

在理论学术界，陈良瑾认为，社会保障是国家和社会通过国民收入的分配与再分配，依法对社会成员的基本生活权利予以保障的社会安全制度。侯文若认为，社会保障可理解为是对贫者、弱者实行救助，使之享有最低生活，对暂时和永久失去劳动能力的劳动者实行生活保障并使之享有基本生活，以及对全体公民普遍实施福利措施，以保证福利增进，而实行全社会安定，并让每个劳动者乃至公民都有生活安全感的一种社会机制。郑功成在综合考察现代社会保障制度在各国的发展实践，以及国际性组织、部分国家政府及有关学者对社会保障的概念界定后，提出了对社会保障的定义，认为社会保障是国家或社会依法建立的、具有经济福利性的、社会化的国民生活保障系统。在中国，社会保障则是各种社会保险、社会救助、社会福利、军人福利、医疗保障、福利服务以及各种政府或企业补助、社会互助等社会措施的总称。这一定义包括了以下必备要素：

(1)依法建立，即现代社会保障制度遵循的是立法先行的原则，是通过社会保障立法来确立社会保障制度，法制规范是社会保障制度赖以建立的客观基础与依据。

(2)突出以人为本，即它以保障和改善国民生活、增进国民福利为宗旨，包括经济保障与服务保障等。

(3)具有经济福利性，即从直接的经济利益关系来看，因有政府、雇主与社会各界的参与和分担责任，受益者的所得要大于所费。

(4)属于社会化行为，即由官方机构或社会团体来承担社会保障的实施任务，而非供给者与受益方的直接对应行为。

四、社会保障的三个层次

基于上述理论界定，社会保障的主要内容除了包括社会救助、社会保险与社会福利三大部分外，还包括面向军人的独立保障系统，以及其他补充性的社会保障措施。从层次上划分，社会保障可以划分为以下三个层次：

(1)经济保障，即从经济上保障国民的生活，它通过现金给付或援助的方式来实现，解决的是国民遭遇生活困难时的经济来源问题。

(2)服务保障，即适应家庭结构变迁与自我保障功能弱化的变化，通过提供服务的方式来满足国民对个人生活照料服务的需求，如安老服务、康复服务、儿童服务等。

(3)精神保障，即精神慰藉，是人的正常、健康生活的必要组成部分，因此现代社会保障还日益承担着为需要者提供精神保障的责任。尽管在实践中，难以将精神保障作为特定的制度安排来加以建设，但发达国家和地区的社会保障制度实践表明，制度化安排中确实需要尊重并满足有需要者的精神保障需求。

第二节　社会保障的特征与原则

一、社会保障的主要特征

现代社会保障制度的基本特征，主要表现在它的公平性、社会化、福利(互济)性、法制规范性、多样性及刚性发展性等方面。

1．公平性特征

社会保障的公平性特征，主要表现在：保障范围的公平性、保障待遇的公平性、保障过程的公平性等。

2．社会化特征

社会保障之所以有别于家庭保障与职业（或机构）福利，是因为它不是封闭运行而是面向整个社会开放，并通过社会化机制加以实施的制度安排，因此社会化是现代社会保障制度的重要特征。其特征主要表现在：制度的开放性、筹资社会化、服务社会化、管理与监督社会化。

3．福利性特征

社会保障的福利性特征，即相对于社会成员个人而言，其在社会保障方面的支出要小于在社会保障方面的收入。换言之，凡所得大于所费即具有了福利性。福利性作为社会保障制度的一个基本特征，决定了社会保障虽然可以引进一定的市场机制，但它在本质上却是市场机制无法调控的。因此，我们可以自由讨论社会保障制度的范围与水平问题，并适当控制其范围与水平，但在政策实践中却不可能否定这一制度的福利性色彩。

4．法制规范性特征

社会保障制度的法制规范特征，主要体现在法律的规范与强制方面。其一，法律的强制规范为社会保障的运行提供了必须遵守的行为准则；其二，政府只能根据法律的规范与授权，并在法律允许的范围内对社会保障制度的运行进行干预；其三，即使不是由政府直接管理而由民间举办的社会保障事务（如慈善公益事业），也必须有相应的法律、法规来规范才有可能健康发展。因此，尽管社会保障体系的强制性因民间参与程度的提升和政府责任的控制而存在着弱化趋势，但法制规范性这一特征将始终不会改变。

5．多样性特征

基于影响社会保障因素的复杂性和不同国家的传统，以及社会成员对社会保障需求的差异，现代社会保障制度在各国的实践中通常表现出多样性的特征。其特征主要表现在：各国社会保障制度的模式日益多样化；同一项社会保障制度，在一国之内也开始呈现不同的模式；项目结构多样化；水平结构多样化。

6．刚性发展特征

现代社会保障制度在项目结构、覆盖范围、待遇水平等方面是刚性增长的，这是现代社会保障制度以往实践表现出来的一个显著特征，也是现阶段乃至未来社会考虑社会保障发展问题时必须引起充分注意的特征。

易考点：社会保障的主要特征及其具体表现。

二、社会保障的基本原则

社会保障的基本原则是建立其制度应当奉行的基本准则，通常包括公平性原则、与社会经济发展相适应原则、责任分担原则、普遍性与选择性相结合原则及其他原则。

1．公平性原则

社会保障制度安排，属于公共产品、公共资源在公共领域中的分配，因此，缩小社会贫富差距、创造并维护社会公平，是社会保障制度的基本出发点，也是社会保障政策实践的归宿。根据公平性原则，在社会保障制度设计中，必须打破各种身份限制，公平地对待每个国民并确保其享受到相应的社会保障权益；在社会保障实践中,必须更多地维护好弱势群体的利益,以此达到缩小贫富差距,促进整个社会健康、和谐发展的目标。

2. 与社会经济发展相适应原则

社会保障是国家用经济手段来解决社会问题,进而达到特定政治目标的制度安排,因此社会保障的发展也必须坚持与社会经济发展相适应的原则。一方面,社会发展变化决定着社会保障制度的结构变化;另一方面,社会保障制度的确立无一例外地需要相应的财力支撑,如果没有相应的财力,社会保障制度就会变成无源之水,即使建立起来了也将无法持续下去。

3. 责任分担原则

坚持责任分担原则,实现正式制度安排与非正式制度安排的有机结合,既是政府无法包办社会保障事务和正式制度安排难以满足国民日益增长的福利需求的现实使然,也是提高社会保障公共资源的效率并充分调动民间与社会力量共同促进社会保障事业发展的必由之路,最终目的仍然是为了增加国民的福利。

4. 普遍性与选择性相结合原则

社会保障的普遍性原则是1942年贝弗里奇起草的《社会保险及相关服务》政策研究报告中提出的一项基本原则,它要求国家在确立社会保障制度时,其对象、范围不能局限于贫困阶层,而应当使全体国民均能够享受到相应的社会保障与福利。选择性原则是一些强调效率优先的国家与发展中国家在社会保障制度安排中遵循的一项原则,其含义在于根据国家财政的承受能力和受保障者的经济收入状况及对社会保障的需求程度,有区别地安排社会保障的项目、对象范围、筹资方式和待遇水平等。

5. 其他原则

除上述四大基本原则之外,社会保障制度建设还需要遵循互济性原则、法制性等原则。互济性原则既是社会保障制度赖以生存与发展的基础,也是增进整个社会协调发展的重要条件;法制性原则强调的是社会保障制度必须以立法为依据,以社会保障法律作为制度确立的标志,以社会保障法律作为实施社会保障项目的依据,以社会保障法律作为政府管理与监督社会保障事务的依据。

第三节 社会保障的目标、功能及意义

社会保障作为国家发展进程中的重要制度安排,是通过以经济手段来解决相应的社会问题进而实现特定的政治与社会目标的,它在实践中发挥着自己的功能,同时也体现出其他制度不可替代或者不可完全替代的一些基本特征。

一、社会保障的目标

1. 社会保障目标的发展

社会保障从非正式制度到正式制度安排,其追求的目标也是随着社会的发展进步而不断发展变化的。

早期的社会保障主要基于维护统治阶级的统治秩序,从而客观上充当着统治者控制社会并使统治秩序得以延续的工具。进入现代社会后,社会保障的目标也不断发生变化,从单纯追求社会安全或社会稳定,逐渐发展成为以人道主义为重点与核心,以公平与正义为各国人民共同的追求的新时期社会保障理论。例如,20世纪50年代以后在许多发达国家建立的福利国家模式,就已经不再是以社会安全为这一制度的追求目标或者说已经不再是这些国家社会保障制度的主要目标,其追求的是社会公平与正义。

从现代社会的发展进程与文明进步的视角出发，综合考察各国的社会保障制度，尤其是发达国家的社会保障制度，可以发现，社会保障的总目标是通过保障和改善国民生活、增进国民福利来实现整个社会的和谐发展。

易考点：社会保障的总目标是通过保障和改善国民生活、增进国民福利来实现整个社会的和谐发展。

2. 社会保障制度的分目标

围绕着上述总目标，社会保障制度在实践中需要实现以下分目标：

(1)帮助国民摆脱生存危机。由于各种先天与后天因素的影响，部分国民可能因天灾人祸、失业、疾病等各种原因陷入生活困境，如果没有相应的社会保障，这部分国民将陷入生存危机而无法自拔，因此，通过相应的制度安排来解除国民的生存危机是社会保障的一个基本目标，也是最低追求目标。

(2)满足国民的生活保障需求，不断改善和增进国民的福利。随着社会经济的发展，人们对社会保障的需求也是不断发展的。如在人口老龄化的背景下，人们不仅对养老金保障有需求，而且对各种个人生活照料服务有着强烈需求；在最低食物保障得到满足后，人们还会要求有相应的精神、文化、教育福利等。因此就要求社会保障制度通过提供经济保障、服务保障以及精神保障，来满足国民福利增长需求并保证不断改善和增进国民福利的目标的。相对于前一个目标而言，这一目标是更高层次的追求。

(3)实现整个社会的和谐发展。作为一个由多个社会保障子系统或项目构成的基本社会制度，社会保障追求的并不只是解决某些社会问题和增进国民福利的目标，而是为了促使整个社会的和谐发展。即社会保障虽然属于社会政策与公共政策范畴，但又不单纯是一项社会政策或者公共政策，它还需要综合考虑经济社会的协调发展以及自身的可持续发展，还要兼顾社会各阶层的利益。与经济政策或其他社会政策目标较为单一相比较，社会保障对实现整个社会的和谐发展负有更多的责任，它构成了和谐社会的核心制度安排。

二、社会保障的基本功能

社会保障的功能，是指社会保障包括其各个子系统及其具体项目在实施过程中发挥出来的实际效能和作用。在国家社会经济发展进程中，社会保障通常发挥着保障基本生活、维护社会稳定、促进经济发展、保持社会公平、增进国民福利等多重功能作用。

(1)保障基本生活。保障公民的基本生活，是社会稳定和经济发展的前提，也是社会保障最核心的功能。国家建立社会保障体系，保障公民的基本生活，免除劳动者的后顾之忧，不仅是经济发展和社会稳定的需要，也是人权保障的重要内容，是社会进步的体现。如今，社会保障已经成为国际公约和绝大多数国家法律明确规定的公民的一项基本权利。

(2)维护社会稳定。19 世纪资本主义国家之所以要创建社会保障制度，其根本原因就是要以此巩固资本主义生产方式，缓和阶级矛盾，维护资产阶级政权的统治和社会稳定，所以说，社会保障是工人阶级长期斗争的结果。第二次世界大战后，社会主义在许多国家取得胜利，促使资本主义国家政府更加重视社会保障，不得不发展社会福利事业，其根本目的就是缓和阶级矛盾，维持资产阶级统治。我国是社会主义国家，社会主义国家的本质是解放和发展生产力，消灭剥削、消除两极分化，最终实现共同富裕的目的。在我国实行社会保障，有利于缩小社会贫富差距，增进社会整体福利，是社会主义国家实现共同富裕目标的一项重要手段，从而从根本上维护社会稳定。

(3)促进经济发展。首先，社会保障可以调节社会总需求，平抑经济波动。当经济衰退而失业率上升、人民生活水平下降时，失业保险和社会救济有助于提高社会购买力，拉动有效需求促进经济复苏；当经济高涨而失业率下降时，社会保障支出相应缩减，从而使即期的社会总需求不致过度膨胀。其次，社会保障基金的长期积累和投资运营有助于完善资本市场。再者，社会保障确保劳动者在丧失经济收入或劳动能力的情况下，能维持自身及其家庭成员的基本生活，保证劳动力再生产进程不致受阻或中断。

(4)保持社会公平。社会保障是市场经济国家保持社会公平的一个重要手段，其作用主要表现在两个方面，一是通过保障全体社会成员的基本生活，在一定程度上消除社会发展过程中因意外灾害、失业、疾病等因素导致的机会不均等，使社会成员在没有后顾之忧的情况下参与市场的公平竞争；二是通过全体社会成员之间的风险共担，实现国民收入的再分配，缩小贫富差距，减少社会分配结果的不公平。

(5)增进国民福利。社会保障的最初含义是“救贫”和“防贫”，即保证所有社会成员至少都能享有最低的生活保障。随着经济的发展和社会的进步，社会保障的内容在不断扩充。现代社会保障不仅承担着“救贫”和“防贫”的责任，还要为全体社会成员提供更广泛的津贴、基础设施和公共服务，从而使人们尽可能充分地享受经济和社会发展成果，不断提高物质生活和精神生活的质量。

需要指出的是，在肯定社会保障具有多重功能的同时，也要警惕将社会保障功能泛化。如强调社会保障对经济发展与经济增长做出重要贡献，或者过分突出社会保障对效率的追求，以及将社会保障的政治功能夸大甚至被当成政治竞争工具，必然损害社会保障正常功能的发挥。

三、社会保障的意义

社会保障的意义，主要表现在以下几个方面：

(1)社会保障突出以人为本，彰显人道主义，是人类文明发展进步的重要成果与推动力量。

(2)社会保障维护并创造着公平的竞争环境，促进着经济社会的正常发展。

(3)社会保障不断增进着国民福利。

(4)社会保障能够为其他相关政策的实施提供配套。

(5)社会保障能够创造就业机会，改良着社会产业结构。

综上所述，建立健全社会保障体系有着十分重大的意义。社会发展与市场经济对社会保障的依赖以及社会保障所具有的内在功能，决定了中国不仅需要尽快建立起新型的社会保障制度及其完整的体系，而且需要新型的、独成体系的社会保障理论的指导。

强化提升训练

一、单项选择题

1. 下列不属于社会保障公平性特征的是(　　)。

A. 保障范围的公平性　　B. 保障待遇的公平性

C. 保障过程的公平性　　D. 保障结果的公平性

2. 下列不属于社会保障基本原则的是(　　)。

A. 公平性原则　　B. 责任分担原则

C. 普遍性与特殊性相结合的原则　　D. 互济性原则

3. 社会保险制度的发源地是(　　)。

A. 德国　　B. 美国

C. 英国　　D. 日本

二、多项选择题

1. 从层次上来看,社会保障可以划分为(　　)。

A. 政治保障　　B. 服务保障

C. 经济保障　　D. 精神保障

2. 社会保障的社会化特征表现在(　　)。

A. 筹资社会化　　B. 给付对象的社会化

C. 服务社会化　　D. 管理与监督社会化

3. 社会保障的多样性特征表现为(　　)。

A. 模式多样化　　B. 同一社会保障制度,不同国家内有不同的模式

C. 项目结构多样化　　D. 水平结构多样化

三、判断题

1. 政治因素是影响社会保障制度的首要因素。(　　)

2. 儿童服务、康复服务和安老服务等都是服务保障的内容。(　　)

参考答案与解析

一、单项选择题

1. D【解析】社会保障的公平性特征主要表现在:保障范围的公平性、保障待遇的公平性、保障过程的公平性。

2. C【解析】社会保障的基本原则是建立其制度应当奉行的基本准则,通常包括公平性原则、与社会经济发展相适应原则、责任分担原则、普遍性与选择性相结合原则、互济性原则、法制性原则等。

3. A【解析】德国是社会保险制度的发源地,社会保险制度的出现标志着现代社会保障制度的产生。

二、多项选择题

1. BCD【解析】从层次上划分,社会保障可分为三个层次:经济保障、服务保障和精神保障。
2. ACD【解析】社会保障的社会化特征主要表现在:制度的开放性、筹资社会化、服务社会化以及管理与监督社会化。
3. ABCD【解析】社会保障多样性的特征主要表现在:各国社会保障制度的模式日益多样化;同一项社会保障制度,在一国之内也开始呈现不同的模式;项目结构多样化;水平结构多样化。

三、判断题

1. F【解析】经济因素是影响社会保障制度的首要因素。
2. T【解析】服务保障是指适应家庭结构与自我保障功能弱化的变化,由多元化、专业化的社会服务机构和专业化、职业化的社会工作系统,通过劳务援助、技术培训、心理慰藉等方式来满足社会成员对个人生活照料、尊严的服务需求,如安老服务、康复服务、儿童服务等。

第二章 社会保障制度

本章提要：

通过了解社会保障的发展线索与发展规律，理解并把握影响社会保障制度的诸多因素，同时能够客观地看待社会保障发展进程中的国际经验、教训，全面掌握我国社会保障制度的发展与改革。

重要考点	出题频次	经典例题	命题趋势
社会保障制度概述	★★★	从总体上看，影响社会保障发展进程的因素有(ABCD)。 A. 经济因素　B. 社会因素 C. 道德因素　D. 政治因素	重点考查影响社会保障发展进程的因素、慈善事业与济贫制度的发展，常以多项选择题的形式进行考查
我国社会保障制度的发展	★★	我国1951年建立的社会保障制度的主要覆盖范围是(C)。 A. 农村五保户　B. 城镇居民 C. 城镇企业职工　D. 城镇失业人群	重点考查我国社会保障制度的发展、组成及存在的问题，常以选择题或判断题的形式进行考查

第一节 社会保障制度概述

一、社会保障发展阶段的划分

1. 对社会保障的产生与发展的界定

对社会保障的产生与发展进程，在理论学术界一直存在着不同的见解。一种观点认为应当以1601年英国伊丽莎白时代颁布的《济贫法》为产生标志；另一种则认为应以德国俾斯麦于1883年制定并实施的有关社会保险法律为社会保障制度产生的标志。

2. 郑功成提出的社会保障阶段划分标准

要对社会保障发展实践进行阶段划分，必须有客观、明确的标志。郑功成提出的划分社会保障发展阶段的标志主要有：一定时期内的生产力发展水平或社会经济发展水平；一定时期内社会成员对社会保障的需求；政府介入的程度；社会保障时间的出发点与基本目标；一定时期内社会保障实践的具体内容。根据这些标准和社会保障活动的具体实践，可以对社会保障的发展阶段进行不同的划分。

3. 以政府介入程度为依据对社会保障的划分

以政府介入程度或制度化为依据，可将社会保障在人类社会发展史上的发展实践划分为三个阶段：一是慈善事业时代或前社会保障阶段；二是济贫制度的形成与发展阶段；三是现代社会保障阶段，它又可细分为现代社会保障制度产生阶段、发展阶段与成熟阶段。

4. 以社会保障在不同时期的具体实践内容为依据划分

以社会保障在不同时期的具体实践内容为依据，又可将其分为：社会救助型发展阶段、社会保险型发展阶段和社会福利型发展阶段。

二、影响社会保障发展进程的因素

从总体上考察社会保障的发展历史，可以发现影响其进程及状态的最重要的因素主要有经济因素、社会因素、道德因素以及政治因素。

1. 经济因素

经济因素毫无疑问是社会保障制度的重要影响因素，因为任何社会保障制度或措施都离不开相应的经济基础，因此经济发展水平客观上决定着社会保障的发展水平。然而，经济因素是否在所有地区、所有时代均真正决定着社会保障的发展进程，却还要受到其他因素的制约和影响。

2. 社会因素

社会因素是社会保障制度产生与发展的基础性影响因素，因为任何社会保障实践活动都是基于某种特定社会问题的客观存在且需要通过相应的社会保障措施才能得到解决为前提的，因此社会因素包括社会结构的变迁、社会成员的分化、社会矛盾的激化等，都直接影响着社会保障制度的建设与发展。

3. 道德因素

道德伦理因素在社会保障实践的起源阶段尤其重要，大约在2000年前人们就将乐善好施视为一种高尚的德行，时至今日爱人如己、推己及人、同情弱者、互助互惠的人道主义伦理道德，依然对社会保障制度的发展产生着直接影响，而且上升到公平与正义的价值理念。

4. 政治因素

政治因素的影响，在西方是随着16世纪的宗教改革开始的，而对于中国这样一个中央集权的国家政治因素的影响尤其明显，封建社会官方的救灾济贫事业虽受儒家道德伦理的影响，但主要还是出于维护统治者的政治权力。随着民主政治的发展，政治因素对社会保障制度发展的影响更是无处不在、无时不有，因此政治因素也是现代社会需要引起特别关注的因素。

易考点：从总体上看，影响社会保障发展进程的因素有经济因素、社会因素、道德因素和政治因素。

经典真题再现

[2013年甘肃省选拔万名普通高校毕业生到基层工作考试社会保障专业知识真题]

【原题】下列有关社会保障发展进程的表述错误的是(　　)。

A. 从政府积极介入到政府基本不介入

B. 由非正式制度安排发展到正式制度安排

C. 从为统治者服务到为整个社会的长期稳定和协调发展服务

D. 从一种社会政策演变成社会政策与经济政策等交互作用并相互协调的混合型政策

【解析】答案为选项A。

三、慈善事业与济贫制度的发展

(一)慈善事业时代

易考点:构成慈善事业时代的三大支柱,是宗教慈善事业、官办慈善事业以及民间慈善事业。

1. 宗教慈善事业

在慈善事业时代,最重要的就是宗教慈善事业。西方盛行的各种宗教不仅是当时社会保障思想的重要来源,而且直接指导着各种宗教团体的慈善活动,其中尤以佛教、基督教、天主教等对慈善事业的影响最大。一方面,各种宗教教义多将行善列为基本的准则;另一方面,教会组织开展的各种救灾、济贫、施医助药等活动,在这一时代成为一些西方国家主要的社会保障方式,并随着宗教影响区域的扩大而扩大到全世界。

尽管后来随着宗教的改革与政府势力的增长,国家逐渐介入济贫事业及其他社会保障事业,但宗教慈善事业一直没有间断,迄今为止依然在许多国家地区发挥着传统的救世济困作用,并构成对现代社会保障制度的重要补充。

2. 官办慈善事业

官办慈善事业,即由官方开展但尚未制度化的救济活动。与宗教慈善事业不同,官办慈善事业是以国家的介入并以传统道德及政治需要为基础而产生且得到发展的,这在西方国家有一个渐进的过程,即政府根据需要与实力,在宗教慈善事业不能满足贫弱社会成员的需要时,也可直接出面举办有限的临时性救济活动。但在中国,官办慈善事业则是源远流长的,因为中国历史上一直是皇权至上,宗教在社会上的影响一直未能达到像西方社会那样,因而贫弱社会成员对救灾济贫的需要便只能由官方来满足。

在这一时期政府介入慈善事业,是没有法制约束的,并非固定的、经常性的措施,是被看成是一种恩赐行为且这种救济活动十分有限,因此它只不过是举办者的一般改变而已,仍然是与宗教慈善事业性质相同的一种传统意义上的慈善事业,从而不能与现代社会政府举办的济贫事业相提并论。

3. 民间慈善事业

民间慈善事业,即由民间人士自发举办的各种慈善活动。

经典真题再现

[2013 年甘肃省选拔万名普通高校毕业生到基层工作考试社会保障专业知识真题]

【原题】在慈善事业时代,社会保障是慈善事业的代名词,西方国家是以(　　)。

A. 民办慈善事业为主

B. 官办慈善事业为主

C. 官民合办慈善事业为主

D. 宗教慈善事业为主

【解析】在慈善事业时代,最重要的就是宗教慈善事业。西方盛行的各种宗教不仅是当时社会保障思想的重要来源,而且直接指导着各种宗教团体的慈善活动,其中尤以佛教、基督教、天主教等对慈善事业的影响最大。故选 D。

（二）济贫制度的产生与发展

1.《济贫法》的颁布与济贫制度的确立

国家通过立法的形式来介入济贫事务，是社会保障发展史上的一个重要里程碑，这个里程碑是以1601年英国颁布的《伊丽莎白济贫法》为标志的。

英国颁布《济贫法》的时代背景是社会动荡不安、教权衰落、王权的兴起。面对社会的极度不稳定，1572年英国都铎政府首先通过了强制征收济贫税的条例，之后才是1601年颁布的世界上第一部《济贫法》。该法将已有的宗教和社会救助活动惯例用法律的形式固定下来，首次由官方划定一条贫困线，对有需要的孤、老、病人进行收容，同时为失业者、贫困小孩提供有限的帮助。

易考点：1601年英国颁布的《济贫法》是世界上第一部济贫法。

在西方由农业社会向工业社会过渡时期，济贫制度可以说是一种主要的社会保障模式。

2. 济贫制度的发展

英国自1601年颁布《济贫法》后，又于1723年通过了设立济贫院的法律，其目的是强调使穷人“懂得”劳动。1774—1824年通过了一系列劳工协议法案；1782年通过了格伯特法。1834年，英国议会又通过了著名的《济贫法修正案》，它确立了“略等处置”与“济贫院”规则，实现了减少济贫税的目标。

自英国济贫法颁布后，欧洲其他国家也开始效仿，如瑞典于1763年制定了《济贫法》；荷兰也于1854年颁布了《济贫法》。

易考点：瑞典颁布的《济贫法》在1871年将救济对象限定为老年人。

在北美，最早有记载的是马萨诸塞殖民地首任总督翰·温思罗普在1630年编写的《基督慈善的典范》及1635年的《日志》，一些殖民地则通过了类似英国济贫法的法律。

在中国，历史上并未像英国等国家一样颁布专门的济贫法，但仓储后备经过历代统治者的继承与发展，又确实成为一项用于赈灾济贫的常备制度。

（三）对早期社会保障发展的简要评价

在漫长的农牧社会里，社会保障实践始终处于救助型阶段。一方面，限于当时的生产力水平和社会发展状态，除有限的济贫活动与仓储后备外，根本不可能建立起社会保障基金制度，从而只能满足部分社会成员因灾或因其他不幸事件濒临死亡线上时最起码的社会性保障需求；另一方面，当时的社会结构比较简单，社会成员被分为统治阶级和被统治阶级两大对立阶级，职业结构也主要是从事农牧生产。因此，除宗教慈善事业与民间慈善事业外，官方的社会保障活动只是统治阶级对被统治者实施的所谓“仁政”，其目的是为了防止被统治阶级无法生存时的反抗。

对这一时代的社会保障活动，可以做如下评价：一是它的性质是居高临下的施舍型；二是它的根本目的是防止被统治者反抗；三是它的保障项目是极端有限的；四是它的保障水平是极端低下的；五是它的保障效果是不良的。

从上述分析可见，从慈善事业到济贫制度确立与发展的时代，社会保障经过数千年的孕育，确实在随着社会的发展而发展，但慈善事业只能算是社会保障的起源，而济贫制度的确立也只不过是社会保障由非制度化走向制度化的一个过渡，它们都因非制度性和非权利性，只能算是社会保障发展进程中的初级阶段。

经典真题再现

[2013 年甘肃省选拔万名普通高校毕业生到基层工作考试社会保障专业知识真题]

【原题】以政法介入的程度或制度化为依据，社会保障在人类社会发展史上的发展实践可以划分为(　　)。

A. 慈善事业时代或前社会保障阶段　　B. 济贫制度的形成与发展阶段

C. 现代社会保障阶段　　D. 社会成员共同富裕阶段

【解析】以政法介入的程度或制度化为依据，社会保障在人类社会发展史上的发展实践可以划分为三个阶段：一是慈善事业时代或前社会保障阶段；二是济贫制度的形成与发展阶段；三是现代社会保障制度阶段，又分为产生、发展与成熟阶段。故选 ABC。

第二节　现代社会保障制度

现代社会保障制度是工业化的产物，它以 19 世纪 80 年代德国制定并实施的有关社会保险法律为起始标志。经过 20 世纪上半叶的发展，现代社会保障制度作为一个由多个子系统构成并同时得到发展的体系，由 20 世纪 40—50 年代进入成熟期，到 20 世纪 70—80 年代以后，随着社会经济等诸影响因素的发展变化，各国又先后进入改革、发展与完善阶段。

一、社会保障制度的产生

1. 德国社会保障制度的建立

19 世纪 80 年代，社会保障制度首先在德国产生，这有着政治、经济和社会的原因。在 19 世纪中叶以后，德国已经成为继法国之后的欧洲无产阶级革命中心，"铁血宰相"俾斯麦在残酷镇压工人运动的同时，也逐渐意识到了对工人阶级进行安抚的重要性，他公开宣称社会保险是一种消除革命的投资，一个期待养老金的人是最安分守己的，也是最容易被统治的。俾斯麦实行社会改革中的一项重要措施就是建立社会保险制度，经过议会长时间的辩论研究，1883 年通过了《疾病保险法》，次年通过了《工伤事故保险法》，1889 年又通过了《老年、残疾和遗属保险法》，这三部社会保险法都是强制性的，其权利和义务都受到法律的保护。

经典真题再现

[2013 年甘肃省选拔万名普通高校毕业生到基层工作考试社会保障专业知识真题]

【原题】现代意义的养老保险制度首先产生在(　　)。

A. 美国　　B. 德国　　C. 英国　　D. 法国

【解析】较为公认的具有现代意义上的养老保险制度，是以德国 1889 年颁布的《老年、残疾和遗属保险法》为标志的。故选 B。

2. 德国社会保障制度的性质

德国三部法规的颁布意味着社会关系的三方面——工人、雇主和国家都在起着作用，并对整个社会保障计划的管理有着发言权。资金的来源是由雇主和雇员分担缴纳的保险费，这使工薪劳动者受到一种有稳定资金来源的补助制度的保护。

3. 欧美各国社会保障制度的发展

从20世纪初到30年代,欧美各国先后在工伤、疾病、养老、失业保险等诸多方面通过了立法,他们大部分以德国社会保险计划为范本,同时又相互参照。奥地利1887年建立工伤保险,1888年建立疾病保险,1906年建立养老保险,1920年建立失业保险;丹麦1891年建立养老保险,1916年建立工伤保险;挪威1894年建立失业保险;意大利1898年建立工伤保险,1919年建立养老和失业保险;英国1908年建立养老保险,1911年建立疾病保险;法国1910年建立养老保险;瑞典1913年建立养老保险,1916年建立工伤保险;加拿大1908年建立工伤保险,1927年建立养老保险。

二、现代社会保障制度的发展

1. 现代社会保障制度的发展线索

由于现代社会保障制度是法制化事业,我们可以通过对工业化国家社会保障法制建设的考察,来揭示现代社会保障制度的发展线索。

毫无疑问,1883年德国颁布的《疾病保险法》是现代社会保障制度产生的标志,而1935年美国通过的《社会保障法》以及据此确定的社会保障制度,则是现代社会保障制度由社会保险制度向综合性社会保障制度发展跨出的重要一步。第二次世界大战后英国工党政府宣布建立福利国家则标志着现代社会保障制度开始步入成熟阶段,20世纪70年代末至80年代以来,一些西方国家基于以往社会保障政策中出现的一些问题,开始思考改革的办法,从而促使现代社会保障制度进入了一个改革、发展与完善的新时期。

与此同时,第二次世界大战后,一些国家奉行社会主义制度,它几乎打破了旧制度的一切,在社会保障领域则是普遍建立起国家保险制度,实行着由政府负责的全民保障,但这种制度随着苏联、东欧社会主义国家在20世纪90年代的解体和社会、经济制度的变化而被摒弃。即使在继续奉行社会主义制度的中国,传统社会保障制度经过改革,也逐渐被社会化的新型社会保障制度所取代。

实践证明,包括中国在内的社会主义国家的社会保障制度发展得并不顺利。对于一些发展中国家而言,在社会保障制度建设方面仍处于不平衡状态,有的国家甚至仍未建立起相应的社会保障制度,或者仅建立了适用于少数人口的保障制度。因此,大多数发展中国家仍然需要加强自己的社会保障制度建设。基于上述情形,能够清晰地反映现代社会保障制度发展线索的,只能是一直处于继承与发展过程中的工业化国家的社会保障实践。

2. 现代社会保障制度发展的基本内容

在现代社会保障制度产生阶段,除济贫制度等旧式保障项目依然存在外,与工业社会相适应的社会保险制度逐渐成为社会保障体系中的主体内容,其中疾病保险、工伤保险与老年保险是工业化国家最早关注的领域,后来增加了失业保险,并进一步完善了社会救助制度。

第二次世界大战后,各工业化国家在完善社会保障制度的同时普遍重视社会福利制度的建设,此时的社会保障制度是包括了社会救助、社会保险及社会福利等各种现代保障措施在内的完整的社会保障体系。此后,不同的国家虽然也有增加新的项目,但绝大多数工业化国家还主要是在社会保障制度的内容上进行发展扩充,表现为服务范围的扩展、水平的变化及有关保障方式的改革与完善。

发展中国家的社会保障制度在内容方面的发展,既表现为社会保险项目与社会福利项目不断增加,也表现为保障范围不断扩展以及实施方式的不断调整等方面。同时,由于许多发展中国家客观上还是二元社会,贫困问题在乡村表现得尤其突出,因此,重视扶贫工作构成了一些发展中国家的一种特殊的社会性保障措施,并取得了较一般保障项目更好的成效。但总体而论,发展中国家的社会保障制度与工业化国家相比，无论是在项目设置还是在服务范围与保障水平等方面，均存在着较大的差距，从而还面临着进一步加快社会保障制度建设与发展的问题。

3. 现代社会保障制度发展的基本特征

基于各国尤其是多数工业化国家的发展实践，可以发现现代社会保障制度在现阶段乃至未来的一些基本特征。这些特征主要包括：

(1)社会保障在性质上表现为全民的普遍性福利，即全体社会成员均能享受到多方面的社会保障，除社会成员按有关条件分别享受社会保险、社会救助、军人保障等待遇外，社会福利项目的多样化使之真正成为全民共享的保障待遇。

(2)社会保障的根本目的在于提高社会成员的生活质量和促进整个社会的和谐发展。

(3)福利保障项目实现完备化。

(4)实施过程进一步社会化，即政府、企业与民间等共同分担社会保障责任的机制日益成熟，社会保障在管理、实施乃至监督等诸环节上均进一步走向社会化。

经典真题再现

[2013 年甘肃省选拔万名普通高校毕业生到基层工作考试社会保障专业知识真题]

【原题】社会保障进入高级阶段的标志是(　　)。

A. 1935 年美国通过《社会保障法》

B. 开始实施"统账结合"的养老保险模式

C. 社会福利的普遍化与高水平化

D. 一些西方国家开始思考社会保障的改革办法

【解析】社会福利的普遍化与高水平化是社会保障进入高级阶段的标志。故选 C。

三、现代社会保障制度的发展规律

尽管各国之间的社会保障理论及其具体实践存在着较大差异，但作为人类社会不可或缺的一种社会稳定、公平与协调发展机制，任何国家的社会保障制度在发展进程中又都表现出一些带有共性的规律，这些规律在实践中均具有客观性和不可逆转性。

1. 立法先行

立法先行是现代社会保障制度在各国实践中表现出来的首要规律，即先有社会保障立法，之后才会有社会保障项目的具体实践。也就是说，社会保障制度是通过社会保障立法来确立的，因此立法先行是现代社会保障制度作为一种社会政策和一种国家制度安排的特征的具体体现。

立法先行表明了国家在建立社会保障制度时审慎而负责的态度，同时也是充分汇集国民或绝大多数国民在福利方面的意愿的表现。立法先行还有一层特殊的意义在于，政府可以主导社会保障制度，却不能决定社会保障制度，即立法先行不仅仅是现代社会保障制度的惯例，更是现代社会保障制度的内在要求。

2. 与社会经济发展相适应

社会保障是国家和社会有组织地运用经济援助与社会服务的手段来满足社会成员的各种社会保障需求，这就必然要与当时当地的社会经济发展状况相适应。任何超越时代或落后时代的社会保障措施都会因不能解决相应的社会问题而出现新问题，因此，社会保障制度的发展应当与社会经济发展相适应。

一方面，社会保障制度的确立首先是为了解决社会成员的特定社会问题，而特定的社会问题又是与特定的时代、特定的社会结构等紧密联系在一起的，因此现代社会需要的不再是单项的社会保障措施，而是健全、完备的社会保障体系；另一方面，社会保障采用的主要是经济援助的手段，即便是社会服务的提供也需要相应的财力来支撑，从而必须具备相应的经济基础。因此，建立与社会经济发展相适应的规律，是社会保障在发展进程中必须遵循的客观规律。

3. 协调发展

无论是历史上的社会保障，还是现代社会保障，都是一个由若干不同的保障项目组成的系统。尽管不同历史时期的社会保障项目有多寡之分，但就当时的背景而言，每一个项目均具有不可缺少性，子系统或项目之间必然是协调发展的关系。社会保障制度的协调发展规律，具体体现在两个层次上：一是社会保障各具体项目协调发展；二是社会保障各子系统协调发展。

综上，在社会保障发展进程中，不能违背协调发展的规律，如果顾此失彼、厚此薄彼，就不仅会因留下保障的漏洞而无法解决已有的社会问题，而且会因项目之间或子系统之间的不协调而导致整个社会保障体系效率低下。因此，协调发展规律是各国社会保障制度必须遵循的客观规律。

4. 多样化发展

多样化作为现代社会保障制度在各国发展实践中所表现出来的客观规律，它既是影响社会保障制度走向的重要因素，又是制约社会保障制度的政治、社会、经济、历史、文化乃至伦理因素综合影响的一个结果，经济全球化可能会对社会保障制度的发展产生一定的影响，但在可以预见的未来均将无法同化各国的社会保障制度。

因此，多样化发展规律在过去、现在乃至将来仍是社会保障制度发展进程中应当遵循的一项基本规律，它能够促使某些国家尤其是发展中国家，在建立与发展本国的社会保障制度时，保持以现实国情为基础的较为清醒的头脑，而不会受德国模式、美国模式、英国模式等的牵制。

第三节　社会保障的发展经验、教训与改革

近一个世纪以来，现代社会保障事业在各国都得到了普遍的发展。从19世纪80年代社会保险产生，到20世纪90年代全世界不同程度地建立了现代社会保障制度的国家已经发展到了170多个。这些国家在发展本国的社会保障制度时，既都取得了相当的成就，也不同程度地存在一些问题，总结社会保障制度发展实践中的经验、教训，对社会保障制度的改革有着重大意义。

一、社会保障发展的国际经验

一般而言，与社会经济发展相适应、协调发展和多样化发展，既是社会保障制度的客观发展规律又是社会保障制度在各国发展实践中的重要经验。此外，各国社会保障制度的发展经验还包括以下几个方面：

（1）尊重本国国情，即在尊重本国国情的基础上互相参考、互相借鉴，正在成为各国社会保障制度发展实践中的普遍性经验。

易考点：社会保障发展最重要的国际经验是，尊重本国国情。

（2）追求长期稳定、协调、和谐发展，即社会保障制度的建立不仅需要考虑其在新阶段的作用，而且应当考虑它的可持续发展以及整个社会经济的长期稳定、协调及和谐发展。

(3)健全社会保障法律制度,这是工业化国家建立并实施其社会保障制度的重要经验。法律制度的健全,不仅使各种社会保障事业有了具体的法律依据,而且也为国民社会保障权益的实现提供了保证,从而成为社会保障事业走上法制化、规范化道路的前提。

(4)努力追求社会化,即从历史上政府保障与教会保障的单纯政府责任制,到现代社会保障事业的国家鼓励社会成员参与性,社会保障事业的社会化使得其具备了更为坚实的社会基础、经济基础。

(5)对市场机制日益重视,即一方面由于现收现付制社会保障无法应对人口老龄化的挑战,越来越多的国家便选择了基金制社会保障;另一方面在市场经济条件下,越来越多的国家也开始将一些社会保障事务交由市场或社会组织来承担,同时利用市场机制通过适度的竞争和对民间与社会资源的调动,促使社会保障制度达到更高的效率。

易考点:社会保障发展的国际经验包括,尊重本国国情;追求长期稳定、协调、和谐发展;健全社会保障法律制度;努力追求社会化;对市场机制日益重视。

经典真题再现

[2013年甘肃省选拔万名普通高校毕业生到基层工作考试社会保障专业知识真题]

【原题】社会保障发展的国际经验包括(　　)。

A. 健全社会保障法律制度

B. 尊重本国的国情

C. 国家包办社会保障事务有利于社会保障事业的发展

D. 努力追求社会化

【解析】社会保障发展的国际经验包括,尊重本国国情;追求长期稳定、协调、和谐发展;健全社会保障法律制度;努力追求社会化;对市场机制日益重视。故选ABD。

二、社会保障发展的国际教训

随着实践的发展,许多国家纷纷对自己的社会保障制度进行改革,这表明现代社会保障百余年来的历程并非只有令人满意的一面,它同时有着一些必须引起我们重视的教训。这些国际教训主要包括:

(1)国家包办社会保障事务和福利事务的高速膨胀,将带来严重的社会保障财政危机。

(2)社会保障水平过高会助长国民惰性,影响国家竞争力。

(3)社会保障体系的残缺不全或水平过低也会使有关社会问题进一步恶化。

经典真题再现

[2013年甘肃省选拔万名普通高校毕业生到基层工作考试社会保障专业知识真题]

【原题】西方国家衡量在特定时期一国或地区社会保障水平的公式是(　　)。

A. 社会保障水平=社会保障支出总额÷GDP×100%

B. 社会保障水平=社会保障总支出÷GNP×100%

C. 社会保障水平=社会保险总支出÷GNP×100%

D. 社会保障水平=社会保险总支出÷GDP×100%

【解析】社会保障水平是指社会保障支出总额占国内生产总值(GDP)的比重,体现了一国或地区社会保障发展的深度(强度)。其计算公式为:社会保障水平=社会保障支出总额÷GDP×100%。故选A。

三、国外社会保障的改革

20世纪80年代以来，许多国家都在进行改革、修订甚至是重建自己的社会保障制度，但这绝不意味着社会保障制度走向终极，而是现代社会保障制度将适应时代的发展而更加理性地得到发展。

1. 福利国家的改革

针对公共福利支出膨胀并导致财政危机，以及社会保障部门日渐庞大而逐渐演化成官僚机器的现象，福利国家在维护福利国家模式的基本前提下，自20世纪80年代就开始将改革或修订原有的社会保障制度作为一种必要的发展手段。

易考点：福利国家对社会保障制度的改革措施主要包括，消减福利支出；调整福利结构；扩充社会保障资金来源；引入私营机制，以减轻官方系统的压力并提高社会保障系统的行政效率。

2. 美国社会保障的改革

美国对社会保障政策的调整是从20世纪70年代开始的，在此之前的社会保障基本上是以大政府、小社会、高税收和高福利模式为背景，采取的也是扩大社会保障规模与开支来促使社会福利的增长。进入20世纪70年代以后，随着自由主义的相对衰落，保守主义抬头，新联邦主义得到了发展，美国的社会经济政策也发生了转变，出现了小政府、大社会、低税收和有限福利模式的政策发展趋势。

在社会保障领域，美国的政策调整与改革主要表现在：调整社会保障指导思想；适度调整社会保障的目标；调整社会保障的有关内容；重视私营机构的作用。

第四节　我国社会保障制度的发展

一、我国社会保障制度的发展进程

1. 我国社会保障制度的产生

我国社会保障制度在全国范围内的建立始于1951年，主要覆盖城镇企业职工。当时的《中华人民共和国劳动保险条例》主要包括养老保险、疾病保险、工伤保险、生育保险等各项内容，初步形成了项目比较齐全的社会保险体系，奠定了我国社会保险制度的基础。此后，我国于1955年建立了机关、事业单位工作人员的养老保险制度。1958年，国家根据当时的实际情况，将企业和机关事业单位的养老保险制度在适当放宽养老条件和提高待遇标准的基础上做了统一规定，并一直沿用到1987年。

易考点：我国社会保障制度在全国范围内的建立始于1951年，主要覆盖城镇企业职工。

2. 我国社会保障制度的演变

1969年2月，财政部下发《关于国营企业工作中几项制度的改革意见》，规定国营企业一律停止提取劳动保险金，企业职工的退休金在营业外列支，由此开始，社会保险逐步演变为“企业保险”或“用人单位保险”。

3. 我国社会保障制度发展的三个阶段

1978年党的十一届三中全会之后，我国进入改革开放新时期，在“文化大革命”期间遭到冲击的社会保障制度开始逐步恢复，政府针对社会保障制度中存在的弊端也开始进行一系列的改革。改革开放30

多年以来，我国社会保障制度的改革和发展历程大致可以分为三个阶段：第一阶段是1978—1991年的恢复性改革阶段，这一阶段主要是维持、巩固和完善原则的制度模式，同时还解决历史遗留问题和恢复“文化大革命”期间被破坏的社会保障制度；第二阶段是1991—2000年的探索性改革阶段，也是我国社会保障制度框架形成的重要时期；第三阶段是2000年以来的试点和建立覆盖城乡居民的社会保障体系的广覆盖阶段。

4．我国社会保障立法的出台

在我国，社会保障制度改革和发展的同时，社会保障立法也在提速，特别是近几年来社会保障法律和制度建设的步伐明显加快。《中华人民共和国社会保险法（草案）》就是在这样的历史背景中，几经酝酿，最终于2008年12月27日公布并向社会广泛征求意见，《中华人民共和国社会救助法（草案）》也于2009年4月23日公布并向社会广泛征求意见。紧随其后，国务院法制办也于2009年7月24日全文公布了《国务院关于修改〈工伤保险条例〉的决定（征求意见稿）》，征求社会各界意见，与此同时，各地方有关社会保障的立法与政策也密集出台。

二、我国社会保障制度的内容及目标

1．我国社会保障制度的组成

我国的社会保障制度由四大部分组成：一是社会保险——基本保障，保障劳动者因失去劳动能力而失去工资后仍能维持基本生活；二是社会救助——最低层次的社会保障，保障社会成员的生存需要；三是社会福利——增进城乡全体居民生活福利的高层次社会保障；四是社会优抚——特殊性质的社会保障，保障为社会做出贡献和牺牲的军人及其眷属的基本生活。社会保障制度的这几个组成部分相互衔接、互相补充，构成一个相对完整的社会安全网络。我国社会保障制度结构及其项目构成如图1-2-1所示。

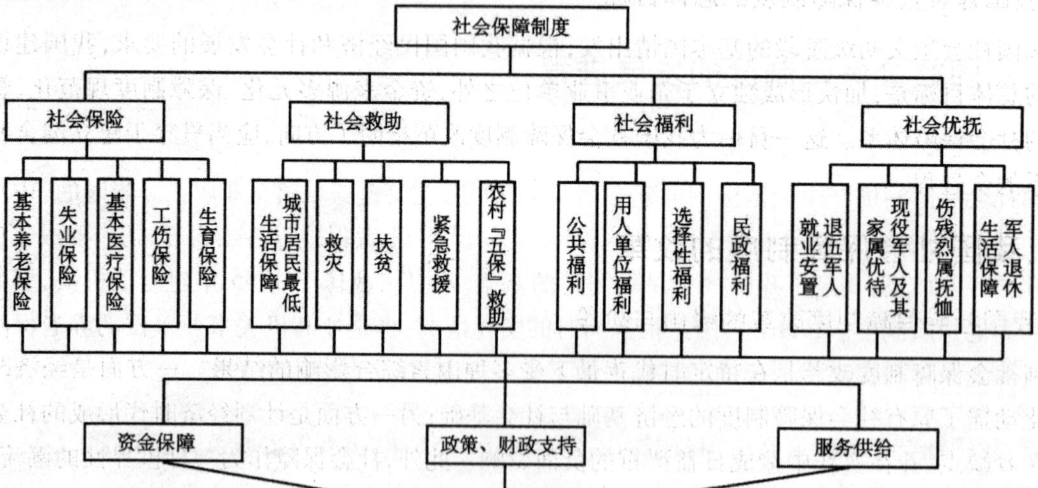

图1-2-1 我国社会保障制度结构及其项目构成

2．以载体为核心的我国社会保障制度结构

社会保障的载体可以有多种，如家庭、企业、非营利组织、俱乐部、各种协会、社区等，其中以企业为核心。以载体理论为核心的社会保障制度结构包括四大部分：一是以大企业、小企业联合为载体——主要解决城镇职工及其家属的社会保障问题；二是以行业协会、社区和劳务派遣公司为载体——主要解决灵活就业人员的社会保障问题；三是以非营利组织及社团组织为载体——主要解决城镇和农村贫困人员的社会保障问题；四是以城镇和农村社区为载体——主要解决农村人口的社会保障问题，以及城镇未被覆盖人群的社会保障问题。社会保障制度的这几个组成部分以载体为核心相互衔接、相互补充，构成一个相对完整的社会安全网络。以载体为核心的我国社会保障制度结构及其项目构成如图 1 –2 –2 所示。

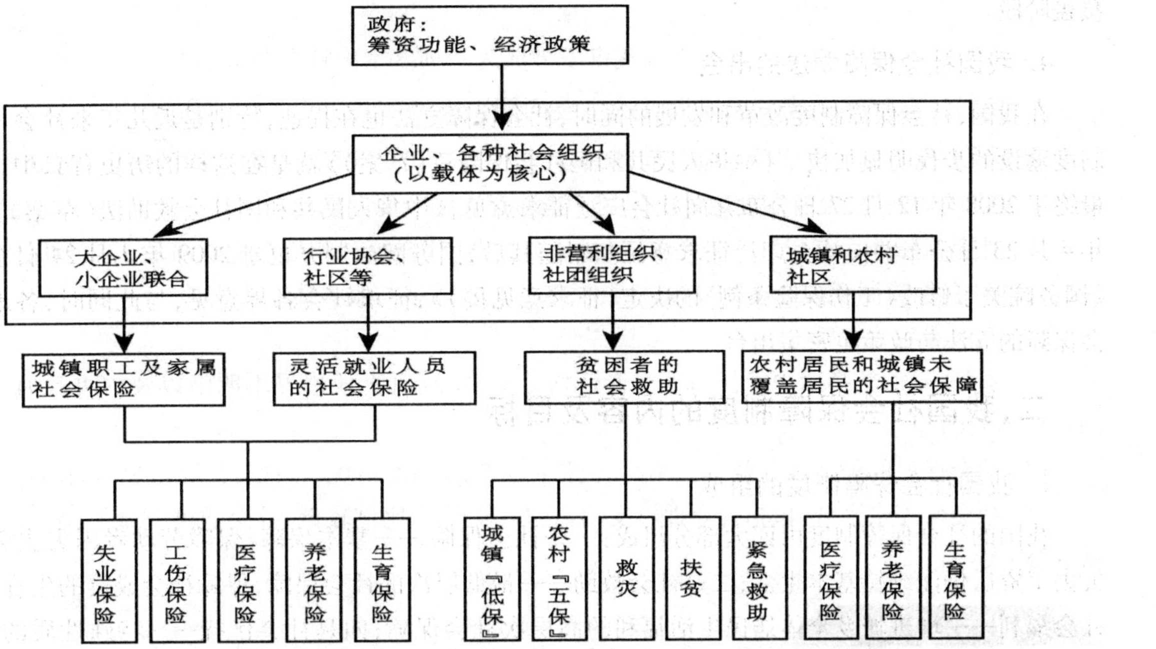

图 1 –2 –2　以载体为核心的我国社会保障制度结构及其项目构成

3. 我国建设社会保障制度的总体目标

从我国社会主义初级阶段的基本国情出发，根据我国国民经济和社会发展的要求，我国建设社会保障体系的总体目标是：加快形成独立于企业事业单位之外、资金来源多元化、保障制度规范化、管理服务社会化的社会保障体系。这一目标为我国社会保障制度改革指明了方向，应当贯穿于建立健全我国社会保障体系的全过程。

三、我国社会保障制度的改革

1. 我国社会保障制度改革的缘由与阶段

中国社会保障制度改革是在特定时代背景下受多种因素综合影响的结果。一方面是经济改革所带来的变化动摇了原有社会保障制度的经济基础与社会基础；另一方面是计划经济时代形成的社会保障自身也存在着缺点，并在实践中造成日益严重的负面影响。此外，社会保障作为一种世界性的潮流，用行动表明了这种制度不可能是一成不变的，它需要适应社会经济的发展变化而及时做出调整。

经典真题再现

［2013 年甘肃省选拔万名普通高校毕业生到基层工作考试社会保障专业知识真题］

【原题】中国计划经济时代形成的社会保障制度的基本框架是(　　)。

A. 国家保障　　B. 城镇单位保障

C. 国家—单位保障制　　D. 农村集体保障

【解析】国家—单位保障制度是中国计划经济时代形成的社会保障制度的基本框架。故选 C。

通过对中国社会保障制度改革的考察，发现它可以分为以下三个阶段：

第一阶段(1986—1993)，重点是为国有企业改革配套和缓解乡村贫困问题，原有的社会保障制度在延续，但新型的社会保障机制也开始生长。

第二阶段(1993—1997)，社会保障成为市场经济体系的重要支柱，新旧社会保障制度并存但此消彼长。

第三阶段(1998年以来)，社会保障逐渐发展成为一项基本的社会制度。

2. 我国社会保障制度发展所面临的主要问题

我国社会保障制度发展所面临的问题很多，其中既有历史问题，又有改革中未能妥善处理好的问题；既有制度之内的问题，也有制度之外的问题。当前存在的主要问题有：

(1)社会保障体系有待进一步完善，包括社会救助、社会福利和社会优抚滞后于社会保险的发展，政府之外的社会保障制度推进速度较慢，社会保障的监管体系与服务体系不完善。

(2)立法滞后。

(3)责任模糊，包括历史责任与现实责任划分不清、政府责任边界不明晰以及中央政府与地方政府的责任不明确等。

(4)社会保障的公平性与效率性不高，包括社会保险制度不统一，社会保险基金运行效率低。

(5)社会保障水平低，包括社会保障支出占财政支出的比例较低，社会救助资金不足，社会福利水平低、差距大。

经典真题再现

[2013年甘肃省选拔万名普通高校毕业生到基层工作考试社会保障专业知识真题]

【原题】中国社会保障制度发展所面临的主要问题有(　　)。

A. 立法滞后　　B. 新制度的有效性还有待提高

C. 责任模糊　　D. 新的社会保障体系不完善，社会保障明显不足

【解析】我国社会保障制度发展所面临的问题主要有：一是社会保障体系有待进一步完善；二是立法滞后；三是责任模糊；四是社会保障的公平性与效率性不高；五是社会保障水平低。故选ABCD。

3. 我国社会保障制度的发展趋势

从中长期的发展角度出发，新型社会保障制度的发展目标应当是在这种制度最终定型的基础上，发展成为全体国民走向共同富裕的重要路径，并在维护经济社会的持续发展中实现自身的持续发展。它的分目标包括：一是尽快实现制度定型，包括完成国家立法、在政府指导下完成保障体系、健全监管机制和全面实现社会化等；二是维系整个社会经济的长期稳定协调发展，包括化解市场经济条件下的失业风险，维护劳动力市场并促进劳动力再生产，缩小收入分配差距和贫富差距，创造公平稳定的社会环境，并发挥雄厚的基金融资功能，促进社会经济长期稳定发展；三是保障城乡居民的基本生活并使其生活质量不断得到改善；四是促使新制度的有效性不断提高，在与时代保持适应的条件下实现自身的可持续发展，成为中国社会发展进程中不可或缺的久远制度安排。

在现阶段，中国社会保障发展的首要任务，就是将社会保障制度上升到国家立法规范的层次，进一步明晰政府在社会保障制度中的主导责任，并根据责任分担的原则进一步明确政府、企业、社会及个人的社会保障责任，在实践中坚持制度建设的多层次化与社会化原则，采取官民结合的手段来调动政府、社会、市场、企业乃至家庭及个人的参与积极性，最终建成一个健全的、覆盖全体国民的社会保障体系。

强化提升训练

一、单项选择题

1. 世界上第一部济贫法是(　　)颁布的。
   A. 1601 年英国　　B. 1763 年瑞典
   C. 1601 年德国　　D. 1763 年荷兰
2. 1871 年瑞典颁布的济贫法将救济对象限定为(　　)。
   A. 失业人员　　B. 残疾人　　C. 老年人　　D. “三无”人员
3. 社会保障发展最重要的国际经验是(　　)。
   A. 尊重本国国情　　B. 健全社会保障法律制度
   C. 追求长期稳定、协调、和谐发展　　D. 努力追求社会化

二、多项选择题

1. 构成慈善事业时代的三大支柱是(　　)。
   A. 宗教慈善事业　　B. 官办慈善事业
   C. 民间慈善事业　　D. 企业慈善事业
2. 从慈善事业发展到济贫制度确立与发展的时代社会保障活动,可做怎样评价(　　)。
   A. 性质上是居高临下的施舍型　　B. 根本目的是防止被统治者反抗
   C. 保障项目是极端有限型　　D. 保障水平是极端低下型
3. 现代社会保障制度发展的规律是(　　)。
   A. 立法先行　　B. 与社会经济发展相适应
   C. 协调发展　　D. 多样化发展

参考答案与解析

一、单项选择题

1. A【解析】英国于 1601 年颁布世界上第一部《济贫法》,该法将已有的宗教或社会救助活动惯例用法律的形式固定下来,首次由官方划定一条贫困线,对有需要的孤、老、病人进行收容,同时为失业者、贫民小孩提供有限的帮助。
2. C【解析】瑞典颁布的济贫法在 1871 年将救济对象限定为老年人。
3. A【解析】尊重本国国情,即在尊重本国国情的基础上互相参考、互相借鉴,正在成为各国社会保障制度发展实践中的普遍性经验,是社会保障发展最重要的国际经验。

二、多项选择题

1. ABC【解析】构成慈善事业时代的三大支柱是宗教慈善事业、官办慈善事业以及民间慈善事业。
2. ABCD【解析】从慈善事业发展到济贫制度确立与发展的时代社会保障活动,可以做以下评价:一是它的性质是居高临下的施舍型;二是它的根本目的是防止被统治者反抗;三是它的保障项目是极端有限的;四是它的保障水平是极端低下的;五是它的保障效果是不良的。
3. ABCD【解析】略。

第三章　社会保障体系与模式

本章提要：

通过了解社会保障体系的含义，熟悉社会保障体系的主要内容，在熟悉国情与社会背景的基础上把握不同社会保障模式的特点及其代表国家。

重要考点	出题频次	经典例题	命题趋势
社会保障体系	★★★★★	(A)福利事业是衡量一个国家或地区社会文明程度的重要指标。 A. 残疾人　B. 老年人 C. 妇女儿童　D. 其他	重点考查社会保障体系的主要内容，常以选择题或判断题的形式进行考查
社会保障的主要模式	★★★★★	福利经济学正式诞生的标志是(B)《福利经济学》的出版。 A. 贝弗里奇　B. 庇古 C. 艾德礼　D. 罗斯福	重点考查社会保障四种模式的内容、特征及代表国家，常以选择题或判断题的形式进行考查

第一节　社会保障体系与模式概述

一、社会保障体系的含义

社会保障体系是国家依法建立起来的保障国民生活、维护社会稳定、促进和谐发展的系统，是由社会保险、社会救助、社会福利、军人保障以及各种具有互助共济功能的社会化保障机制共同编制组成的“社会安全网”。

易考点：从各国的发展实践来看，社会保障体系有无漏洞通常是衡量社会保障制度完备与否的基本依据。

依据现代社会保障制度的发展进程，可以发现现代社会保障体系的发展大致可以划分为三个阶段，即面向贫困人口与工业劳动者的阶段；面向贫困人口与一般劳动者的阶段；面向全体国民的阶段。

二、社会保障体系建设的目标

从各国的社会保障制度发展实践出发，社会保障体系建设是一个逐渐完善的过程，但无论一个国家或地区的社会保障体系建设是否已经完备，都会以完备的社会保障体系为其追求目标，这一目标又可分解为社会保障体系的完整性、协调性与层次性。

1. 完整性

从现代社会的需要出发，只有完整的社会保障体系，才能真正全面解决各种需要国家和社会运用社会保障手段来解决的现实社会问题。

2. 协调性

完备的社会保障体系，是以社会保障制度各个子系统或项目直接协调发展为条件的，因此，社会保障体系建设的发展应当具有协调性。社会保障体系的协调性表现在以下几个方面：

(1)社会保障各个子系统与各个项目之间的发展水平应相互协调，不能畸高畸低，造成社会保障对象之间的对立。

(2)社会保障各个子系统与各个项目在分工负责的同时，应当具有功能上的互补性。

(3)要避免留下遗漏，同时也必须实行各社会保障项目与各子系统之间的协调发展。

3. 层次性

因不同的社会阶层与社会成员的收入水平、生活状况以及对社会保障的要求不同，因此，完备的社会保障体系还应当体现出制度安排上的多层次性，以便满足不同社会成员的需要。

三、社会保障体系的结构划分

现代社会保障体系包含的内容非常广泛，其结构可以从不同角度进行划分，具体的结构划分情况如下：

(1)根据现代社会保障制度所包括的业务内容划分，现代社会保障体系可分为社会救助、社会保险、社会福利三类。此外，各个国家事实上还有其他社会保障措施。

(2)根据是否与受保障对象的社会生产活动或收入关联划分，现代社会保障体系还可分为与社会生产或收入相关联的保障制度、与社会生产或收入无关联的保障制度两大类。

(3)根据政府介入的程度以及法律规范的强制性划分，现代社会保障体系还可分为制度化的社会保障及非制度化的社会保障两类。

第二节　社会保障体系

从世界上大多数国家的情况来看，社会保障体系通常包括基本社会保障制度及补充社会保障措施两大类。其中，基本社会保障制度，是指由国家立法统一规范并由政府主导，一般包括社会救助、社会保险和社会福利三个基本组成部分，以及部分国家针对军人建立的社会保障制度等；补充社会保障措施，通常是在政府的支持下由民间及市场来解决，一般包括企业年金、慈善事业等，构成对基本社会保障制度的补充，并发挥着有益的作用。

一、社会保障体系的内容

(一)社会救助——社会保障的“最后一道防线”

社会救助是指国家和社会依据法律规定，面向不能维持最低生活水平的低收入家庭，提供经济帮助的一项社会保障制度，它是现代社会保障体系中具有基础地位的一个重要子系统。

社会救助的重要性主要表现在以下两个方面：

(1)社会救助是最先形成的、历史最悠久的社会保障形式，各国的社会保障制度均是在原来社会救助措施的基础上不断发展起来的。

(2)社会救助是保障社会成员生存权利的最后一道防线。

(二)社会保险——社会保障的核心

社会保险是国家依法建立的面向劳动者的一项社会保障制度，由政府、单位和个人三方共同筹资，目标是为保障劳动者在因年老、工伤、疾病、生育、死亡、失业等风险时暂时或永久失去劳动能力从而失去收入来源时，能够从国家或社会获得物质帮助，以此解除劳动者的后顾之忧。

易考点：社会保险制度是社会保障体系的主体和核心。

（三）社会福利——社会保障的最高层次

社会福利的含义有广义和狭义之分。广义的社会福利实际上是广义的社会保障的同义语，狭义的社会福利，作为社会保障的从属概念，是与社会保险、社会救助并列的概念，是社会保障系统中日益重要的子系统。

中国的社会福利子系统包括：老年人福利，即专门面向老年人的福利项目，主要是老年人的生活照料服务及其他福利；残疾人福利，即专门面向残疾人的福利项目，主要包括残疾人康复事业、残疾人教育事业、残疾人就业以及其他相应的福利；妇女儿童福利，即面向妇女儿童的福利项目，如妇幼保健、儿童免疫、孤儿收养、妇幼津贴等；其他福利，如教育福利、住房福利及其他不在前三项内的各种公共福利事业，它们从不同的角度满足着社会成员的需求。

易考点：残疾人福利事业的发展水平，是衡量一个国家或地区社会文明程度的重要标志。

易错点：社会保险的保障对象是具有活力和创造力的劳动者，社会救助的对象是那些没有固定收入或者失去生活来源或无法维持最低生活的老、弱、病、残等，社会福利的对象是全体社会成员。

经典真题再现

［2013 年甘肃省选拔万名普通高校毕业生到基层工作考试社会保障专业知识真题］

【原题】“社会福利”一词，最早见于 1941 年美国总统罗斯福与英国首相丘吉尔所签订的（　　）。

A.《大西洋宪章》　　B.《社会保障法》

C.《贝弗里奇报告》　　D.《国民保障法》

【解析】“社会福利”一词，最早见于 1941 年美国总统罗斯福与英国首相丘吉尔所签订的《大西洋宪章》。故选 A。

（四）军人保障

易考点：军人保障的内容主要包括，军人保险、军人抚恤、军人福利、军人复员转业的就业安置或补偿等项目。

军人保障的对象以现役军人和武装警察为主体，同时也包括烈士遗属，退伍军人、复员军人、转业军人、因公残疾的军警人员，部分项目还惠及军人家属。

军人保障的资金主要来源于国家财政拨款，其实质是国家对军人的一种褒扬和经济补偿，也是解除军人后顾之忧的一种制度安排。因此，军人保障是一项兼具社会保险、社会救助与社会福利性质的综合性的、具有重大政治意义的特殊社会保障制度。

（五）补充保障——社会保障的重要补充

在各国的社会保障体系中，除政府主导并由专门法律部分规范的基本社会保障制度外，往往还有一些非正式的社会化保障措施同时存在并发挥着相应的社会保障功能，如慈善事业、社区服务、企业年金、商业保险、家庭保障等客观上均不同程度地发挥着社会保障的作用，从而也是现代社会保障体系的有机组成部分。

1．慈善事业的概念

慈善事业是建立在社会捐献基础之上的一种民办社会救助事业，它以社会成员的善爱之心为道德基础，以社会各界的自愿捐献为经济基础，以民间公益事业团体为组织基础，以大众参与为发展基础。在实践中，慈善机构根据捐赠者的意愿，对需要帮助的社会成员进行物质帮助，从而是现代社会保障体系中的特殊组成部分。

2．社区服务的含义及对象

社区服务是指在政府指导下，以社区组织为依托，在城乡一定层次的社区内以全体社区居民为对象，以特殊群体为重点，运用灵活多样的形式向他们提供福利性服务的一种社会化保障机制。

社区服务不以营利为目的，还可以获得政府的支持与扶持，一般以老年人、残疾人、贫困户和烈军属、荣誉军人和劳动模范为重点服务对象，对这些社区居民提供特殊服务。

3．企业年金的含义及特点

企业年金是指由企业建立的面向本企业职工的一项补充养老保险制度，是职业福利或员工福利中日益重要的组成部分，是对政府主导的基本养老保险制度的重要补充。

在实践中，企业年金包括各种类型的企业补充退休保险，如雇主退休金计划、利润分享退休金计划、员工股权退休金计划等，成为企业招揽人才、激励劳动者的劳动积极性和提高企业竞争力的有效制度，也是企业人力资源管理的重要内容。由于企业年金具有调和劳资关系、改善劳动者福利和补充基本养老保险制度的多重功能，因而它一般能够得到政府的财税优惠。

4．商业保险的含义与作用

商业保险是保险人与被保险人通过保险合同建立保险关系的一种商业交易行为，包括人寿保险、人身意外伤害保险、健康保险及各种财产保险、责任保险等。

商业保险体现了投保人之间的互助互济，以合理计算、风险共担方式，在一定程度上起到了与社会保险相同的客观作用。因而，商业保险可以作为社会保障体系的必要补充，但其毕竟是一种商业行为，追求利润是商业保险的根本目的，因此无论商业保险多发达，均不能代替社会保障。

易考点：商业保险与社会保险的区别在于性质不同、对象不同、资金来源不同等，这些都是商业保险和社会保险的次要一面。

5．家庭保障的含义与意义

家庭保障是指在家庭内部，家庭成员之间相互提供包括经济保障、服务保障和精神保障等内容在内的生活保障机制，它在保障社会成员的生活方面通常与国家和社会负责的社会保障并驾齐驱。

家庭保障虽然不是社会性保障机制，却是国民可靠且稳定的一种生活保障机制，值得大力倡导。尤其对于我国而言，受我国传统的家庭制度和家庭伦理影响，如“孝”“养儿防老”等儒家思想的影响，加之法律的规定“子女有赡养父母的义务”等也为家庭养老提供了法律保障。文化和法律互动的结果，强化了中国非正式的家庭保障制度，减轻了基本社会保障制度的压力。虽然随着工业化、城镇化的发展和计划生育的实施，中国的家庭结构发生了巨大改变，家庭保障的功能也在不断弱化，但中国“亲子”“尊老养老”的文化并没有消失，尤其是在农村，家庭保障仍然是农民最基本的生活保障方式。因此，我国十分重视对家庭保障的扶持。

二、加快推进我国城乡社会保障体系建设的措施

加快建设我国城乡社会保障体系的措施包括以下几个方面：

(1)加快养老保险制度建设。国务院决定，在已基本实现新型农村社会养老保险、城镇居民社会养老保险广覆盖的基础上，依法将这两项制度合并实施，在全国范围内建立统一的城乡居民基本养老保险制度，并在制度模式、筹资方式、待遇支付等方面与合并前的新型农村社会养老保险和城镇居民社会养老保险保持基本一致。

(2)推进城镇职工基本养老保险关系转移接续工作。推进机关事业单位养老保险制度改革。做好企业退休人员基本养老金调整工作，健全养老金正常调整机制。完善不同群体参保政策，强化多缴多得、长缴多得激励机制。制定基础养老金全国统筹实施方案。研究渐进式延迟退休年龄政策。大力发展企业年金和职业年金，加快构建多层次养老保险体系。

(3)继续做好扩面征缴和待遇支付工作。实施以养老、医疗保险为重点的全民参保登记计划，扩大各项社会保险覆盖面。确保各项社会保险待遇按时按规定支付。健全基本医疗和生育保险制度。积极推进医疗保险城乡统筹，整合城乡居民基本医疗保险制度。进一步提高居民医保财政补助和个人缴费水平。整体推进城乡居民大病保险。巩固和完善地市级统筹，普遍建立和规范省内异地就医结算管理办法。

(4)完善失业保险制度。继续推进东部地区扩大失业保险基金支出范围试点，抓紧研究建立完善失业保险稳定就业、促进就业长效机制。

(5)加强工伤保险制度建设。继续扩大高风险行业、中小微企业、事业单位参保覆盖面，积极探索农村地区企业、家庭服务企业和新兴网络服务企业工伤保险参保工作。进一步完善工伤保险配套政策标准。强化社会保险基金监管。加强和改进社会保险基金预算管理，提高预算编制的科学性和执行、考核的严肃性。强化网络监管措施，开展社保基金安全评估工作试点。探索行政监督与社会监督相结合的有效机制。强化对欺诈社会保险基金的刑事处罚力度。推动部分行业、企业自行管理的社会保险纳入属地管理。

(6)提升社会保险经办管理服务水平。加快社会保险标准制定，总结推广“电子社保”示范城市工作经验。完善社会保险信息披露制度。稳步推进五险合一经办，提升基层社会化管理水平。

第三节　社会保障的主要模式

由于社会制度、经济发展水平及文化传统等的差异，各国建立的社会保障制度也不尽相同，从而形成不同的社会保障模式。从各国社会保障制度的具体安排出发，可以分为四种类型：社会保险型模式、福利国家型模式、强制储蓄型模式和国家保险型模式。

一、社会保险型模式

(一)社会保险型模式的起源、目标与特征

1. 社会保险型模式的起源

社会保险型模式是最早出现的现代社会保障模式，也被称为“传统型”社会保障模式，或者投保资助型、自保公助型模式。它起源于19世纪80年代的德国，后来被世界上很多国家引进。20世纪30年代的经济大萧条和第二次世界大战后期，社会保险制度被欧洲某些国家和美国等进一步发展成为比较完善的社会保险型社会保障制度。

经典真题再现

[2013 年甘肃省选拔万名普通高校毕业生到基层工作考试社会保障专业知识真题]

【原题】世界范围内,最早出现的社会保障模式是(　　)。

A. “投保资助”型社会保障模式　　B. “福利国家”型社会保障模式

C. “国家保险”型社会保障模式　　D. “强制储蓄”型社会保障模式

【解析】社会保险型模式是最早出现的现代社会保障模式,也被称为“传统型”社会保障模式,或者“投保资助”型社会保障模式,它起源于 19 世纪 80 年代的德国,后来被世界上很多国家引进。故选 A。

2. 社会保险型模式的目标

社会保险型社会保障制度作为工业化的产物,是在工业化取得一定成就并有较雄厚的经济基础,以及单位和个人都具有一定经济承受力的情况下实行的。其目标是以劳动者为核心,通过提供一系列的基本生活保障,使社会成员在疾病、失业、年老、伤残以及由于婚姻关系、生育或死亡而需要特别援助的情况下得到经济补偿和保障。

3. 社会保险型模式的特征

社会保险型模式的特征,主要包括以下几个方面:

(1)以劳动者为核心,即社会保险制度面向劳动者,且主要是工薪劳动者,围绕着劳动者在年老、疾病、工伤、失业风险等设置保险项目,并用以保障劳动者在遭遇这些事件时的基本生活。

(2)责任分担,即社会保险强调雇主与劳动者个人分担社会保险缴费义务,国家财政给予适当支持,从而是一种风险共担和责任分担的社会保障机制。

(3)权利与义务有机结合,即劳动者享受社会保险的权利与缴费的义务相联系,享有的社会保险待遇水平与缴费多少和个人收入情况相联系,不参加社会保险或者未缴纳社会保险费是不能享受社会保险待遇的。

(4)互助共济,即雇主与劳动者个人缴纳的社会保险费形成养老、医疗、失业、工伤、生育等社会保险基金,当劳动者遭遇保险事件时,享受相应的社会保险待遇,社会保险基金在受保成员之间调剂使用,充分体现出互助互济、共担风险的原则。

(5)社会保险基金的筹集以现收现付为主。

(二)社会保险型模式的代表

实行社会保险型模式的主要代表国家有德国、美国、日本等。

1. 德国的社会保险型模式

德国是世界上最早建立起社会保险制度的国家,现行的社会保险制度是在直接继承俾斯麦时期的社会保险制度的基础上发展起来的。在德国,市场效率与高水平的社会保障之间的结合被视为缺一不可、互为条件的发展基石,这种以经济效率兼顾社会公平的目标,更有利于效率的发挥和充分体现公平的一致性。在实践中,社会保险型保障模式表现为享受着自己缴纳社会保险费,每个公民只要符合规定的条件,均可享受相应的社会保险待遇。

在社会保障的管理方面,德国实行由雇主与劳动者高度自治、政府加以监督的管理体制。其社会保障总的监督部门为联邦劳工与社会事务部,政府的监督只对社会保险机构是否守法、经营管理和会计工作等方面进行监督。

易考点:社会保险制度首先在德国产生的原因包括,工人运动日益高涨、新历史学派主张的推动、俾斯麦希望安抚工人取得对内对外政策的胜利。

2. 美国的社会保险型模式

美国是世界上头号经济大国,其社会保障制度有着自己的显著特色,但总体而论,美国仍然属于社会保险型模式国家。其特点主要包括:享受社会保障所应遵循权利和义务的对等原则;在筹资方式上,采取多元化模式;在保障范围上,涉及面不广,对权利享有者的限制条件严格。

在社会保障管理方面,美国实行州政府管理为主、联邦政府支持的管理模式,联邦政府、州和地方各级政府、社会组织及团体分层设有管理机构,并尽可能把权限下放到地方和基层,以提高效率。

易考点:1935 年由罗斯福总统签署的《社会保障法》被认为是美国社会保障制度得以建立的标志。

3. 日本的社会保险型模式

日本是亚洲第一个推行社会保险制度的国家。从 20 世纪 20 年代到 50 年代,日本逐渐建立起了以健康保险、雇员年金保险和国民年金制度为核心的社会保障体系。日本现行的社会保障制度中以社会保险制度为主体,其中社会保险制度是社会保障体系的主体。日本社会保障制度虽然是模仿西方建立的,但也带有鲜明的亚洲特色,如重视个人、家庭的保障作用,强调劳资关系的和谐等。

二、福利国家型模式

(一)福利国家的起源与特征

1. 福利国家的起源

福利国家一词出自英国著名经济学家贝弗里奇在 1942 年完成的一份社会保障研究报告《社会保险及相关服务》,它在社会保障领域是全民福利的象征。1920 年英国剑桥学派的主要代表人物之一的庇古出版《福利经济学》,这部具有划时代意义著作的问世,为确立福利国家奠定了相应的理论基础。1948 年,英国在通过一系列的社会保障法律并加以实施后,正式宣布建成福利国家,随后西欧、北欧一些国家也纷纷宣布建立福利国家,加拿大、澳大利亚等也迈向了福利国家,福利国家作为经济社会发展水平达到很高层次和社会文明进步的象征,在世界上风靡一时,20 世纪 60 年代达到鼎盛时期。

易考点:①1948 年英国首相艾德礼宣布英国第一个建成了福利国家,贝弗里奇也因此获得了"福利国家之父"的称号。②福利经济学正式诞生的标志是,庇古《福利经济学》的出版。

经典真题再现

[2013 年甘肃省选拔万名普通高校毕业生到基层工作考试社会保障专业知识真题]

【原题】英国建立福利国家的理论与政策依据是 1942 年由贝弗里奇主持起草的研究报告——(　　)。

A.《大西洋宪章》　　B.《集体选择与社会福利》

C.《就业、利息和货币流通》　　D.《社会保险及相关服务》

【解析】英国是西方福利国家的代表,而英国建立福利国家的理论与政策依据是 1942 年由贝弗里奇主持起草的研究报告《社会保险及相关服务》即著名的《贝弗里奇报告》。故选 D。

经典真题再现

[2013年甘肃省选拔万名普通高校毕业生到基层工作考试社会保障专业知识真题]

【原题】新福利经济学的奠基人是(　　)。

A. 帕累托　　B. 卡尔多　　C. 希克斯　　D. 萨缪尔森

【解析】意大利经济学家帕累托提出了帕累托最优理论,他是新福利经济学的奠基人。随后,卡尔多、希克斯、伯格森和萨缪尔森等经济学家对帕累托最佳准则做了多方面的修正和发展,并提出了补偿原则论和社会福利函数论,创立了新福利经济学。故选A。

2. 福利国家的特征

具体而言,福利国家模式及其所推行的政策主要具有以下特征:

(1)累进税制与高税收,即国家通过确立累进税制对国民收入进行再分配,使社会财富不再集中于少数人手里,同时也为维持福利国家高水平的福利支出做支撑。

(2)普遍覆盖与全民共享,即各种社会保障制度,不仅限于被保险者本人,而且推及其家属;不只限定于某一保险项目,而且推及凡维持合理生活水平有困难和经济不安定的所有事件,以最适当的方法给予保障。

(3)政府负责与保障全面,即在福利国家,政府是社会保障的当然责任主体,不仅承担着直接的财政责任,而且承担着实施、管理和监督社会保障的责任。同时,福利国家的社会保障项目众多,待遇标准也较高,保障项目涵盖了社会成员"从摇篮到坟墓"的一切福利保障需求,而个人通常不需要缴纳或低标准缴纳社会保障费用,福利开支主要由政府和企业负担。

(4)法制健全,即各种社会保障制度均依法实行,并设有多层次的社会保障法律监督体系。

(5)充分就业,即国家采取各种措施来促使人人有就业机会,通过消灭各种导致失业的因素来实现充分就业的目标。

(二)福利国家型模式的代表

福利国家型模式的代表国家有英国、瑞典等。

1. 英国的福利国家型模式

1948年英国第一个建成福利国家,此后经过20年的改进完善,英国的社会保障制度发展成为面向全体社会成员、高福利、统一管理体制、为公民提供"一揽子"预防性保障的完整的社会保障体系,国家作为责任人承担着最后责任。

英国的福利政策内容十分广泛,包括全民医疗保健、社会保险和社会服务。不仅如此,在实施"福利国家"政策时,英国政府还建立了一个庞大的管理机构,其中的中央管理机构是保健和社会保障部。

易考点:福利国家的起源——英国;被誉为"福利国家橱窗"的国家——瑞典;被誉为"福利国家的天堂"——北欧五国。

2. 瑞典的福利国家型模式

瑞典是福利国家的又一典型代表。其社会保障制度大体分为两个层次,一是针对所有公民的基本生活保障,二是在此基础上提供的与收入相联系的保障,前者项目多、内容繁杂,后者则主要同少数保障内容相关联,因此,瑞典的社会保障制度在本质上奉行公平原则。

就保障内容而言,瑞典的社会保障项目繁多,对人们生老病死的每一个环节都有相应的保障。除现金津贴外，还提供医疗、护理等多项服务，这种全民性保险和广泛而优厚的补贴制度，使瑞典获得了“福利国家橱窗”之称。瑞典奉行的这种“从摇篮到坟墓”的社会保障政策，对于社会稳定和经济发展起了很大作用。国家通过立法手段，干预经济和财政，对国民收入再分配力度大，使财富在各家庭之间的分配趋于平等，这对于消除贫困、维持社会稳定和繁荣起到了保障作用。

三、强制储蓄型模式

（一）强制储蓄型模式的基本特征

强制储蓄型模式除具备国家立法规范、政府严格监督等特点外，还具有以下几方面特征：

（1）强调自我负责，缺乏互济性，即在国家立法的规范下，采取强制手段扣除劳动者的一部分工资储存起来，完全用于劳动者自己养老等。

（2）建立个人账户，实行完全积累，即在强制储蓄型模式下，每个参与其中的劳动者均有一个账户，雇主与劳动者自己缴纳的费用直接计入该账户，并逐年积累，直到劳动者年老退休时才能领取。

（3）与资本市场有机结合，即劳动者从参加强制储蓄到领取相应待遇的数十年期间，往往会遭遇基金贬值的风险，因此，就必然要求积累基金与资本市场相结合，才有可能避免基金贬值的风险。

（4）在保障内容上主要是养老保障，即采取强制储蓄型模式的国家，这一模式主要用于长期积累性的养老保险。

（5）政府承担责任的方式特殊，即政府通常不直接分担缴费责任，而是扮演着监督者的角色，对个人账户上积累基金的投资运营的监督是重点。

（二）强制储蓄型模式的代表

实行强制储蓄型模式的代表国家有新加坡、智利等。

1. 新加坡的强制储蓄型模式

新加坡的公积金制度，是通过国家立法，强制所有雇主、雇员依法按工资收入的一定比例向中央公积金局缴纳公积金，由中央公积金局加上每月应付的利息，一并计入每个公积金会员的账户，专户储存，会员享受的待遇，只在其账户存续期间积累的公积金额度内支付。新加坡的社会保障制度是以公积金制度为主体的。

新加坡的公积金制度强调劳动者自食其力、自力更生、自我保障，采取的是统一的个人储蓄而不是分散的个人储蓄，资金来源是职工工资收入的一部分并按照法律规定强制征收后记入个人账户。

易考点：采用公积金模式的代表国家是新加坡。

2. 智利的强制储蓄型模式

智利是强制储蓄型模式的又一代表国家，它曾经是拉美国家中最早建立社会保险制度的国家。与新加坡相比，智利的强制储蓄型制度的特点在于：一是雇主不缴费而只有劳动者个人缴费；二是由私人机构管理养老金的运营；三是个人账户上的强制性储蓄只能用于养老而不能像新加坡那样可以用于医疗保健与住房开支等。

智利现行的养老金私营化制度规定，职工必须按工资收入的10%按月缴纳保险费，并存入个人退休账户，企业不缴费。在基金的运行中，智利采取的是相互竞争的养老基金公司负责管理个人账户基金，注重基金的投资运营和保值增值。保险金待遇主要取决于个人退休账户积累额及投资收益状况，政府主要从立法、运行机制以及监管体系等方面发挥作用。

四、国家保险型模式

1. 国家保险型模式的宗旨

国家保险型模式，是由苏联创建并于20世纪中期被其他社会主义国家效仿的社会保障模式。这种模式以公有制为基础，与高度集中的计划经济体制相适应，由政府统一包揽并面向全体国民，因而又被称为政府统包型社会保障制度。国家保险型模式的宗旨是：最充分地满足无劳动能力者的需要、保护劳动者的健康并维持其工作能力。

2. 国家保险型模式的特征

国家保险型模式的主要特征包括：

（1）国家通过宪法将社会保障确定为国家制度，公民所享有的社会保障权利由生产资料公有制保证，并通过相应的社会经济政策的实施取得。

（2）社会保障支出由政府和企业承担，其资金由全社会的公共资金无偿提供，由于国家已事先做了社会保障费用的预留和扣除，因而个人不需要缴纳社会保障费。

（3）保障的对象是全体公民，即每一个有劳动能力的人都必须积极参加社会劳动并在劳动中获得相应的社会保障，国家对无劳动能力的社会成员也提供着物质保障。

（4）工会参与社会保障事业的决策与管理。

	模式类型	主要特征	代表国家
社会保障的主要模式	社会保险型模式	以劳动者为核心；责任分担；权利与义务有机结合；互助共济；社会保障基金的筹集以现收现付为主。	德国、美国、日本
	福利国家型模式	累进税制与高税收；普遍覆盖与全民共享；政府负责与保障全面；法制健全；充分就业。	英国、瑞典
	强制储蓄型模式	强调自我负责，缺乏互济性；建立个人账户，实行完全积累；与资本市场有机结合；在保障内容上主要是养老保障；政府承担责任的方式特殊。	新加坡、智利
	国家保险型模式	国家通过宪法将社会保障确定为国家制度；社会保障支出由政府和企业承担；保障的对象是全体公民；工会参与社会保障事业的决策与管理。	苏联、东欧各国、新中国成立早期曾使用

强化提升训练

一、单项选择题

1. 在社会保障体系中，就保障水平来说处于最低层次的是(　　)。
   A. 社会救助　　B. 社会福利　　C. 社会保险　　D. 社会优抚
2. 现代社会保障制度的主体和核心是(　　)。
   A. 社会优抚制度　　B. 社会保险制度　　C. 社会救助制度　　D. 社会福利制度
3. 我国保障水平最高的社会保障项目是(　　)。
   A. 社会救助　　B. 社会福利　　C. 社会优抚　　D. 社会保险

二、多项选择题

1. 实行社会保险型模式的国家有(　　)。
   A. 新加坡　　B. 德国　　C. 美国　　D. 英国
2. 福利国家型社会保障的主要特征是(　　)。
   A. 普遍覆盖　　B. 全民共享　　C. 全民就业　　D. 法制健全
3. 贝弗里奇报告中提出的三种社会保障方式是(　　)。
   A. 满足基本需要的社会保险　　B. 对特殊情况的国民补助
   C. 作为补充基本保障的自愿保险　　D. 补充性的养老保险

三、判断题

1. 新加坡的社会保障制度改革集中表现在养老保险基金私营化方面。(　　)
2. 社会福利的普及化与高水平化，标志着社会保障进入了高级阶段。(　　)
3. 国家保险型保障模式的宗旨，是最充分地满足无劳动能力者的需要、保护劳动者的健康并维持其工作能力。(　　)

参考答案与解析

一、单项选择题

1. A【解析】社会救助的目标是帮助贫困人群维持最低生活水平，其标准低于社会保险的要求，因此是社会保障体系中最低层次的保障措施。
2. B【解析】略。
3. B【解析】社会福利主要包括各种文化教育、公共卫生、公共娱乐、市政建设、家庭补充津贴、教育津贴和住房津贴等，是我国保障水平最高的社会保障项目。

二、多项选择题

1. BC【解析】实行社会保险型模式的国家有德国、美国和日本，实行强制储蓄型模式的国家有新加坡和智利，实行福利国家型模式的国家有英国和瑞典。
2. ABD【解析】福利国家型社会保障的主要特征是：累进税制与高税收、普遍覆盖与全民共享、政府负责与保障全面、法制健全以及充分就业。
3. ABC【解析】贝弗里奇在《社会保险及相关服务》(又称《贝弗里奇报告》)中提出社会保障应当采取三

种方式，即满足基本需要的社会保险、对特殊情况的国民补助、作为补充基本保障的自愿保险。

三、判断题

1. F【解析】新加坡是强制储蓄型模式社会保障制度的代表，其核心是政府集中管理和运营基金。
2. T【解析】社会福利的普及与高水平化，是社会保障进入高级阶段的具体体现。
3. T【解析】略。

第四章　社会保障立法与管理

本章提要：

通过了解社会保障法制化的价值，掌握社会保障法律制度的基本理论与中国社会保障立法的发展进程，熟悉社会保障管理模式与基本原则，明确我国社会保障管理体制。

重要考点	出题频次	经典例题	命题趋势
社会保障立法	★★★★	我国社会保障法的最高表现形式是(C)。 A. 法律　B. 行政法规 C. 宪法　D. 地方性法规	重点考查社会保障立法的特征、原则、形式及内容，常以选择题或判断题的形式进行考查
社会保障管理	★★	按照集权程度不同，社会保障管理模式可分为(CD)。 A. 政府管理模式　B. 民间管理模式 C. 集中管理模式　D. 分散管理模式	重点考查社会保障的管理模式及基本原则，常以选择题的形式进行考查

第一节　社会保障立法与管理概述

一、社会保障立法与管理的概念

社会保障立法是指调整一个国家或地区的社会保障关系的法律规范的总和，它包括社会立法机关指定的社会保障法律和国家行政机关颁布的社会保障法规及其他规范性文件，其目的是为了赋予国民以相应的法定社会保障权益。

社会保障管理则属于有别于生产管理的社会政策管理，它作为国家上层建筑的组成部分，既是社会保障法制的自然延伸，也是对社会保障法制化的强化，在实践中还通常受到经济制度及各国现行行政架构的制约。

社会保障法制化是这一制度长期稳定的保证，而社会保障管理则有助于社会保障制度正常、高效地运行，进而使社会保障主体的权利得到良好的实现。

二、社会保障法制化

社会保障法制化具有重要的意义和价值，因为法律制度是实现社会保障理想的重要基础。社会保障法制化的价值包括内在价值和外在价值。

1. 社会保障法制化的内在价值

社会保障法制化的内在价值，即社会保障法所固有的价值。对其可做如下解析：

(1)法律的目的之一就是为了追求公平与公正，通过法律的规定可以使社会保障的各项制度更为公平、合理。

(2)法律的稳定性和连续性可以使社会保障主体的权利与义务获得一种确定性。

经典真题再现

[2013年甘肃省选拔万名普通高校毕业生到基层工作考试社会保障专业知识真题]

【原题】社会保障法制化的内在价值不包含(　　)。

A. 通过法制化可以使社会保障更趋公平与正义

B. 通过法制化可以使社会保障更加突出效率

C. 法律的稳定性可以使社会保障主体的权利义务获得确定性

D. 法律的连续性可以使社会保障主体的权利义务获得确定性

【解析】社会保障法制化的内在价值包括:一是法律的目的之一就是为了追求公平与公正,通过法律的规定可以使社会保障的各项制度更为公平、合理;二是法律的稳定性和连续性可以使社会保障主体的权利与义务获得一种确定性。故选B。

2. 社会保障法制化的外在价值

社会保障法制化的外在价值,即社会保障法所具有的相对于其他社会目标来说所具有的工具价值。对其可做如下解析:

(1)法律对权利义务可以起到资源配置作用,只有通过法制化,才能使社会保障主体的权利、义务和职责明晰化。

(2)只有通过法制化,才能确保社会保障制度规范、有序地运行。

三、社会保障的管理

1. 社会保障管理的含义

社会保障的管理是指为了保证社会保障事业的发展和各项社会保障政策的实施,而建立一定的组织机构,配备具有一定素质的人员,对社会保障事业进行的决策、计划、指挥、监督、调节等行政性活动,以及对社会保障基金进行的筹集、管理、支付、运营等业务性活动。

2. 社会保障管理的意义

社会保障管理的意义在于,它能够将社会保障法律制度细化并促使其得到贯彻落实,能够通过社会保障计划或方案的制订来主导社会保障制度的持续发展,能够监控和纠察社会保障的具体实践以保证其健康有序地运行。

第二节　社会保障立法

一、社会保障法的起源与发展进程

1. 社会保障法的起源

社会保障法作为一种实体法,最早起源于英国1601年的《济贫法》。《济贫法》的颁布,使社会保障首次有了法制化的外衣,从而可以看成是一种历史性的进步。现代意义上的社会保障法起源于19世纪末德国颁布的《社会保险法》。

2. 社会保障法产生的历史社会条件

现代意义上的社会保障法起源于19世纪末的德国，其产生的历史社会条件有：

(1)工业革命的完成。

(2)自由资本主义逐渐向垄断资本主义过渡。

(3)在历史法学派的影响下，德国出现了法典化倾向。

(4)生存权思想和社会改良思潮的兴起。

3. 世界社会保障法的历史演进

根据社会保障立法理念的嬗变和各国社会保障立法的具体实践，可以将社会保障法的历史演进大致分为以下四个阶段：

(1)济贫法阶段，它以1601年英国颁布的《济贫法》为起始标志，直到19世纪80年代社会保险法律的产生为止。

(2)现代社会保障立法产生阶段，它以19世纪80年代德国颁布世界上第一批社会保险法律为起始标志，直到20世纪40年代第二次世界大战结束为止。

(3)现代社会保障立法成熟阶段，第二次世界大战以后，随着社会经济的进一步发展和立法理念的变化，社会保障立法进入了定型和成熟阶段。

(4)现代社会保障立法的完善与发展阶段，进入20世纪70年代以后，工业化国家在社会保障立法已经定型的基础上，针对社会保障制度发展进程中出现的问题进行探索与改革，使得其立法进入完善与发展阶段。

二、现代社会保障法的本质与特征

1. 现代社会保障法的本质

现代社会保障制度的建立，是以解决国民生存保障问题并促使社会经济协调发展为基本出发点与归宿的，因此，现代社会保障立法实质上既是社会成员生存权利的保护法和社会安全法，同时也是社会稳定法和社会和谐法。

易考点：现代社会保障法实质上是生存权利保护法，是弱者保护法，是收入分配调节法，从而能够缓解因利益差别和对立而导致的紧张与冲突。

2. 现代社会保障法的特征

作为现代法律体系中的一个重要组成部分，社会保障法具有法的一般特征。同时，作为一个独立的法律体系，它还具有自己的明显特征：

(1)安全性，即通过社会保障制度，使社会成员和劳动者在受到意外和风险时不至于生活无着，从而使每一个社会成员都能得到必要的安全保障。

(2)强制性，即依照法律规定必须投保的劳动者和用人单位都必须参加保险，当事人没有任意选择的权利。

(3)普遍性，即就社会保障本身而言，不论是农村还是城市，不论是全民所有制还是集体所有制企业等，所有的社会成员都普遍地、无例外地给予基本生活的物质保障。

(4)平等性，即凡是生存发生困难的社会成员，都有权平等地获得社会保障。

(5)鼓励性，即社会保障法中做出了一些差别规定，这种差别规定有助于鼓励劳动者在职时积极劳动,为社会多创财富、多做贡献。

三、社会保障法的原则与形式

1. 社会保障法的原则

在社会保障立法中需要遵循以下基本原则:

(1)人权保障原则,是社会保障法的首要原则。

(2)公平原则,即社会保障追求的目标就是社会公平,失去了公平的特性就不再是社会保障。

(3)权利与义务相结合原则,即任何公民在享有社会保障法的权利的同时,必须履行社会保障法规定的义务,将权利与义务结合起来。

(4)与社会经济发展水平相适应原则,即既要充分考虑社会经济发展对社会保障的客观要求,又要客观估量所处时代的经济承受能力,以维护社会保障制度的正常运行为根本目标,结合短期利益与长期利益,体现出社会保障与生产力发展水平相适应,与经济、社会相互协调、相互促进的原则。

(5)普遍性与特殊性相结合原则,即社会保障也是一种普遍性的规范,不仅要考虑全体社会成员的利益与需要,同时又必须承认社会成员之间存在差异,采取特殊性。

易考点:社会保障立法的人权保障原则,是社会保障法的首要原则。

经典真题再现

[2013 年甘肃省选拔万名普通高校毕业生到基层工作考试社会保障专业知识真题]

【原题】下列关于社会保障法原则的说法,正确的是(　　)。

A. 强制性和安全性是现代社会保障法的实质

B. 权利保障原则是社会保障法的首要原则

C. 社会公平原则是社会保障立法的最基本原则

D. 与社会经济发展水平相适应是社会保障法的根本原则

【解析】社会保障法的基本原则包括权利保障原则、普遍性原则、公平性原则、基本生活保障与提高生活质量相结合原则,其中权利保障原则是社会保障法的首要原则。故选 B。

2. 社会保障法的形式

社会保障法的形式是指社会保障法律规范的表现形式,即有关社会保障的规范性法律文件。中国社会保障法的形式,包括以下几个层次或部分:

(1)宪法,即国家的根本大法,也是国家制定社会保障法律、法规实行社会保障制度的基本依据。

(2)法律,这里专指由全国人民代表大会和全国人大常委会颁布的规范性文件,而就目前为止,中国部分社会保障各项制度还未上升到法律规范的层次,因而社会保障立法还任重而道远。

(3)行政法规,是国家最高行政机关即国务院制定的规范性法律文件,其名称有“条例”“规定”及“办法”三种,暂时性行政法规称为“暂行条例”或者“暂行规定”。社会保障方面的行政法规已有多部,如《失业保险条例》,此外还包括一些由国务院发布的“决定”“命令”以及“通知”等文件。

(4)地方性法规、自治条例和单行条例,其中,地方性法规是由省、自治区、直辖市的人大及其常委会制定的规范性法律文件,称为“条例”“规定”“办法”“实施细则”等;自治条例和单行条例是由民族自治地方的人民代表大会及其常委会制定的。目前社会保障立法在省一级由政府实行的较多,人大的相关立法很少，这也在一定程度上反映了中国社会保障立法工作的严重滞后。

(5)部门规章和地方规章，这两种规章统称为行政规章。部门规章是指国务院各部、委和某些其他工作部门发布的规范性法律文件；地方规章只是省、自治区、直辖市人民政府，省、自治区人民政府所在地的市和国务院批准的较大的市以及经济特区市的人民政府制定的规章。目前有关社会保障的立法主要都是以行政规章的形式表现出来的。

(6)法律解释，一般是指国家机关的规范性解释。有关社会保障方面的司法解释较少，如 2011 年 4 月 6 日最高人民法院颁布的《关于审理劳动争议案件适用法律若干问题的解释》等。

(7)条约与协定，即中国参加的国际组织所通过的国际条约与协定，经国家最高权力机关批准后即在中国生效，如中国签署的《经济、社会和文化权利国际公约》规定，缔约各国承认人人有权享受社会保障，包括社会保险等。该立法是已经立法机关批准或签署的公约，将作为中国国内社会保障法的形式而存在，保证得到实施。

经典真题再现

[2013 年甘肃省选拔万名普通高校毕业生到基层工作考试社会保障专业知识真题]

【原题】中国社会保障法的基本渊源是(　　)。

A.《中华人民共和国社会保险法》　　B.《中华人民共和国劳动保险条例》

C.《中华人民共和国劳动法》　　D.《宪法》

【解析】《宪法》是国家的根本大法，因而也是国家制定社会保障法律法规和实现社会保障制度的基本依据，宪法的一些相关规定构成了中国社会保障法的基本渊源。故选 D。

四、社会保障法的内容

社会保障法的基本内容包括社会保障法的调整对象、主体与客体等。

1. 社会保障法的调整对象

社会保障法的调整对象，是指社会保障法所规范的各种特定的社会保障关系，主要是国家或政府、企业或集体和社会成员在社会保障中所发生的各种社会经济关系。具体来说，社会保障法的调整对象主要包括有：

(1)国家与国民之间的关系，即中央政府与地方各级政府与全体社会成员之间的关系，需要明确政府在社会保障中的职责和社会成员享受社会保障的权利等。

(2)社会保障实施机构与政府之间的关系，包括管理与被管理的关系、财政关系等。

(3)社会保障实施机构与社会成员之间的关系，他们之间既是资金筹集者与供应者的关系，又是社会保障待遇提供者与享受者的关系，从而是实施社会保障项目最主要的实践范畴，应当明确规范其权利与义务等。

(4)社会保障实施机构与企业、社会团体、单位之间的关系，他们之间是征集社会保障资金和提供社会保障资金的关系。

(5)企业、社会团体及官方机构与劳动者个人之间的社会保障关系，其实质内容是保证劳动者的社会保障权益，规范企业或用人单位履行对劳动者的社会保障责任等。

(6)社会保障运行过程中的管理体制，即社会保障管理机构的设置及其与其他部门的关系。

(7)社会保障运行过程中的监督机制，包括监督机制的建立以及各种监督机构的职责、权限划分及其协调性等。

(8)其他社会保障关系,如社会保障子系统之间、项目之间的关系,社会保障基金与国家财政资金的关系、资本市场的关系等,也需要由相关的社会保障法制进行规范。

2. 社会保障法的主体

社会保障法律制度的主体,是指在社会保障活动中,依法享受权利与承担义务的当事人,主体资格是由法律规定的,也是社会保障运行过程中客观存在的。从社会保障的运行过程来看,其主体应当包括:

(1)国家或政府。国家不仅直接参与社会保障活动,而且是最重要的责任主体,它对社会保险、社会福利、社会救助、军人保障等各项社会保障制度的实施给予财政支持,从而是社会保障法制系统中的特殊主体。

(2)社会保障实施机构。实施机构直接承担着实施各种社会保障事务的责任,既依法享有向企业、社会团体、劳动者个人征收社会保险费等权利,又承担着具体组织实施社会保障项目的义务,从而是社会保障法律关系中的当然主体。

(3)企业、社会团体及官方机构。它们不仅承担着向社会保障机构供款的责任,而且要直接承担诸如职业福利的责任,从而对社会保障有着直接的义务与权益,也是社会保障法律关系中的当然主体。

(4)城乡居民及其家庭(尤其是劳动者)。社会保障都是面向城乡居民与劳动者的福利性保障制度,城乡居民是社会保障制度的直接受益对象,也需要承担一定的缴纳费用的责任,从而也是社会保障法制关系中的当然主体。

3. 社会保障法的客体

社会保障法律制度的客体,是指各关系主体的权利义务共同指向的目标。从社会保障制度的实践内容来看,它的客体是指社会保障规定项目和范围内的各种物质利益和自然人。一方面,社会保障所保障的都是客观存在的财产物资和自然人的身体与生命,灾害救助等是以属于社会成员所有的财产物资上的利益为具体的保障对象,而其他社会保障项目则多是以保障自然人的生活与身体为目标;另一方面,社会保障的目的主要是为社会成员的基本生活提供物质保障,国民保障权益的实现又是通过支付货币或提供劳务等方式来进行。因此,人是社会保障法律制度中最重要的客体,而物则是部分社会保障法律制度中的特殊客体。

易考点:社会保障立法是社会保障制度的法律表现形式,主要侧重于法律制度的建设、完善以及执行。它所调整的社会保障关系产生于社会保障活动过程中。作为一个独立的法律部门,社会保障法具有独特的主体与客体。

五、社会保障法律体系

社会保障法律体系的具体构成,一方面取决于法律体系理论;另一方面,也取决于社会保障制度本身的内容和结构。

就法律体系理论而言,法律体系是指一国的全部现行法律规范按照一定的标准和原则,划分为不同的法律部门而形成的内部和谐一致、有机联系的整体。同时,就某一法律部门来讲也有其体系结构,即某一法律部门的所有现行法律规范也可以分类组合成为不同的、低一层次的法律部门,从而形成内部一致、有机联系的统一整体。因此,从法律体系理论上来讲,社会保障法首先是一个独立的法律部门,是整个国家法律体系的一个组成部分;同时它又有其自身的体系结构,由若干低一层次的法律部门所构成。

社会保障法律体系包括社会保障专业法律体系和社会保障相关法律体系。社会保障专业法律体系是指专门规范社会保障事务的法律,它们是社会保障制度得以确立并健康运行的主要依据,如《社会保险法》《社会救助法》《社会福利法》等；社会保障相关法律体系是指一些国家制定的包含有与社会保障内容相关的法律所构成的体系，如《劳动法》《公务员法》等。

六、我国的社会保障立法

1. 我国社会保障立法的发展进程

我国社会保障法规的制定、修订和完善经历了曲折的过程。这一过程大致可以分为以下几个阶段：

第一阶段，1950—1965 年间社会保障法规的初建阶段，这一时期颁布的主要社会保障法规包括《中华人民共和国劳动保险条例》和一组优待抚恤条例。

第二阶段，1966—1977 年间社会保障制度遭受破坏，法制建设处于停滞不前阶段。

第三阶段，1978—1989 年间重建社会保障制度，修改补充原有社会保障法规体系阶段。

第四阶段，20 世纪 90 年代初以来的现代社会保障制度的建立和社会保障法规体系的建设阶段。

值得注意的是，2004 年 3 月国家立法机关修改《中华人民共和国宪法》时，将国家建立健全同经济发展水平相适应的社会保障制度正式载入宪法，这是一个重大的进步，它对社会保障法制建设将起到直接的推动作用。

2. 我国社会保障立法的现状

从总体上看，我国的社会保障立法是十分滞后的，从而对整个社会保障制度的最终确立与健康运行是一种先天的不足。

我国社会保障法制建设的滞后局面，主要表现在以下几个方面：

(1)社会保障立法还缺乏合理的理念。即是以维护社会稳定与社会公正为立法理念，还是以吸收发达国家长期协调发展的战略观，在中国社会保障立法中还未能真正清晰地体现出来。

(2)立法缺乏统筹规划，体系结构残缺。如已颁布的几部法律是社会保障内容与非社会保障内容混合在一起，但又不能作为实施有关社会保障制度的直接法律依据，而以社会福利法、社会救助法等为骨架的社会保障法律体系还未得到确立。

(3)法制建设的层次低。即国家立法机关制定的社会保障法律少，国家行政机关制定的法规和地方性法规多，这种局面表明社会保障法制建设的低层次性和不稳定性。

(4)立法主体混乱，立法层级无序。即一些需要国家立法机关制定的法律却只能用行政法规代替，而有的可以由国务院颁行的法规却变成了由全国人民代表大会通过的法律，这种局面为后续立法工作的顺利发展增加了障碍。

(5)欠缺与 WTO 的社会保险规则相适应的法律规范。尽管在 WTO 这个框架内目前还未有相应的社会政策或社会保障条款，对成员的社会保障水平也没有明确的限定，但是国际劳工组织已经制定了 100 多个有关劳工权益保障方面的公约，提供了最低程度的保障标准。我国现行的有关社会保障的法律法规与国际劳工组织的社会保险规则还存在相当大的差距，有的甚至直接同国际劳工组织的社会保险规则相冲突，这在一定程度上必然会影响我国同国际社会的交流与合作，最终将影响到中国完善的社会主义市场经济法律体系的建立。

3. 我国社会保障立法的发展趋势

完善的社会保障法应当有量和质两个方面的评价标准。

就量的规定而言，首先，在社会保障法律体系中应该有直接的宪法依据；其次，在社会保障法律体系中应当有适用于社会保险、社会福利、社会救助、军人保障等方面的专门法律；再次，在社会保障法律体系中还不可缺少与上述法律、法规相配套的若干条例、规章等。

就质的规定而言，首先，要求社会保障法律体系中起主干作用的法律与起配套作用的法规、规章等之间具有有机的联系，形成符合逻辑的多层次的法律结构；其次，它们在内容上应当达到和谐一致、互不矛盾、互不抵触，符合法制统一原则和统筹兼顾、互相协调的原则。

依据上述标准，我国社会保障法的完善应当从以下几个方面进行：

(1)由地方立法向中央立法发展，即在改革试点地区立法先行的基础上，应努力为中央立法创造条件，尽快实现以中央立法来指导地方立法。

(2)由分散立法向集中立法发展，即现阶段社会保障立法的发展应向集中立法方向发展，如制定集中性的《社会福利法》《社会救助法》等，用以统率其他法规、制度，将能够使整个社会保障法得到全面、系统的发展，并维系社会保障制度在整体上的正常运行。

易考点：完善中国社会保障法律体系的首要任务是由分散立法向集中立法发展。

(3)由行政立法向人大立法发展，即我们已经经历较长时期的行政立法阶段，许多行政法规事实上为人大立法打下了较好的基础，因此应该适时进入全国人大立法的阶段。人大立法是整个社会保障法制系统建设的最高保证。

(4)强化社会保障法律制度的实施机制，即一方面，应加强法律规范本身的强制性，尽快建立起相关的社会保障法律责任制度；另一方面，借鉴国外普遍实行的专门法院审判方式，建立我国专门的劳动和社会保障法庭(院)。

第三节　社会保障管理

一、社会保障管理模式

根据政府介入的程度，社会保障管理可分为政府管理、自治管理与民间管理等模式；按照集权程度，则可分为集中管理、分散管理、集散结合管理等模式。

1. 集中管理模式

集中管理模式，是指把养老保险、失业保险、医疗保险、工伤保险以及其他社会保障项目全部统一在一个管理体系内，建立统一的社会保障管理机构，集中对社会保障各项目基金的筹集、待遇给付以及运营监督等实施统一的管理。

集中管理模式的特征包括：社会保障决策权统一集中在中央；社会保障预算权统一，即编制和执行全国范围内的社会保障预算；政府间的社会保障联系是一种直接的双重联系，即地方各级政府不仅要在横向上对同级政府负责，还要在纵向上服从中央政府的指令，同时地方社会保障收支规模与基本结构要由中央政府决定。

2. 分散管理模式

分散管理模式，是指不同的社会保障项目由不同的政府部门或机构管理，并各自建立一套社会保障执行机构、资金营运机构及监督机构，各保障项目之间相互独立，资金不能相互融通使用。

分散管理模式的特征包括：各级政府及社会保障部门事权独立；各级政府及社会保障部门预算独立；政府间的社会保障联系是间接的，政府将社会保障事务委托给社会保障经办机构管理，只对社会保障进行监督，并根据各类保险项目的财务状况进行必要的平衡。

经典真题再现

[2013年甘肃省选拔万名普通高校毕业生到基层工作考试社会保障专业知识真题]

【原题】社会保障管理采用分散管理模式的国家是(　　)。

A. 英国　　B. 新加坡　　C. 德国　　D. 美国

【解析】分散管理模式是指不同的社会保障项目由不同的政府部门或机构管理,并各自建立一套社会保障执行机构、资金营运机构及监督机构,各保障项目之间相互独立,资金不能相互融通使用。该模式的代表国家是德国。故选C。

3. 集散结合管理模式

集散结合管理模式,是指将社会保障中共性较强的项目集中起来,实行统一管理,而将特殊性较强的项目单列出来由相关部门分散管理。

集散结合管理的特征,是根据社会保障项目的不同,把集中统一管理和分散自主管理有机地结合起来。

社会保障管理模式	实行该管理的代表国家
集中管理模式	英国、新加坡
分散管理模式	德国
集散结合管理模式	美国、日本

易考点:根据集权的程度不同,社会保障管理体制可分为集中管理、分散管理、集散结合管理模式;根据政府介入程度的不同,社会保障管理可分为政府管理、自治管理与民间管理等模式。

二、社会保障管理的基本原则

社会保障管理在运行中需要遵循管理的一般原则,同时还应当考虑社会保障制度的特殊性而遵循某些特定的规则,主要包括公开、公正与效率原则,依法管理原则,属地管理原则以及与相关系统协调一致的原则等。这些原则是建立社会保障合理的管理体制的基本依据,也是管理系统正常、有效地运行的准则与保证。

1. 公开、公正与效率原则

支撑社会保障制度运行的财政基础是社会公共基金,它在本质上属于全体社会成员,因此,社会保障制度的运行应当是透明的,社会保障管理也必然要遵循公开、公正与效率的原则。

2. 依法管理原则

社会保障法制化及其所具有的强制性,决定了社会保障制度在各个环节均须严格按照现行法律、法规与政策的"肯定的、明确的、普遍的"规范运行,并接受社会公开监督。因此,依法管理成为管理机构履行职责的内在要求。实行依法管理包括两个方面:一是管理机构及管理岗位的设置需要有相应的法律、法规作为依据;二是管理系统必须依法运行。

3. 属地管理原则

除新加坡等少数城市国家或小国家外,各国的社会保障事务通常都是在国家法律、法规的统一规范下,由各地区组织实施并由各地区的社会保障管理机构负责管理与监督的。因此,社会保障管理应当奉行属地管理原则,即同一地区的社会保障事务适宜由该地区的管理机构统一管理,这是维护社会保障制度的公平性、互济性和社会性的内在要求。

4. 与相关系统协调一致原则

虽然社会保障是一个独立运行的系统,但它与其他社会系统和经济系统却存在着不可分割的联系,从而在运行中需要与其他系统保持协调一致。即使在社会保障管理系统内部,不同的管理机构也需要在明确职责、分工负责的基础上保持某种程度的合作。此外,管理系统还需要与社会保障法制系统、实施系统及监督系统保持协调一致。

三、社会保障管理的内容

社会保障管理的内容可以从社会保障行政管理、社会保障财务管理以及其他社会保障管理三方面理解。

1. 社会保障行政管理

社会保障行政管理,是指行政部门依法行使对社会保障事务的管理与监督权力,它是确保社会保障制度良性运行的保证。

社会保障行政管理的内容是依法制定更为具体的社会保障政策及运行规范,对社会保障制度的运行进行日常的监督。

社会保障行政管理的任务是确保社会保障制度的规范运行,并对失范现象进行纠正。

2. 社会保障财务管理

社会保障财务管理包括两个层次:一是政府财政、审计部门对社会保障财务收支及运行状况进行管理与监督;二是社会保障主管部门对社会保障经办机构的财务收支及运行状况进行管理与监督。

社会保障财务管理的环节包括:对社会保障基金筹集的管理;对社会保障待遇给付的管理;对社会保障基金运营的管理与监督。

3. 其他社会保障管理

除行政管理与财务管理外,社会保障领域还有社会保障服务管理、人力资源管理等。如对社会保障服务机构(如经办单位)的服务质量进行监督,对社会保障经办单位人员资格的审查等,都是维护社会保障制度良性运行的保证。

经典真题再现

[2013 年甘肃省选拔万名普通高校毕业生到基层工作考试社会保障专业知识真题]

【原题】社会保障管理的内容不包括(　　)。

A. 社会保障设备管理　　B. 社会保障财务管理

C. 社会保障服务管理　　D. 社会保障行政管理

【解析】社会保障管理的内容包括社会保障的行政管理、社会保障财务的管理以及其他社会保障管理三部分。其中,其他社会保障管理主要是指为社会保障的对象提供一系列必要的服务。故选 A。

四、我国的社会保障管理体制

我国现行社会保障管理体制,是 1998 年在中央政府机构改革中确立的,它主要表现为政府对社会保障事务的管理与监督。在中央政府机构序列中,管理社会保障事务的职能部门主要有人力资源和社会保障部、民政部及其他部门。

1. 人力资源和社会保障部

人力资源和社会保障部是全国劳动和社会保险事务的主管部门,其养老、医疗、失业、工伤等各业务司负责制定方案、制度、政策,审核、批复省、自治区、直辖市上报的有关方案和请示。社会保险基金监督司主管基金监督、审计、投诉处理和补充养老保险基金承办机构的资格确认。法规司负责养老保险立法和执法监督。农村社会保险司主管农村社会保险事务的清理、整顿和行政管理。地方各级政府中的人力资源和社会保障部门一般照此设置内部机构，负责地方各项社会保险事务的管理工作。

2. 民政部

民政部负责管理全国的社会救助、社会福利和优抚事业。下设救灾司，负责管理灾害救助；社会救助司，负责城乡低保、农村五保等贫困救助、特殊救助；社会福利和慈善事业促进司，负责管理全国社会福利事务，福利彩票管理，老年人、孤儿和残疾人等特殊群体权益保护及慈善事业等；优抚安置局，负责军人及家属的优待、抚恤、安置、补助等。地方各级政府部门一般照此设置内部机构，负责地方社会救助、社会福利和优抚事业的管理工作。

3. 其他部门

除上述主管部门外，在中央政府中还有一些部门参与到社会保障管理中来，承担着相应的管理与监督职责。如卫生部负责全国医疗卫生事业，承担农村合作医疗、全民卫生保健管理等管理职责；住房和城乡建设部的住房公积金监管司负责全国住房公积金的使用与监管，住房保障司负责廉租住房资金与保障性住房的规划与监督实施。

强化提升训练

一、单项选择题

1. 社会保障法的首要原则是(　　)。
   A. 公平优先　　B. 人权保障
   C. 权利与义务相结合　　D. 与经济发展水平相适应
2. 完善我国社会保障法律体系的首要任务是(　　)。
   A. 由地方立法向中央立法发展　　B. 由分散立法向集中立法发展
   C. 由行政立法向人大立法发展　　D. 强化社会保障法律制度的实施机制
3. 我国下列法律中对社会保险有明确规定的是(　　)。
   A.《中华人民共和国企业法》　　B.《中华人民共和国合同法》
   C.《中华人民共和国劳动法》　　D.《中华人民共和国公司法》

二、多项选择题

1. 我国社会保障法制建设滞后主要表现在(　　)。
   A. 社会保障立法还缺乏合理的理念　　B. 立法缺乏统筹规划
   C. 法制建设的层次低　　D. 欠缺与 WTO 的社会保险规则相适应的法律规范
2. 社会保障管理的基本原则有(　　)。
   A. 公开、公正与效率原则　　B. 依法管理原则
   C. 属地管理原则　　D. 与相关系统协调一致原则
3. 我国行使社会保障基金管理职能的主要政府职能部门有(　　)。
   A. 财政部　　B. 民政部
   C. 人力资源和社会保障部　　D. 教育部

三、判断题

1. 实行分散社会保障管理模式的代表国家是英国。(　　)
2. 社会保障法的基本内容包括社会保障法的调整对象、主体及客体。(　　)
3. 社会保障基金管理组织,应区别于政府行政机构和以营利为目的的企业或商业组织,成为一个由三方代表共同组成的事业性的公共机构。(　　)

参考答案与解析

一、单项选择题

1. B【解析】社会保障法中的人权保障原则是社会保障法的首要原则。
2. B【解析】完善我国社会保障法律体系的首要任务是由分散立法向集中立法发展。
3. C【解析】《中华人民共和国劳动法》中,在劳动合同的订立、解除中,有对社会保险的相关规定。

二、多项选择题

1. ABCD【解析】从总体上看,我国的社会保障立法是十分滞后的,主要表现在:社会保障立法还缺乏合理的理念、立法缺乏统筹规划、法制建设的层次低、立法主体混乱、立法层级无序、欠缺与 WTO 的社会保

险规则相适应的法律规范。

2. ABCD【解析】社会保障管理的基本原则主要包括:公开、公正与效率原则,依法管理原则,属地管理原则以及与相关系统协调一致的原则等。

3. ABC【解析】在我国,财政部、民政部、人力资源和社会保障部行使管理社会保障基金的职能。

三、判断题

1. F【解析】实行分散社会保障管理模式的代表国家是德国,英国实行的是集中管理模式。

2. T【解析】略。

3. T【解析】社会保障基金是根据国家有关法律、法规和政策的规定,为实施社会保障制度而建立起来的专款专用的资金。由于社会保障基金的特殊性,所以社会保障基金的管理应区别于政府行政机构和以营利为目的的企业或商业组织,成为一个由三方代表共同组成的事业性的公共机构。

第五章 社会保障基金制度

本章提要：

通过了解社会保障基金的概念、特点，掌握社会保障基金筹集与支付的原则、方式等信息，明确社会保障基金投资运营与监管的体制与内容。

重要考点	出题频次	经典例题	命题趋势
社会保障基金的筹集与支付	★★★	社会保障基金支付的方式不包括(C)。 A. 货币支付　B. 实物支付 C. 精神支付　D. 服务形式支付	重点考查社会保障基金的筹集原则、渠道、方式以及基金的支付原则等，常以选择题的形式进行考查
社会保障基金的投资运营与监管	★★★	社会保障基金不能投放到(D)。 A. 股票　B. 债券 C. 不动产　D. 彩票	重点考查社会保障基金的运营原则与体制、监督与管理，常以选择题的形式进行考查

第一节 社会保障基金概述

一、社会保障基金的概念

1. 社会保障基金的含义

社会保障基金是指国家为实施各项社会保障制度而通过各种渠道所建立的、法定的、专款专用的货币资金。社会保障基金是社会保障制度得以正常运行的物质基础，是社会消费基金的重要组成部分，其实质是从国民收入的初次分配和再分配过程中形成一种消费性社会后备基金。

易考点：社会保障制度的物质基础是社会保障基金。

2. 社会保障基金的分类

社会保障基金有多种分类方式，具体情形如下：一是按用途划分，可分为社会保险基金、社会福利基金、社会救助基金和社会优抚基金；二是按功能划分，可分为养老保险基金、医疗保险基金、工伤保险基金、生育保险基金及失业保险基金；三是按基金来源划分，可分为财政性社会保障基金、社会保险基金、社会福利基金等；四是按筹集模式划分，可分为完全积累模式、部分积累模式和现收现付模式三种；五是按基金所有权划分，可分为公共基金、机构基金和个人基金三种。

经典真题再现

[2013年甘肃省选拔万名普通高校毕业生到基层工作考试社会保障专业知识真题]

【原题】社会保障基金的性质是(　　)。

A. 从国民收入的初次分配和再分配过程中形成的一种消费性社会后备基金

B. 充当补充、调剂基金作用的积累性国家社会保障储备基金

C. 用于提高人民物质和精神文化生活水平而建立的补偿性社会后备基金

D. 从国民收入的再分配过程中形成的国家社会保障储备基金

【解析】社会保障基金实质上是从国民收入的初次分配和再分配过程中形成的一种,带有明显消费性质的社会后备基金。故选A。

二、社会保障基金的特点

社会保障基金因其自身的规定性,存在着区别于其他基金的许多特点,具体可分为以下几点:

(1)法律强制性。即国家、企业(单位)、个人三方承担的比例,都是根据国家的社会保障法规定,按一定的百分比例进行提取,作为保障基金。

(2)特定目的性。社会保障基金建立的目的是劳动者在遭遇风险时,保障其基本的生活需要,这部分款项必须专款专用,任何单位和个人都不得随意挪用。

(3)偿还性。偿还性又称补偿性,是指被保险人按规定缴纳社会保险费后,国家或社会又通过社会保障的各种形式,如社会福利、社会救济等形式予以偿还。

(4)统筹互济性。社会保证基金是消费基金,由国家统筹管理使用,所有的劳动者共同承担社会风险、互帮互助、同舟共济,体现了统筹的互济性。

(5)储蓄性。社会保障基金相当一部分是通过个人账户预筹的,特别是积累基金,主要是通过个人账户进行预筹,储蓄起来的基金用于保障基本生活。

(6)保值增值性。是指基金通过商业运作所创造的收益等于或大于同期通货膨胀率。社会保险基金只有通过合适的方式进行投资运营才能实现保险基金的增值,才能达到社会保险的目的。

(7)广泛性。社会保障基金主要来源于国家财政拨款、地方财政拨款、企业福利基金以及社会捐赠等,社会保险基金因险种的不同,其基金来源也有所不同。

(8)专项性。社会保障基金是为了保障广大劳动者因年老、失业、疾病、生育、伤残等原因而暂时或永久丧失劳动能力或失去工作机会时的基本生活而建立的有专门用途的专项基金,因此它的本金和收益只能用于社会保障制度的各项保障给付,不能挪作他用。

(9)适度性。社会保障水平是一个具有整体性、相对性、质与量相统一的范畴,对社会保障水平适度性的内在要求决定了社会保障基金的分配要与国民经济承受能力相适应,尽力限制和避免社会保障基金的征集和使用对国民经济的消极影响,社会保障基金所提供的经济补偿水平只能以满足劳动者的基本生活需要为基准。

三、社会保障基金的作用

社会保障基金对稳定社会和促进经济健康发展有着重要作用,主要体现在以下几个方面:

(1)有利于增强抵御风险的能力,实现社会保障的职能。社会保障是社会的稳定器、减震器、调节器,为了实现社会保障的功能作用,必须具备一定数量的社会保障基金,而通过各种渠道筹集的社会保障基金就为实现社会保障功能提供了物质保障。

(2)有利于发挥基金的经济功能,促进经济的发展。发达国家的经验表明,社会保障基金对经济发生波动时可以起到缓解波动的作用,有利于经济的恢复。

(3)有利于调整社会经济利益关系。运用社会保障制度可以调节过高收入,调节消费需求,也就是通过社会保障制度实现由国家、单位和个人共同负担社会保障基金,实行社会统筹,建立个人账户,开展个人保险积累,即社会保障基金是发展社会保障制度的物质基础,也是国家宏观经济调控的物质保证。

(4)有利于实现社会保障的储备功能。资金积累和储蓄是投资的前提,实施社会保障制度,建立社会保障基金,就可以实现社会保障的储备功能。

(5)有利于发挥保险互济的作用,增强社会的凝聚力。

第二节　社会保障基金的筹集与支付

一、社会保障基金的筹集

1. 社会保障基金的筹集原则

社会保障基金的筹集是由专门的社会保障管理机构,按照法律规定向其对象征收社会保障费用的一种行为,是社会保障制度得以正常运行的保证。社会保证基金的筹集需要遵循以下基本原则:

(1)适度原则,即筹集的规模和水平应与经济水平相适应,统筹国家、单位和个人的经济承受能力,如果规模过大,会加重企业的负担使企业失去竞争优势,影响整个经济的持续发展;如果规模偏小,不能有效地满足社会成员的需要。

(2)公平原则,即收入不同的社会成员间的负担公平、代与代之间的公平以及筹资与给付间的公平。

(3)效率原则,如果筹集负担水平和享有标准不适应,就有可能削弱个人和企业的生产积极性,导致经济效率下降;如保障给付水平过高,就有可能出现过度福利,形成养懒人的制度,影响社会经济效率。

(4)独立原则,首先应保证征缴与管理、使用相分离,克服“三不分”带来的弊病,为今后做到征缴有度、管理有方、使用有效,实现三者之间的相互监督,提高社会保障资金的社会效益和经济效益奠定基础。

2. 社会保障基金的筹集渠道

社会保障基金是由国家、企业、个人等多方共同承担的,所以其来源是多渠道的。具体地说,社会保障基金的筹集渠道包括:

(1)主渠道,即国家、企业、个人三方共筹基金的筹资渠道,主要包括财政拨款、企业缴费和个人缴费三方面。按照三方共同负担的原则,国家、企业及劳动者个人都要按照一定的比例和方式承担社会保险基金的筹集。

(2)辅助渠道,即基金的运营增值(社会捐赠、发行社会福利彩票)。社会保障基金的运营增值,包括储蓄增值和投资收益(直接投资和间接投资)。社会保障基金通过储蓄取得的利息和通过投资而获得的利润,也是社会保险基金的来源渠道之一。

(3)特殊渠道,即减持国有股、变现国有资产以及发行长期国债等。减持国有股(包括国家股和国有法人股)是指向社会公众及证券投资基金等公共投资者转让上市公司(包括拟上市公司)国有股的行为,属于社会保障基金来源的一种特殊渠道。

易考点:社会保障基金的筹集渠道。

3. 社会保障基金的筹集方式

社会保障基金的筹集方式主要有以下几种:

(1)征税方式(缴税制),是根据国家立法规范,由政府运用行政权力采取税收形式强制筹措社会保障资金的一种筹资方式。其优点是强制性强、负担公平、有利于提升社会保障的社会化程度;保险项目简单明了,缴税和支付有章可循,管理简便。其缺点是税收形成财政资金后需要通过年度预算来安排,且通常以年度收支平衡为基本目标,无法积累社会保障基金,无法抗拒周期的社会保障风险。

(2)征费方式(缴费制),是指政府职能部门依据有关法律规范,强制向企业和劳动者征收并用于特定社会保障项目的筹资方式。其优点是在强制征收的同时具有一定的灵活性,可根据不同的社会保险种类设置不同的缴费费率,向不同的社会保险管理机构缴纳,实行收支两条线管理。其缺点是缴费项目一般比较复杂。

(3)强制性储蓄,是指雇主和雇员按规定的缴费率将社会保险费存入为雇员设立的个人账户,需要时按规定从个人账户中支取的一种筹资模式。

(4)自由筹资,是一种非固定、灵活、来源于公众自愿参与的一种筹资方式。如通过发行福利彩票筹集用于社会福利事业的基金,对社会福利事业的服务性收费构成社会福利基金的重要来源。

易考点:缴税制与缴费制的含义及其优缺点。

4. 社会保障基金的筹集模式

社会保障基金的筹集模式可分为以下三种:

(1)现收现付模式,是一种以近期内横向收支平衡为原则的筹资模式。现收现付模式的具体做法是先将一年或几年内需要支出的社会保障费用加以预算,以支定收,然后按一定比例分担到参加社会保险的单位和个人,当年提取,当年支付,预先不留出储备金,完全靠当年的收入来满足当年的支出,并争取略有结余。

(2)完全积累模式,是一种以远期纵向收支平衡为原则的筹资模式。是指在对未来时期社会保险基金的需求量进行预算的基础上,确定一个能够保证在相当长的时期内可以达到收支平衡的总平均收费率,再将其分担到保险对象的整个投保期,采取先提后用的办法,对已经积累起来的基金进行有效管理,等劳动者需要享受时,再分期或一次性给付。

(3)部分积累模式,是兼顾近期横向收支平衡原则与远期纵向收支平衡原则结合起来的筹资模式。部分积累模式包括在现收现付的基础上增加一定比例的积累和实行社会统筹与个人账户相结合的基金积累两种管理方式。部分积累模式可以集中现收现付模式和完全积累模式的优点,并有效克服二者的缺点,既能够根据短期支付需要进行社会统筹,又可以形成适度积累。积累部分通过投资运营实现保值增值,可以减轻下一代的负担,缓解代与代之间的矛盾。

经典真题再现

[2013年甘肃省选拔万名普通高校毕业生到基层工作考试社会保障专业知识真题]

【原题】中国社会保险基金中采用部分积累制筹资模式的项目有(　　)。

A. 基本养老保险

B. 工伤保险

C. 失业保险

D. 城镇职工医疗保险

【解析】部分积累模式,是兼顾近期横向收支平衡原则与远期纵向收支平衡原则结合起来的筹资模式。我国的养老保险、医疗保险以及失业保险均是采用的该模式。故选ACD。

二、社会保障基金的支付

1. 社会保障基金支付的概念

社会保障基金的支付，是指社会保险基金的经办机构，在遵守政府对社会保险支付管理原则和制度的前提下，将筹集的社会保险基金支付给履行了社会保险缴费义务的个人的过程。

社会保障基金的支付内涵	支付的条件	即什么样的人才给予支付，包括缴费时间、缴费数额等。
	支付的方式	即基金的支付是一次性发放，还是多次性发放；定期发放还是不定期发放。
	支付的标准	即根据支付条件确定的保险额度、比例等，一般与筹集的标准保持一致或接近的口径。
	支付的记录	即社会保险基金按个人、地区、行业的发放情况记录和全国的汇总记录反映一定时期社会保险支出的动态情况，为政府制定和调整社会保险制度和政策提供可靠的依据。
	支付的效果	即社会保险基金发放后各方面的反映，收支对比分析以及在安定居民生活、保护人民健康、挽回灾害损失等方面的情况，是检验社会保险机制所起作用好坏的归纳、分析和总结。
	支付的监督	即由专门的社会保险基金监督机构对社会保险基金发放的过程进行监督，防止基金的挪用、贪污、浪费等现象的发生，确保社会保障基金正确有效的支付和使用。

易考点：社会保障基金管理的最终环节和国民实现社会保障权益的标志是社会保障基金支付。

2. 社会保障基金支付的原则

社会保障基金支付的原则包括以下几个方面：

(1)公平、公正、公开原则，即社会保障基金的发放必须向社会公众开放，以接受公众的监督，支付标准的确立必须立足于本地区的经济和社会发展水平。社会保障基金必须按照国家的法律、法规以及所确定的发放标准发放，要将社会保障基金确实发放到需要得到基本生活保障的公众手中。

(2)统筹范围内支付原则，即要求基金必须支付给统筹范围内所有参加了社会保障的社会成员，不得跨统筹范围支付。

(3)及时、足额发放原则，即国家要保证社会保障基金全部按时发放到保障对象的手中，以维护公众的基本权益，为他们的基本生活提供保障。

(4)社会化发放原则，即社会保障基金的发放要由社会保障经办机构通过银行等社会机构发放，这样可以防止拖欠、挪用等不良现象的发生，而且还可以方便群众。

(5)统一性原则，即要严格按照国家政策规定的项目和标准开支，任何地区、部门、单位和个人都不得以任何借口擅自增加支出项目或提高开支标准。

(6)实行差别待遇原则，即在支付社会保障金时，除了根据权利与义务相结合的办法进行支付外，还要实行差别待遇原则。对于社会保险、社会福利、优待抚恤等保障项目，应按规定考虑被保险人的贡献大小、损失的轻重给予相应的待遇。

(7)法制化原则，即社会保障基金的支付要遵循法制化的原则，要按现行社会保障法及政策规定的标准、程序进行，同时还要进一步建立健全社会保障法规，加强社会保障法制建设。

3. 社会保障基金的支付范围

纵观世界各国社会保险基金的支出范围，主要包括养老保险、医疗保险、失业保险、工伤保险、生育保险等。社会保险属于基本保障,保障劳动者在失去劳动能力、失去工资收入后仍能享有基本生活,保障的对象是“劳动者”。国际上的社会保险支出通常划分为五个方面,即养老、残障、死亡;疾病、生育、医疗护理;实业;家庭津贴;工伤及其他。

4. 社会保障基金的支付方式

社会保障基金的支付通常有三种方式,即货币支付、实物支付和服务形式支付。其中,货币支付是社会保障基金的主要支付方式,社会福利和社会救济等社会保障项目由于其保障对象比较特殊而可以采用实物和服务形式支付。

易考点:社会保障基金的支付方式有货币支付、实物支付和服务形式支付三种。

经典真题再现

[2013 年甘肃省选拔万名普通高校毕业生到基层工作考试社会保障专业知识真题]

【原题】社会保障基金管理的最终环节和国民实现社会保障权益的标志是(　　)。

A. 社会保障基金给付　　B. 社会保障基金筹资

C. 社会保障基金运营　　D. 社会保障基金监督

【解析】社会保障基金的给付是指按法律、法规和规章的规定,由社会保障机构按一定的标准和方式将资金支付给符合条件的保障对象,以保障其基本生活需要的行为。这是社会保障基金管理的最终环节,也是国民社会保障权益实现的标志。故选 A。

第三节　社会保障基金的投资运营与监管

一、社会保障基金的投资运营

社会保障基金的投资运营是指社会保障基金的管理机构或受其委托的机构,在保证当前需要的基础上,将形成结余的资金投到资金市场中去,以实现社会保障基金的保值增值。

(一)社会保障基金投资运营的可能性与必要性

1. 社会保障基金投资运营的可能性

社会保障基金的性质决定了其投资运营的可能性。社会保障基金由于种种原因而暂时闲置,它的最终用途是用于劳动者因生、老、病、残、失业等所致的收入损失和人身损害的专项补偿和给付。这些收入损失风险的发生具有必然性和偶然性并存的特点,因此决定了社会保障基金具有备用性和实用性的特点。社会保障基金在不断提存和赔付运动的过程中,总会有一定数量的资金处于暂时闲置不用的状态,这就产生了社会保障基金的收入和支付在时间上的差异性。社会保障基金在时间上的这种差异性,为社会保障基金的投资提供了时间上的可能性。

社会保障基金的筹资模式决定了其投资运营的可能性。在社会保障制度建立之初,各国建立的是现收现付模式的社会保障制度。随着社会经济的发展,特别是各国人口老龄化的到来,现收现付的社会保障模式面临入不敷出的窘境。各国纷纷进行社会保障制度的改革,完全积累和部分积累的模式被更多地采用,经过一定时期的积累,各国的社会保障基金都有了一定的规模,为其投资运营奠定了资金基础。

2. 社会保障基金投资运营的必要性

社会保障基金的保值增值不仅保证了投保人的利益,同时也增强了社会保障资金的给付能力,提高了社会保障水平，因而社会保障基金的投资运营是十分必要的，主要体现在：

(1)从基金筹集模式看社会保障基金投资运营的必要性，即完全积累模式的基金受通货膨胀的影响最大，必须保证积累基金的保值增值；部分积累模式筹集的基金也存在此问题。因而，社会保障基金的投资运营是积累式基金筹集方式的客观要求。

(2)从人口老龄化看社会保障基金投资运营的必要性，即国际公认一个国家60岁以上人口比重达到10%或65岁以上人口占总人口7%时即为老龄化国家，缓解它的主要途径就是大力促进社会保障基金的尽快增值。

(3)从通货膨胀看社会保障基金投资运营的必要性，即通货膨胀对社保基金的影响，一方面将造成基金本身的贬值；另一方面会导致社保基金支出的增加。

(4)从社会保障水平的刚性增长看社保基金投资运营的必要性，即随着生活水平提高，社会保障支出呈迅速上升态势。

(5)从社会保障待遇调整原则看社保基金保值增值的必要性，即分享经济发展成果、与物价挂钩是社会保障待遇调整遵循的两项基本原则。

经典真题再现

[2013年甘肃省选拔万名普通高校毕业生到基层工作考试社会保障专业知识真题]

【原题】第六次全国人口普查结果表明，中国60岁以上老年人口的比重已达(　　)。

A. 12.26%　　B. 13.26%

C. 11.26%　　D. 14.26%

【解析】根据第六次全国人口普查结果表明，中国0~14岁人口占16.6%；15~59岁人口占70.14%；60岁以上人口占13.26%，其中65岁及以上人口占8.87%。故选B。

(二)社会保障基金投资运营的原则、体制与意义

1. 社会保障基金投资运营的主要原则

为保证社会保障基金的有效运营，在社会保障基金的投资运营中需要遵循以下基本原则：

(1)安全性原则。社会保障基金的安全关系到社会保障目标的实现，影响着社会经济的健康发展，这就决定了社会保障基金的投资必须高度重视安全性，把安全性原则作为社会保障基金投资必须遵守的基本原则。

(2)流动性原则。在社会保障基金的投资过程中，要保持足够的变现能力，以便随时满足资金使用的需要。要避免基金投资中可能造成的周转困难，影响社会保障功能的发挥。这就要求我们要对社会保障的收支进行事先预测，留足资金和一定的短期投资以备短期支付之用，并对中长期的投资期限进行统筹安排，使基金在应付日常之用的前提下充分发挥效益。

(3)营利性原则。社会保障基金投资的最终目的是为了保值增值，没有收益就不能保值，更谈不上增值。社会保障基金的投资收益率至少要超过当前的通货膨胀率。

(4)公益性原则。社会保障基金的投资必须用于对经济和社会有益的项目，除了必须与社会利益一致外，还应注意与政府经济政策是否一致。

易考点：安全性原则是社会保障基金投资运营必须遵守的基本原则。

2. 社会保障基金投资运营的体制

社会保障基金的投资运营体制	投资运营模式	包括集中垄断运营模式和分散竞争式运营模式。
	投资工具的选择	包括银行存款、政府债券、企业债券、股票、实业投资、不动产投资、信托投资等。
	投资风险监控体系	包括资产分离、信息披露、外部审计、投资限制、风险评级和收益担保等。

3. 社会保障基金投资运营的意义

社会保障基金投资运营的意义包括:一是有利于社会保障基金的保值增值;二是可以减轻国家、用人单位和个人的负担;三是社会保障基金的投资运营能够促进经济的发展。

(三)社会保障基金的投资工具

从世界范围看,社会保障基金投资的工具主要包括金融投资和实业投资两大类。

1. 金融投资

社会保障基金投资的金融投资工具包括银行存款、债券、股票、投资基金等。

(1)银行存款。银行存款即社会保障基金运营管理机构把基金存入银行,以取得一定利息的投资方式。银行存款定活两便,流动性好,安全性高,操作简便,但收益较低。很多国家对存入银行的社会保障基金给予利率优惠,以确保其不贬值。

(2)债券。债券是社会保障基金投资的重要工具,又分为政府债券和企业债券。政府债券即国债,是政府为某种特定目的向社会举借债务。政府债券以国家财政为担保,因而又被称为"金边债券",信誉好,安全性高,流动性强,收益一般高于同期银行利息,但远低于企业债券、股票等投资工具的收益。鉴于其安全性高的优点,很多国家常常通过立法规定社会保障基金中的部分项目必须有一定比例投资于政府债券。企业债券是企业为了特定需要而筹措资金并按照法定程序在一定范围内发行的债券。企业债券收益高于政府债券,但风险较大。实力雄厚、信誉卓著的大公司、大企业发行的债券很受社会保障基金投资的青睐。

(3)股票。股票是股份证书的简称,是股份公司的有价证券。股票一经批准上市流通,持有者就可以随时在市场上出售变现,其卖出价高于买入价的差额就是股票投资的收益,持股期间的股息收入也是股票投资收益的一部分。社会保障基金投资股市可以获得较高的收益率,但是风险较大。虽然多数国家允许将社会保障基金投资于股市,但都有一定的比例限制。

(4)投资基金。投资基金是公众化的证券投资方式,它是由专门的投资机构通过发行受益人入股凭证(基金单位),汇集投资者资金,委托具有专业知识和投资经验的专家在证券市场上分散投资于股票、债券等金融工具,投资者按基金证券的份额分享基金的增值收益的新型证券投资方式。它是世界各国养老保险基金投资的重要品种,其投资安全性较高、流通性强、收益高,但投资基金的风险高于银行存款和国债。

2. 实业投资

实业投资主要包括投资兴办企业和投资不动产。社会保障基金可以投资新建企业进行独资经营,也可以与其他法人合资经营,还可以收购企业股权参与企业生产经营管理。

社会保障基金可投资不动产,如投资房地产和基础设施建设。不动产投资在经济持续发展的情况下可以保证有较高的收益率,但一般投资规模巨大且周期长,流动性差。因此,绝大多数国家将社会保障基金用于不动产投资的比重都比较低。

二、社会保障基金的监管

社会保障基金的监管,是指依法对社会保障基金的收缴、安全运营、基金保值增值等过程进行监督管理，以确保社会保障基金正常、稳定的运营。社会保障基金监管一般包括社会保障基金的监督与社会保障基金的管理两部分。

（一）社会保障基金的监督

1. 社会保障基金的监督体系

我国的社会保障基金监督可分为国家监督、社会监督和政党监督三大体系。其中，国家监督是我国社会保障基金监督的核心组成部分。

国家监督，是指国家机关为保障社会保障基金的顺利运营和管理而进行的监督，具体包括国家权力机关的监督、国家司法机关的监督和国家行政机关的监督。

社会监督，是社会力量对社会保障基金运营和管理活动的合法性、合理性所进行的监督，具体包括人民政协的监督、社会团体和组织的监督、社会舆论的监督以及人民群众的直接监督等。

政党监督，包括中国共产党的监督和各民主党派的监督。

2. 社会保障基金的监督内容

社会保障基金的监督应当遵循客观、公正、合法、效率的原则，其内容主要包括：贯彻执行社会保障基金管理法律、法规和国家政策的情况；社会保障资金预算执行情况及决算；社会保障基金征收、支出及结余情况；财政管理体制；社会保障基金管理的其他事项。

（二）社会保障基金的管理

社会保障基金管理是指为实现社会保障的基本目标和制度的稳定运行，对社会保障基金的运营条件、基金征缴、管理模式、投资运营、监督管理等进行全面规划和系统管理的总称。

1. 社会保障基金的管理目标

社会保障基金的管理目标主要有四个：一是确保基金的完整和安全；二是防止基金贬值，实现基金保值，争取基金增值；三是满足给付的需求，避免支付危机发生；四是保持高效率。其中，维护基金安全是最重要也是最基本的目标。

经典真题再现

［2013 年甘肃省选拔万名普通高校毕业生到基层工作考试社会保障专业知识真题］

【原题】社会保障基金管理的目标是（　　）。

A. 确保基金的完善与安全

B. 防止基金贬值，实现基金保值，争取基金增值

C. 满足给付的需要，避免支付危机的发生

D. 保持基金管理高效率

【解析】社会保障基金的管理目标主要有四个：一是确保基金的完整和安全；二是防止基金贬值，实现基金保值，争取基金增值；三是满足给付的需求，避免支付危机发生；四是保持高效率。故选 ABCD。

2. 社会保障基金的管理原则

社会保障基金管理遵循的基本原则包括：一是依法管理，规范运营，即必须以法律法规为依据，按法定的程序和方式来管理社会保障基金；二是坚持收支两条线，征收和支付适当分离；三是实行预算管理，应根据社会保障的目标来编制社会保障基金的年度与中、长期收支预算；四是严格监督，杜绝漏洞，这不仅是维护社会保障基金安全性的要求，也是追求基金效率性的需要。

3. 社会保障基金的管理特点

社会保障基金管理的特点主要包括:一是社会政策目的性,决定了社会保障基金投资与管理的首要目标是实现基金保障的社会政策目标;二是法律监控性,决定了社会保障基金管理的全过程,包括费率的确定、基金征缴支付、基金保管等均须置于国家有关法律法规的严格监控之下,体现出很强的依法管理的特征;三是综合性、边缘性,由于社会保障基金自身的长期性及社会政策目的性和基本特征,在很大程度上不同于一般企业基金、信贷基金和共同基金,在强调实现社会保障基金投资营利目的的同时,必须高度重视基金的安全运营特性。

4. 社会保障基金的管理途径

社会保障基金管理的主要途径包括:

(1)财政集中型基金管理途径,即是以建立社会保障预算或直接列入国家财政预算的方式管理社会保障基金,体现出国家财政对社会保障基金管理所担负的责任。其特点是风险较低、保障收益、易于操作,但投资收益较低。

(2)多元分散型基金管理途径,是指社会保障专门机构委托银行、信托公司、投资公司、基金管理公司等金融机构对社会保障基金在法律允许的范围内进行委托投资,并规定最低投资收益率的基金管理途径。其特点是效率较高、投资收益较高、投资组合方式灵活。

(3)专门机构的集中型基金管理途径,是指由相对独立和集中的社会保险银行、社会保障基金管理公司或基金会等专门机构负责社会保障基金的管理和投资运营。

强化提升训练

一、单项选择题

1. 社会保障制度的物质基础是(　　)。

A. 社会保障管理　B. 社会保障模式　C. 社会保障基金　D. 社会保障法

2. 征税筹集社会保障基金的缺点是(　　)。

A. 强制性差

B. 不利于社会保障社会化程度的提高

C. 负担不公平

D. 无法抗拒周期性的社会保障风险

3. 社会保障基金投资的首要原则是(　　)。

A. 安全性　B. 收益性　C. 流动性　D. 多样性

二、多项选择题

1. 社会保障基金的社会筹集渠道主要包括(　　)。

A. 捐赠　B. 发行彩票　C. 雇主与个人缴费　D. 社会福利服务收费

2. 社会保险行政部门对社会保险基金实施监督检查,有权采取的措施包括(　　)。

A. 查阅、记录、复制与社会保险基金收支、管理和投资运营相关的资料,对可能被转移、隐匿或者灭失的资料予以封存

B. 询问与调查事项有关的单位和个人,要求其对与调查事项有关的问题做出说明、提供有关证明材料

C. 对隐匿、转移、侵占、挪用社会保险基金的行为予以制止并责令改正

D. 掌握、分析社会保障基金的收支、管理和投资运营情况,对社会保险工作提出咨询意见和建议,实施社会监督

3. 社会保障基金的筹集模式主要有(　　)。

A. 部分积累模式　B. 完全积累模式　C. 分散管理模式　D. 集中管理模式

三、判断题

1. 以基金的用途或功能为依据,社会保障基金可以划分为财政性社会保障基金、社会保障基金和社会福利基金。(　　)

2. 社会保障基金可由基金管理机构直接从事商业证券投资,这类投资可称为间接的、被动的、保守的却又是必要的投资选择。(　　)

3. 无论是集中垄断式还是分散竞争式的基金运营,选择合适的投资方式,确定合理的投资组合都是实现基金运营目标的关键所在。(　　)

参考答案与解析

一、单项选择题

1. C【解析】社会保障基金是社会保障制度得以正常运行的物质基础,是社会消费基金的重要组成部分。

2. D【解析】税收形成财政资金后只能通过年度预算来安排,且通常以年度收支平衡为基本目标,从而无法抗拒周期性的社会保障风险,一旦遇上大的风险,就可能因缺乏社会保障基金积累而对国家财政造

成巨大冲击，进而影响国民经济的持续稳定发展。

3. A【解析】社会保障基金的安全关系到社会保障目标的实现，影响着社会经济的健康发展，这就决定了社会保障基金的投资必须高度重视安全性，把安全性原则作为社会保障基金投资必须遵守的基本原则。

二、多项选择题

1. ABCD【解析】略。
2. ABC【解析】社会保险行政部门对社会保险基金实行监督检查，有权采取以下措施：一是查阅、记录、复制与社会保险基金收支、管理和投资运营相关的资料，对可能被转移、隐匿或者灭失的资料予以封存；二是询问与调查事项有关的单位和个人，要求其对与调查事项有关的问题做出说明、提供有关证明材料；三是对隐匿、转移、侵占、挪用社会保障基金的行为予以制止并责令改正。
3. AB【解析】社会保障基金的筹集模式主要有三种，即完全积累模式、部分积累模式和现收现付模式。

三、判断题

1. F【解析】以基金的用途或功能为依据，社会保障基金可以分为社会保险基金、社会救济基金、社会福利基金等。
2. F【解析】社会保障基金可由基金管理机构直接从事商业证券的投资，这类投资可称为直接的、激进的风险型投资。
3. T【解析】实现基金运营目标的关键是选择合适的投资方式，确定合理的投资组合。

第二篇　社会保障实务

本篇为实务篇，主要介绍了社会保障的主要内容，包括社会保险、养老保险、医疗保险、工伤保险、失业保险、生育保险、社会救助、社会福利、社会优抚和补充保障十章内容。本篇重点为第二章、第三章、第四章、第五章、第七章、第八章。这部分所占比例较大，尤其是养老、医疗、福利与救助部分。本篇的内容多以记忆为主，多个保险项目容易混淆，需要注意区分。考生在复习本篇时要有主次，抓住易考点以及学习导读的内容，再结合强化提升训练的试题，提高效率。

第一章　社会保险

本章提要：

通过了解社会保险的含义、特点以及社会保险与商业保险的区别，掌握社会保险的内容与作用。

重要考点	出题频次	经典例题	命题趋势
社会保险概述	★★	社会保险与商业保险是一种(B)。 A. 此消彼长的关系　B. 共生共荣的关系 C. 相互制约的关系　D. 相互排斥的关系	重点考查社会保险的特点以及社会保险与商业保险的区别，常以选择题的形式进行考查
社会保险的内容与作用	★★★	世界上第一个建立失业保险的国家是(D)。 A. 美国　B. 英国 C. 德国　D. 法国	重点考查社会保险的基本内容，常以选择题或判断题的形式进行考查

第一节　社会保险概述

一、社会保险的概念

1. 社会保险的含义

社会保险是国家立法强制实施的一项社会保障制度，其目的是保障劳动者在因年老退休、患病、工伤、失业、生育时，能够从国家和社会获得物质帮助保障其基本生活需要的一种强制性、公益性、非营利性的社会保障项目。

2. 社会保险的特点

社会保险事实上构成了现代社会保障体系的主体和核心，它具有以下独具的特点：

(1)预防性，即通过多方筹措而建立起来的社会保险基金，可由国家用在每个投保者身上，防范他们一旦发生社会保险立法规定范围内的风险而遭受损失，起到有备无患、未雨绸缪的作用。

(2)补偿性，是社会保险给予参与者的物质帮助，主要限于收入损失补偿，即劳动者在劳动中断、收入中断时才有权获得给付。

(3)储蓄性，即社会保险在资金的征集与管理过程中具有相应的储蓄性。

(4)责任分担，即社会保险资金来源于多渠道，不仅有劳动者、企业单位或雇主缴费、政府补贴，还会有相应的投资收益等，三方共同筹资，不仅体现了社会保险责任的分担，而且也保证了资金来源的可靠性。

(5)互助共济，即参与社会保险者定期缴纳社会保险费，建立社会保险基金，当其中有人遭遇特定风险而受到损失时，可以按规定领取一定数量的保险金，从而达到了风险分担、互助共济的目的。

除上述特点外社会保险还具有保障性、法定性、福利性、普遍性等基本特征。

经典真题再现

[2013 年甘肃省选拔万名普通高校毕业生到基层工作考试社会保障专业知识真题]

【原题】建立公民社会保险登记制度，实现登记管理模式从以单位为依托向(　　)。

A. 以单位为依托、以个人为对象转变　　B. 以社区为依托、以单位为对象转变

C. 以单位为依托、以社区为对象转变　　D. 以社区为依托、以个人为对象转变

【解析】《社会保障“十二五”规划纲要》指出，建立公民社会保险登记制度，实现登记管理模式从以单位为依托向以社区为依托、以个人为对象的转变。故选 D。

二、我国社会保险的发展历程

从 1949 年我国建立新的社会主义国家开始，社会保险经历了坎坷的发展历程，也在历史教训中总结到了宝贵经验。总的来说，我国社会保险的发展大体经历了以下几个时期：

(1)初创时期，从 1951 至 1957 年是我国社会保险制度的第一个时期，称为初创时期。这段时期内，我国构建了一个初级的社会保险体系。

(2)调整和发展时期，从 1958 至 1966 年我国社会保险有了一些调整和发展，完善了很多方面的内容，包括职工死亡应该享受的丧葬费、直系供养亲属的抚恤金等。

(3)停滞时期，从 1967 至 1978 年，我国的社会保险基本延续过去的制度，没有什么变化。

(4)重建和改革时期，从 1978 年之后，我国形成了一套新的以社会统筹为基本的社会保险。

三、社会保险与商业保险

1. 商业保险的含义

商业保险是指通过订立保险合同，以营利为目的的保险形式，由专门的保险企业经营。商业保险关系是由当事人自愿缔结的合同关系，投保人根据合同约定，向保险公司支付保险费，保险公司根据合同约定的可能发生的事故因其发生所造成的财产损失承担赔偿保险金责任，或者当被保险人死亡、伤残、疾病或达到约定的年龄、期限时承担给付保险金责任。

2. 社会保险与商业保险的区别

社会保险与商业保险的区别主要表现在以下几个方面：

(1)实施方式不同，即社会保险由国家立法强制实施，属于政府行为，凡是符合法定条件的劳动者，都必须按照国家法律规定参加社会保险；而商业保险是一种经营行为，保险人与投保人之间遵循平等自愿原则、自主投保原则。

(2)实施目的不同，即社会保险是劳动者的基本权利，不以营利为目的，其出发点是为了确保劳动者的基本生活，维护社会稳定；而商业保险是金融企业的经营活动，根本目的是获取利润，在此前提下按照保险合同给予经济补偿。

(3)特征不同，即社会保险的特征包括强制性、互济性和福利性等；而商业保险具有自愿性、赔偿性等特征。

(4)资金来源不同，即社会保险费按照国家或地方政府规定的统一缴费比例进行筹集，强制实行；而商业保险费视险种、险情而定，由投保人承担。

(5)政府承担的责任不同,即社会保险是公民享有的一项基本权利,政府对社会保险承担最终的兜底责任;而商业保险受市场竞争机制制约,政府职责主要是依法对商业保险进行监管,保护投保人的权益。

(6)立法范畴不同,即社会保险是国家对劳动者应尽的义务,属于劳动立法范畴;而商业保险是一种金融活动,属于经济立法范畴。

(7)保障水平不同,即社会保险金支付是根据投保人缴费年限(工作年限)、在职工资水平等条件,按规定付给,以保障最基本生活为前提;而商业保险金是按照签订的经济合同给付,只要符合投保条件,被保险人就可获得高水平的保障。

(8)实施主体和对象不同,即社会保险由各级政府成立专门机构负责基金筹集、支付和管理,其对象是法定范围内的社会成员;商业保险则由各级保险公司进行自主经营,被保险人可以是符合承保条件的任何人。

第二节　社会保险的内容与作用

一、社会保险的内容

1. 五种社会保险的内容

社会保险是社会保障的主要内容。一般来说,它包括养老保险、医疗保险、生育保险、失业保险和工伤保险五个部分,在一些国家和地区还包括护理保险、灾害社会保险等。具体情况如下:

(1)养老保险。养老保险是指国家和社会根据一定的法律法规,对劳动者达到法定年龄而退休的,由社会保险机构或由指定单位按规定给付养老金的社会保险制度。凡是达到法定的退休年龄、工龄和缴纳保险费年限的劳动者,都有权享受社会养老保险待遇,其内容主要包括退休后的生活费和提供必要的日常生活管理及服务,其目的是确保劳动者退休后的基本生活。

易考点:社会保险制度的核心内容——养老保险。

(2)医疗保险。医疗保险是指劳动者在患病期间,由保险机构或保险组织按照规定支付其医疗费和生活费的社会保险制度。凡参保人员都可以在指定的医疗机构确诊治病,在休养期间均可获得一定数量的保险金作为生活补助,其目的是使患病劳动者的正常生活不受过大的影响,以利于治疗和康复。

(3)生育保险。生育保险是指女性劳动者因生育子女而暂时丧失劳动能力、降低或失去正常工资收入来源时,提供基本生活保障的社会保险制度。凡在女职工生育保险范围内的妇女,在合法生育前后的一定时期内都可以获得一定的生活补贴保险金,其目的是保护女职工及其子女的身体健康,并适当补偿其因生育造成的收入损失。

(4)失业保险。失业保险是指当劳动者因非本人意愿原因失业,从而丧失收入来源时,由社会为其提供必要的物质生活保障的社会保险制度。凡符合规定者,都可以根据其就业年限和缴费情况,在规定期限内获得一定数额的失业补助或救济保险金,以及专业培训、职业介绍和生产自救的服务等,其目的是维持失业人员及其家属的基本生活,为失业者早日重新就业提供必要的条件和机会。

(5)工伤保险。工伤保险是指对因工负伤或因职业病致残,暂时或永久丧失劳动能力的劳动者,给予工资收入补偿、医疗保健护理、伤残重建及生活照顾等的社会保险制度。

2. 五种社会保险法的产生

养老保险、医疗保险、生育保险、失业保险和工伤保险法规的产生:

(1)养老保险。德国于1889年颁布了第一部养老保险——《老年、残疾和遗属保险法》。

(2)医疗保险。疾病保险于1883年在德国首先建立,当年颁布的《疾病社会保险法》是德国社会保险制度及现代社会保险制度最早立法的保险项目。

(3)生育保险。生育保险由德国于1887年创办,因生育保险的护理照顾与医疗卫生有连带关系,德国就将生育医疗护理列入疾病保险的范围。如今,部分国家根据本国的实际情况和人们的习惯把疾病保险称为医疗保险,或将疾病保险和生育保险统称为医疗保险,但在我国医疗保险和生育保险是两个相互独立的社会保险子项目。

(4)失业保险。失业保险由法国于1905年首创。第二次世界大战后,各工业发达国家都加强推行失业保险制度。目前,发达国家和许多发展中国家都建立了失业保险制度。

(5)工伤保险。1884年德国颁布的《工伤事故保险法》是世界上第一个工伤保险法令。

易考点:养老保险、医疗保险、生育保险、工伤保险均由德国首创,而失业保险由法国首创。

二、社会保险的作用

社会保险是现代社会经济生活的重要方面,是一项重要的社会政策,既是劳动者享有的维持基本生活的权利,也是政府应承担的义务,对保障人民基本生活、维护社会稳定、促进经济发展起着重要作用。其作用主要表现在:它能够保障人民生活基本需要,维护社会稳定,起到社会“安全网”和“稳定器”的作用。

社会保险的作用具体体现在以下几个方面:

(1)社会保险能发挥社会稳定器的作用。社会成员的老、弱、病、残、孕以及丧失劳动能力,是在任何时代和任何社会制度下都无法避免的客观现象,社会保险就是当社会成员遇到这种情况时给予适当的补偿以保障其基本生活水平,从而防止不安定因素的出现。

(2)社会保险有利于保证社会劳动力再生产顺利进行。劳动者在劳动过程中必然会遇到各种意外事件,造成劳动力再生产过程的停顿,而社会保险就是劳动者在遇到上述风险事故时给予必要的经济补偿和生活保障,使劳动力得以恢复。

(3)社会保险有利于实现社会公平。由于人们在文化水平、劳动能力等方面的差异,就会造成收入上的差距,而社会保险可以通过强制征收保险费,聚集成保险基金,对收入较低或失去收入来源的劳动者给予补助,提高其生活水平,在一定程度上实现社会的公平分配。

(4)社会保险有利于推动社会进步。保险具有互助性的特点,社会保险更能体现出互助合作、同舟共济的精神。

经典真题再现

[2013年甘肃省选拔万名普通高校毕业生到基层工作考试社会保障专业知识真题]

【原题】关于社会保险待遇给付说法错误的是(　　)。

A. 养老保险金的给付需要采取社会化手段

B. 社会保险待遇的给付客观上要求分项给付、社会化管理

C. 社会保险以劳务服务为主、现金给付为辅

D. 医疗保险的待遇以医疗服务的形式出现

【解析】社会保险应以现金给付为主、劳务服务为辅。故选C。

强化提升训练

一、单项选择题

1. 养老保险首创于( )。

A. 美国　B. 法国　C. 英国　D. 德国

2. 社会保险制度的核心内容是( )。

A. 养老保险　B. 医疗保险　C. 失业保险　D. 工伤保险

二、多项选择题

1. 社会保险的特点主要有( )。

A. 保障性　B. 互济性　C. 强制性　D. 营利性

2. 社会保险与商业保险的区别表现在( )。

A. 实施目的不同　B. 资金来源不同　C. 保障水平不同　D. 实施主体和对象不同

三、判断题

1. 疾病保险于 1887 年在法国首创。 ( )

2. 1884 年德国颁布的《工伤事故保险法》是世界上第一个工伤保险法令。 ( )

参考答案与解析

一、单项选择题

1. D【解析】1889 年德国第一个建立了养老保险制度,并颁布了《养老、残疾、死亡保险法》。

2. A【解析】略。

二、多项选择题

1. ABC【解析】社会保险的特点包括保障性、法定性、互济性、福利性和普遍性等。其中,社会保险的福利性,即不以营利为目的,是以最少的花费,解决最大的社会保障问题,属于社会福利性质。

2. ABCD【解析】社会保险与商业保险的区别表现在:实施方式不同、实施目的不同、特征不同、资金来源不同、政府承担的责任不同、立法范畴不同、保障水平不同以及实施主体和对象不同。

三、判断题

1. F【解析】疾病保险于 1883 年在德国首先建立,当年颁布的《疾病社会保险法》是德国社会保险制度乃至现代社会保险制度中最早立法的保险项目。

2. T【解析】略。

第二章 养老保险

本章提要：

通过了解养老保险的特征、原则及影响因素，掌握养老保险的责任承担模式、筹资模式、基金运营模式、缴费与给付模式，以及养老保险制度的基本内容，重点掌握我国养老保险制度的发展历程及内容。

重要考点	出题频次	经典例题	命题趋势
养老保险概述	★★	养老保险遵循的原则有（ABCD）。 A. 享受社会养老保险的权利与劳动义务相结合 B. 享受养老金待遇与工作贡献相关联 C. 享受社会养老保险的权利与缴费相结合 D. 享受社会养老保险的权利与国籍相关联	重点考查养老保险的特点、原则及影响因素，常以选择题或判断题的形式进行考查
养老保险的模式	★★★★	容易造成劳动者代与代之间矛盾激化的养老保险基金筹集模式是（A）。 A. 现收现付模式　B. 完全积累模式 C. 部分积累模式　D. 缴费既定模式	重点考查养老保险四种分类模式各自的特点及区别，常以选择题或判断题的形式进行考查
我国的养老保险制度	★★★★★	我国养老保险制度规定，城镇个体工商户和灵活就业人员参加基本养老保险的，其个人缴费比例为当地社会平均工资的（B）。 A. 5%左右　B. 8%左右 C. 18%左右　D. 20%左右	重点考查我国养老保险的发展历程以及内容，常以选择题或判断题的形式进行考查

第一节 养老保险概述

养老保险是社会保险制度中被保险人身份最稳定、享受时间最长、费用开支最大的项目，国际上常以其作为衡量一个国家社会保障制度广度和深度的标准。

一、养老保险的产生和发展

1. 养老保险的产生

社会保障制度最早产生于德国，有其深刻的社会、经济和政治背景。

（1）社会背景——工业社会。由于工业革命的原因，社会化大生产减弱了家庭的原有功能，养老开始依赖社会，同时工业化促进了城市化的迅猛发展，人口向城市聚集。家庭的生产功能和分配功能发生了变化，家庭结构由联合家庭向核心家庭转变，家庭成员之间关系由亲密走向松散，使得家庭养老功能逐渐弱化，家庭代际反哺式的养老保障面临巨大挑战。与此同时，医疗技术的进步使得人口预期寿命延长，养老负担日益严重。

(2)经济背景——社会化大生产与财富增长。社会财富的增加是推动社会养老保险制度产生的重大因素,它构成了社会养老保险制度的物质基础。

(3)政治背景——社会矛盾激化与工人阶级的斗争。俾斯麦镇压工人运动失败后,不得不做出一些让步,采取软化政策以缓解社会矛盾,其中一个重要的措施就是将社会保险作为“消除革命的投资”,以此来维持社会的稳定,这就是养老保险在德国产生的政治根源。

2. 养老保险的发展

自养老保险制度在德国产生后,工业化国家以及其他国家纷纷仿效德国建立起了自己的养老保险制度。截至20世纪末,世界上已有166个国家建立了养老保险制度,这表明养老保险不仅是人类社会发展的普遍需要,同时也是政府着力推进的重大社会政策。

需要指出的是,从19世纪80年代俾斯麦执政时期建立的国家、雇主和雇员共同供款的社会养老保险制度,到20世纪40年代末英国建立世界上第一个个人不用缴费的普遍养老金制度,再到20世纪50年代新加坡建立中央公积金制度以及20世纪80年代初智利实行养老金私有化改革,社会养老保险制度的模式在不断丰富和发展。养老保险制度模式的多样化,表明随着人们对养老保险的认识越来越清晰,各国政府对养老保险的驾驭能力也越来越强,各国都在理性地分析各种养老保险模式的优缺点,根据本国情况,选择相适应的制度模式甚至创新建立新的制度模式。因此,国际存在的养老保险类型的差异性和制度模式的多样性,实质上是社会养老保险理性发展、长足发展的有力佐证。

二、养老保险的概念

1. 养老保险的含义

养老保险又称老年保险,是指国家和社会通过相应的制度安排,为劳动者解除养老后顾之忧的一种社会保险,其目的是为增强劳动者抵御老年风险的能力,同时弥补家庭养老的不足,手段则是在劳动者退出劳动岗位后为其提供相应的收入保障。

这一概念主要包括三层含义:一是养老保险是在法定范围内的老年人完全或基本退出社会劳动生活后才自动发生作用的;二是养老保险的目的是为了保障老年人的基本生活需求,为其提供稳定可靠的生活来源;三是养老保险是以社会保险为手段来达到保障目的的。

2. 养老保险的特点

社会养老保险是世界各国较为普遍实行的一种社会保险制度,一般具有以下几个特点:

(1)强制性,即由国家立法强制实施,企业单位和个人都必须参加,符合养老条件的人均可向社会保险部门领取养老金。

(2)普遍性,即养老保险是社会成员的一种普遍性需求。

(3)互济性,即社会养老保险基金的来源,一般由国家、单位和个人三方或单位和个人双方共同负担,并实现广泛的社会互济。

(4)管理复杂性,即养老保险管理的复杂性不仅在于其长期性带来的制度设计与管理的难度,而且由于基金规模庞大,基金保值增值的负担也十分繁重,需要有专门的机构和人员来进行运用管理,而其他社会保险项目则相对简单。

(5)长期性,即养老保险的两个固定特征,是缴费时间长达数十年及领取养老保险金的时间也长达十多年到数十年不等,因此,养老保险是一种长期性的积累。

(6)保障水平适度性,即养老保险的功能是保障劳动者年老时的基本生活,因而其保险水平高于贫困救济和失业保险金，但同时低于社会平均工资和本人在职收入水平。

(7)与家庭养老相联系性，即养老保险与家庭养老是相互联系、相得益彰的统一体，养老保险不能完全取代家庭养老。

(8)特殊性，即一方面，老年风险的普遍性决定了这种风险的影响面和波及层的广度和深度，决定了老年风险是应得到最多重视的一种风险；另一方面，养老保险因待遇较高、领取养老金的时间长、基金收支的规模庞大，就决定了养老保险是最重要的社会保险项目，并在各国社会保障体系中占有着举足轻重的地位。

易考点：养老保险的特点包括强制性、普遍性、互济性、管理复杂性、长期性、保障水平适度性、与家庭养老相联系性以及特殊性。

三、养老保险的基本原则及影响因素

1. 养老保险的基本原则

养老保险的基本原则包括以下几个方面：

(1)保障基本生活的原则，即养老保险不同于救济，它应当对劳动者退休后的基本生活予以切实保障。这一原则更多地强调社会公平，有利于低收入阶层。

(2)公平与效率兼顾的原则，即这一原则要求被保险人的待遇水平，既要体现社会公平的因素，又要体现不同人群的差别。

(3)权利与义务相对应的原则，即要求被保险人必须履行规定的义务后，才能具备享受养老保险待遇的权利。

(4)管理服务社会化的原则，即制定养老保险政策并进行监管，但不直接经办养老保险事务，而是按照政事分开的原则，政府委托或设立一个社会机构管理养老保险事务和基金；建立独立于企事业单位之外的基本养老保险体系，基本养老金实行社会化发放；依托社区开展退休人员的管理服务工作。

(5)分享社会经济发展成果的原则，即建立基本养老金调整机制，使退休人员的收入水平随着社会经济的发展而不断提高，分享社会经济发展的成果。

(6)保障水平与社会生产力发展水平相适应的原则，即基本养老保险应该只能保障退休人员的基本生活。如果保障水平过低，则无法发挥保障功能；如果保障水平超过社会生产力发展水平，则会在客观上造成“养懒汉”的社会效应，并诱发提前退休的内在冲动，浪费有效的劳动力资源，不仅会制约生产力的发展，而且会危及养老保险制度的正常运行。

(7)广覆盖原则，即社会保险的基本特征是运用“大数法则”，在某一社会范围内分散劳动者或社会成员的风险，而构筑起一个“社会安全网”。

(8)法制化原则，即养老保险行为必须在法律、法规的框架范围内进行。

2. 影响养老保险的因素

影响养老保险的因素包括以下几个方面：

(1)文化传统、家庭结构和功能影响着养老保险的价值取向，即养老保险制度的运行涉及众多社会成员的老年生活，而养老保险制度希望达到的运行目的和效果就在很大程度上决定了多少人能从制度中受益以及受益的多少，因而影响价值取向。与此同时，养老保险作为弥补家庭保障不足的一种补充机制出现，发挥多大的作用取决于家庭养老保障与完整的养老保障之间的差距有多大。此外，文化传统和传统观念不可避免地影响着养老保险制度的价值取向。

(2)人口类型和人口政策影响着养老保险的模式选择,即人口类型直接反映出整个社会的养老负担,也从一个方面反映出养老制度面临的压力,并直接影响着制度模式的选择。人口政策影响着未来的人口结构,所以对养老保险的长远发展有深远的影响。

(3)劳动就业制度和人均预期寿命影响着养老保险的具体规定,即如果将劳动就业制度和人均预期寿命相结合,就直接决定了养老保险对一个受保障者的负担年限,在需要劳动者供款的制度中,还决定了养老保险的收入数量和规模,进而影响着养老保险对保险金待遇水平的设定。

(4)管理体制和组织模式影响着养老保险的实施效果,即相对其他社会保险而言,管理和组织模式对养老保险的影响更大。

第二节　养老保险的模式

一、养老保险的责任承担模式

根据养老保险的责任承担机制,可将养老保险划分为政府负责型、责任分担型、个人负责型、混合责任型等模式。

1. 政府负责型模式

政府负责型模式的最大特征,就是强调政府责任,实现养老保险金待遇的普遍性,发放对象包括所有老年人,普遍性中充分体现了公平性,但不足之处是可能因人口老龄化而给财政带来负担,最终反过来损害这种制度的健康发展。

2. 责任分担型模式

责任分担型模式是基于责任分担或责任共担的原则确立的,其特点是将劳动者的养老保险责任由多方共担,有利于风险分散和财务稳定。同时,由于强制性责任共担,这种模式也就无法覆盖到全体国民,它只能适用于劳动者甚至主要是工薪劳动者,从而属于选择性制度安排。这一模式体现了劳动者的权利与义务相统一和养老保险基金来源多元化的特色,因此是大多数国家选择的制度模式。

经典真题再现

[2013 年甘肃省选拔万名普通高校毕业生到基层工作考试社会保障专业知识真题]

【原题】社会养老保险制度发展的主流形式是(　　)。

A. 政府责任型　　B. 责任分担型　　C. 个人负责型　　D. 混合责任型

【解析】责任分担型是指政府、企业或个人等分担养老保险责任,是社会养老保险制度发展的主流形式。故选 B。

3. 个人负责型模式

个人负责型模式的典型是智利自 20 世纪 80 年代后推行的养老金私有化改革,由此确立了养老保障的个人负责模式。这种责任模式强调个人自我负责,即将养老责任完全由个人承担,政府责任很小,缺乏互助共济性和风险分散功能,亦无缩小不公平和维护公平的功能,它在实践中除了为个人进入老年后积累一笔养老资金外,主要是起到提高储蓄率刺激经济发展的作用,它对个人有一定的激励作用,但能否真正解决劳动者的养老问题亦有待检验。

4. 混合责任型模式

实际上,一些国家在构建自己的养老保险制度时,在肯定责任分担机制的前提下,也注意到既需要增进国民的老年福利，也应当让个人责任适当回归，从而出现了既有政府负责的层次，又有二方或三方分责的层次，还有个人负责的层次，这种多层次结构的养老保险体系作为责任分担的演变，为养老保险制度的发展提供了更新和更有效的方案。

	模式类型	主要内容
养老保险的责任承担模式	政府负责型	由政府直接负责的养老保险制度，通过国民年金的形式存在。在这种模式下，企业与个人承担纳税义务，发放对象为所有老年人。
	责任分担型	由政府、单位或雇主、个人等多方承担养老保险责任，发放对象为劳动者甚至主要是工薪劳动者。
	个人负责型	由劳动者个人承担全部保险费，实行该模式的典型国家是智利。
	混合责任型	既有政府负责的层次，又有二方或三方分责的层次，还有个人负责的层次。

二、养老保险基金的筹资模式

综合世界各国的养老保险基金的筹资模式，主要有现收现付、完全积累和部分积累三种模式。

1. 现收现付模式

现收现付模式，即不考虑资金储备，只从当年或近两三年的社会保险收支平衡角度出发，确定一个适当的费率标准向企业与个人征收社会保险费(税)。

现收现付模式的优点，是收支关系简单清楚，管理方便，无资金贬值的风险与资金保值增值的压力。

现收现付模式的缺点，是因各期支付额不同而造成费(税)率波动大，给企业的成本核算带来负面影响，养老金的完全代际转移不仅使劳动者社会保险的权利义务关系难以得到准确体现，而且容易造成劳动者代与代之间的矛盾激化。

易考点：容易造成劳动者代与代之间矛盾激化的养老保险基金筹集模式是现收现付模式。

2. 完全积累模式

完全积累模式，是在对有关社会经济发展指标如退休率、伤残率、通货膨胀率等进行宏观上的长期测算后，从追求养老保险收支的长期平衡角度出发，确定适当的费率标准，将养老保险较长时期的支出总和按比例分担到整个期间并向企业与个人征收，同时对已筹集的养老保险基金进行有效运营与管理。

完全积累模式的优点，在于能够预防人口老龄化的冲击，使资金的收取能与企业的经济条件相联系，劳动者的权利与义务关系紧密。

完全积累模式的缺点，是固定的费率标准难以适应经济的发展变化，通货膨胀导致基金贬值风险的客观存在又使资金的保值增值压力倍增，同时因对每个企业与每个劳动者分别立账且需历经多年而使管理工作难度倍增。

3. 部分积累模式

部分积累模式，根据分阶段以收定支、略有节余的原则确定征收费率，目标是保持养老保险基金在一定时期内的收支平衡。

部分积累模式的优点，在于既能满足一定时期内的养老保险基金支出，又能有一定的资金积累；既不会超过企业与劳动者个人的经济承受能力，又因阶梯时间不太长而易预测，面临的保值增值压力亦不会太大。

易考点：①部分积累模式，既能满足一定时期内的养老保险基金支出，又能有一定的资金积累。②中国社会养老保险制度筹集模式实行的是部分积累模式。

	模式类型	别称	特点
养老保险的筹资模式	现收现付模式	非基金式、纳税式、统筹分摊式。	以支定收，实行初期因支出规模小而费（税）率较低，以后则会随着支出规模的不断扩大而提高，实质上体现着养老保险负担的代际转移。
	完全积累模式	基金式、总平均保险费式、预提分摊式。	强调长期平衡，费率较为稳定，能够积累起养老保险基金。
	部分积累模式	部分基金式、混合式、阶梯式。	费率具有弹性，可以根据养老金支出的需求分阶段地调整费率。

三、养老保险基金的运行模式

养老保险基金的运行模式，是指养老保险基金筹集后的管理方式，主要包括社会统筹模式、个人账户模式以及社会统筹与个人账户相结合模式等。

1. 社会统筹模式

社会统筹模式，是通过养老保险筹资渠道筹集到的养老保险基金全部进入社会统筹，由相关部门根据当年或一个周期内的社会需要统筹规划，考虑养老保险基金的使用问题。

社会统筹模式的缺点，是通常只考虑短期内基金的平衡，一般没有或只有很少的节余，因此采用该模式的养老保险制度要在人口结构稳定的情况下才能得以维持，当人口结构发生变化，如出现人口老龄化危机时，就难以为继。在具体的制度安排中，它总是和现收现付的财务模式联系在一起。

2. 个人账户模式

个人账户模式，是指征缴的养老保险费全部进入个人账户，当劳动者步入老年、失去劳动能力、离开劳动力市场以后，再按照个人账户积累的金额（本金 + 运营收入），领取属于自己的养老金。在具体的制度安排中，这种模式总是和完全积累的财务模式联系在一起。

3. 社会统筹与个人账户相结合模式

社会统筹与个人账户相结合模式，即社会统筹部分现收现付与个人账户部分完全积累同时并存。

社会统筹与个人账户相结合的模式由于在中国实践时间不长，其效果到底如何还有待实践进一步检验，尤其是社会统筹账户与个人账户的关系，以及他们各自的运行规则与监管机制等，还有待完善。

易考点：社会统筹与个人账户相结合模式是中国首创的一种新型养老保险基金运行模式。

	模式类型	基金去向	特点
养老保险的基金运行模式	社会统筹模式	全部进入社会统筹。	高度社会化，最大限度地发挥了社会保险互助共济和风险共担的功能，将“大数法则”利用到极致。
	个人账户模式	全部进入个人账户。	对于劳动者具有一定的激励作用，但没有体现“大数法则”，没有互助共济和风险分担功能，而且基金保值增值压力大。
	社会统筹与个人账户相结合模式	个人缴费部分全部进入个人账户，其余的实现社会互济，计发时实现结构性组合。	实行的是国家、企业和个人三方承担供款责任但分别记账。

经典真题再现

[2013 年甘肃省选拔万名普通高校毕业生到基层工作考试社会保障专业知识真题]

【原题】基本养老保险采用社会统筹与个人账户结合的模式，个人缴纳的养老保险费（　　）。

A. 全部纳入统筹基金　　B. 全部纳入个人账户

C. 部分纳入个人账户　　D. 部分纳入统筹基金

【解析】《中华人民共和国社会保险法》（以下简称《社会保险法》）第十二条规定，用人单位应当按照国家规定的本单位职工工资总额的比例缴纳基本养老保险费，记入基本养老保险统筹基金。职工应当按照国家规定的本人工资的比例缴纳基本养老保险费，记入个人账户。故选 B。

四、养老保险的缴费与给付模式

（一）养老保险的缴费模式

养老保险的缴费模式主要包括给付既定模式和缴费既定模式两种。

1. 给付既定模式

给付既定模式（又称给付确定模式），是先设定养老保险金为保障一定的生活水平需要达到的替代率，以此确定养老保险金的给付标准，再结合相关影响因素进行测算，来确定养老保险费的征缴比例。因此，这种模式实质上是“以支定收”模式。

易考点：退休人员养老待遇占在职职工平均工资的比例被称为替代率。

给付既定模式维持的是短期内的横向平衡，一般没有节余，这种模式总是和现收现付模式联系在一起的。

经典真题再现

[2013 年甘肃省选拔万名普通高校毕业生到基层工作考试社会保障专业知识真题]

【原题】可以用来衡量离退休人员领取养老金水平的指标是（　　）。

A. 积累率　　B. 替代率

C. 抚养率　　D. 赡养率

【解析】养老金替代率是指劳动者退休时的养老金领取水平与退休前工资收入水平之间的比率，它是衡量劳动者退休前后生活保障水平差异的基本指标之一。故选 B。

【原题】先设定养老保险金为保障一定的生活水平需要达到的替代率，以此确定养老保险金的给付标准，再结合相关影响因素进行测算，来确定养老保险费的征收比例的缴费模式是（　　）。

A. 给付确定模式　　B. 缴费确定模式

C. 普遍生活保险模式　　D. 收入关联模式

【解析】给付既定模式又称给付确定模式，是先设定养老保险金为保障一定的生活水平需要达到的替代率，以此确定养老保险金的给付标准，再结合相关影响因素进行测算，来确定养老保险费的征缴比例。因此，这种模式实质上是“以支定收”模式。故选 A。

2. 缴费既定模式

缴费既定模式（又称缴费确定模式），是结合未来的养老负担、基金的保值增值、通货膨胀率、企业的合理负担、现行劳动力市场和工资水平等因素，经过预测，确定一个相当长时期内比较稳定的缴费比例或标准，再根据这个缴费标准来筹集养老保险基金，并完全或部分地存入劳动者的个人账户，在劳动者失去劳动能力后，以其个人账户中的金额作为养老保险金或养老保险的一部分。它实质上是"以收定支"。

缴费既定模式维持的是长期内的纵向平衡，因此总是和完全积累或部分积累模式联系在一起的。

（二）养老保险金的给付模式

易考点：按养老保险金的给付标准是否与享有者工作期间的收入水平有关，可将养老保险划分为普遍生活保障模式和收入关联模式两种。

1. 普遍生活保障模式

普遍生活保障模式，强调对所有老年居民都提供养老保险，养老保险金的标准是统一均等的，水平高低与消费水平有关，与老年人是否是工薪阶层劳动者、退休前工资收入高或低、职业是否稳定等没有关系，一般是保障基本生活水平。

普遍生活保障模式的养老保险制度生存下去的基石是政府财政的有力支持。

2. 收入关联模式

收入关联模式，强调社会保险费一般由雇主、雇员和国家三方共同负担，社会保险的缴费额度和养老保险金的给付标准，都与劳动者退休前的工资收入有关联。由于这是一种与收入水平有关联的制度模式，也就自然而然地将非工薪阶层，如农民排除在这种模式安排的养老保险制度之外。

与普遍生活保障模式相比，收入关联模式更强调权利与义务的平衡。

第三节 养老保险的内容

一、养老保险的覆盖范围、基金的来源与分担

1. 养老保险的覆盖范围

养老保险的覆盖范围，是指法定的适用对象和适用人群。一般而言，社会养老保险覆盖面的大小取决于各国的具体国情，而影响养老保险覆盖面大小的因素有：经济发展水平、人口类型、人口政策、职业结构以及历史文化传统等。

2. 养老保险基金的来源

养老保险基金的来源，即养老金的费用负担问题，这是养老保险制度生存和发展的基础。它不仅与国家和企业的财政状况、经济状况相关，也体现了制度的政策取向，关系到受保障者的切身利益。

3. 养老保险基金的分担

现代社会保障制度的发展愈来愈强调责任分担，其实责任分担的核心和重要内容就是各方责任主体如何公平、合理地分担社会保障费用的问题。具体到养老保险制度，就是养老保险费的负担问题。

从各国的养老保险制度实践来看，养老保险费用的分担有以下四种方式：

（1）由雇主、雇员和国家三方共同负担的方式，如英国、德国和意大利等国家，这种方式最为普遍。

（2）由雇主和雇员双方分担，如法国、荷兰、葡萄牙、新加坡等。

(3)由雇主和国家分担费用,如瑞典2000年以前就是采取这一方式的。

(4)完全由雇员个人负担,如智利。

二、养老保险的享受资格

每个建立养老保险制度的国家均会对养老保险金的申领资格做出明确的规定,而且绝大多数国家规定的给付条件都是复合型的,即要享受养老保险金必须同时满足两个或两个以上的资格条件。一般需要满足的条件有:

(1)年龄条件,在各国的给付条件中,达到规定的支付年龄往往是核心条件之一。在各国的养老保险制度中,享受领取养老金权益的年龄条件通常是法定的退休年龄,不过,由于人均预期寿命的差异等,各国的退休年龄并不相同,发达国家的退休年龄多为65岁甚至更高,而且男女之间退休年龄相同;发展中国家的退休年龄显然要低,且存在着男女退休年龄不一致的现象。

(2)缴费条件,即参加养老保险的年限和缴纳养老保险费的年限。

(3)其他条件,如工龄条件、居留条件等。在工龄条件方面,苏联、东欧国家和改革前的中国就有相关规定;在居留条件方面,即规定申领者满足一定的居住期限。

易考点:随着人口平均寿命延长,提高退休年龄,已成为许多国家在劳动就业和社会保障方面的重要调整举措。

经典真题再现

[2013年甘肃省选拔万名普通高校毕业生到基层工作考试社会保障专业知识真题]

【原题】社会保障所指的退休年龄一般参照的标准是(　　)。

A. 心理年龄

B. 社会年龄

C. 生理年龄

D. 日历年龄

【解析】社会保障所指的退休年龄一般是以日历年龄为标准,起点一般由国家或政府法定。故选D。

三、养老保险的待遇水平

1. 影响养老保险金水平的因素

不同国家的养老保险金水平是不同的,它受一国或地区的社会经济发展水平、通货膨胀等宏观因素的限制,也取决于最低生活费用和工作年限等具体因素。

2. 确定养老保险金水平的方式

在世界范围内,确定养老保险金待遇水平的方式可归纳为两大类:一是收入所得基准,它强调收入的作用,强调工龄或服务期限的长短、缴费工资的多少,实际上即是被保险人对社会的贡献,养老保险金所得以过去的工资水平为基础,养老金实际上是退休者在职时工资的延长;二是生活费用基准,也称"替代率",它是衡量养老金水准的主要标志。总体而言,各国之间的养老金水准存在差异,但相差不是很大,各国的基本养老保险均是保障劳动者老年期间的基本生活水准。

经典真题再现

[2013 年甘肃省选拔万名普通高校毕业生到基层工作考试社会保障专业知识真题]

【原题】根据《社会保险法》规定，用人单位应该为单位职工缴纳养老保险费，用人单位的缴费基数是(　　)。

A. 上年度当地职工月平均工资　　B. 单位平均工资

C. 本单位职工工资总额　　D. 本地区最低工资

【解析】《社会保险法》第十二条规定，用人单位应当按照国家规定的本单位职工工资总额的比例缴纳基本养老保险费，记入基本养老保险统筹基金。故选 C。

四、养老保险基金的投资运营

养老保险基金的投资模式往往和基金的筹资方式紧密联系在一起，如强制性完全积累型养老保障制度的投资运作主要有四种模式：

(1)对于缴费确定型个人账户，由投资管理公司分散管理，智利即是如此，在这种模式中，政府的责任是从保护雇员利益出发进行审慎监管，在必要时对受益人提供最低养老金担保。

(2)通过个人缴费建立基金，由公共机构集中管理和投资，比较成功的案例有新加坡和马来西亚，其主要特征是由政府实施管理和投资运营。

(3)强制性职业养老金，通常要求建立缴费确定型个人账户进行积累，典型例子如澳大利亚和瑞士。

(4)社会保障信托基金，基本上是服务于待遇确定的现收现付型养老保障制度，很多国家都用社会保障信托来填平由于养老保险收支不平衡带来的尖锐债务问题。

许多国家的经验表明，养老保险基金的投资需要谨慎对待。由于养老保险基金的债务期较长，因此，在养老保险基金的投资组合中，可以降低流动性资产的比例；在实物资本方面，养老保险基金一般集中在房地产；在金融领域，养老保险基金的主要投资方向是债券、股票及贷款。为了提高用于养老保险基金整体上的安全性，许多国家还通过立法或法规对养老保险基金中用于各项投资的比例做出上限规定。

经典真题再现

[2013 年甘肃省选拔万名普通高校毕业生到基层工作考试社会保障专业知识真题]

【原题】根据 2011 年实行的《社会保险法》，基本养老保险基金逐步实行(　　)。

A. 县级统筹　　B. 市级统筹　　C. 省级统筹　　D. 全国统筹

【解析】《社会保险法》第六十四条规定，基本养老保险基金逐步实行全国统筹，其他社会保险基金逐步实行省级统筹，具体时间、步骤由国务院规定。故选 D。

五、养老保险的管理模式

管理模式的选择对于养老保险制度的运行起着非常重要的作用。管理模式的确定和一个国家的公共管理机制、政府行政构架、市场健全与否和公共组织的发展状况等多种因素有关，但不论哪一模式，政府都应对养老保险的运行进行监督和控制。

从世界各国的实践来看，养老保险的管理模式包括以下三种：

(1)由政府部门直接管理。养老保险事务由政府直接管理的一些典型国家，有中国、日本、加拿大、美国和瑞士等。政府直接管理养老保险事务又可细分为两种，一是中央集权式的管理方式，如英国、日本等，相对来说更为强调中央集权化，统一化程度较高；二是分权式的管理方式，如加拿大、美国和瑞士，地方机构在养老保险的管理中均扮演着重要的角色。

(2)政府监督下的自治机构管理。采用这种管理模式的代表性国家有新加坡、德国、瑞典等国，政府承担的主要是监督责任，这三国分别由中央公积金局、各保险协会、就业委员会等机构管理养老保险。

(3)由私营基金公司进行管理。采用这种管理体制的代表性国家有智利、法国等。在智利，就是由个人年金基金管理公司管理个人资本化账户。不过，即使是这种管理模式，政府也无一例外地要承担起相应的监管责任。

第四节　我国的养老保险制度

我国实行养老保险制度改革以前，养老金也称退休金、退休费，是城镇劳动者一种最主要的养老待遇。实行养老保险制度改革后，养老保险是指由政府主导的社会统筹与个人账户相结合的基本养老保险制度，这是中国首创的一种新型的基本养老保险制度。这一制度在基本养老保险基金的筹集上采用传统型的基本养老保险费用筹集模式，在基本养老金的计发上则采用板块结构式的计发办法。

一、我国养老保险的改革过程

我国养老保险制度的改革过程，可以划分为两个阶段，即改革探索阶段和改革深化阶段。

1. 改革探索阶段

第一阶段应从 1984 年开始算起。当时是为了与企业劳动制度改革相配套，在国有企业中进行退休费用统筹和建立固定工养老保险基金的试点。1986 年，国务院颁布《国营企业实行劳动合同制暂行规定》，为适应劳动制度改革的需要，又建立了劳动合同制工人的养老保险制度。1991 年，国务院颁布《关于企业职工养老保险制度改革的决定》，它对企业职工养老保险制度改革做出了较为原则性的规定，明确了建立多层次养老保险体系的目标。1993 年，中共十四届三中全会决定，中国要建立社会主义市场经济体制，通过的《中共中央关于建立社会主义市场经济体制若干问题的决定》中提出，“城镇职工养老和医疗保险金由单位和个人共同负担，实行社会统筹和个人账户相结合”，明确了养老保险基金实行“社会统筹与个人账户相结合”的原则，为养老保险制度的进一步改革指明了方向。

易考点：我国西汉时期就已规定了尊敬和扶养老年人的法令《王杖诏书令》，规定对 70 岁以上的老年人，由朝廷授予一种顶端雕有斑鸠形象的特制手杖——“王杖”，持有“王杖”的人享有各种社会优待。

2. 改革深化阶段

1995 年，国务院发布了《关于深化企业职工养老保险制度改革的通知》，就企业职工养老保险体制改革问题做了一系列新规定，这是深化养老保险制度改革并构建新的养老保险制度框架的标志。2000 年 12 月 25 日，国务院发布并实施《完善城镇社会保障体系改革试点方案》，同时选择辽宁作为试点省。在这一改革方案中基本养老保险制度改革的一个重要变化就是实行社会统筹账户与个人账户由过去的通道式管理转变到板块式的分账管理，职工所缴养老保险费全部记入其个人账户和真正做实个人账户成为基本养老保险制度的现实政策。该政策随后扩大到黑龙江和吉林两省，到 2006 年，改革试点又进一步扩大到上海、天津、湖南等 8 个省市。到 2011 年 7 月实施的《社会保险法》规定，非全日制从业人员以及其他灵活就业人员均可以参加基本养老保险，标志着我国的社会养老保险制度可以实现城镇从业人员的广覆盖。

易考点:1997 年 7 月,国务院发布了《关于建立统一的企业职工基本养老保险制度的决定》,这个文件的发布,标志着社会统筹与个人账户相结合的职工养老保险模式初步确立。

二、我国现行的城镇职工基本养老保险制度

1. 我国城镇职工基本养老保险的覆盖范围

1997 年,国务院颁布的《关于建设统一的企业职工基本养老保险制度的决定》明确规定,城镇各类企业职工、个体工商户和灵活就业人员都要参加企业职工基本养老保险。当前及今后一个时期,要以非公有制企业、城镇个体工商户和灵活就业人员参保工作为重点,扩大基本养老保险的覆盖范围。

易考点:①我国城镇养老保险的覆盖范围包括:城镇各类企业职工、个体工商户和灵活就业人员。②我国现行的城镇职工基本养老保险制度的主要对象是实行劳动合同管理的劳动者。

2. 我国城镇职工基本养老保险金的筹集

我国城镇企业基本养老保险基金由企业和职工共同负担,企业缴费比例一般不得超过企业工资总额的 20%(含划入个人账户的部分),计入基本养老保险社会统筹基金,并以省(自治区、直辖市)为单位进行调剂。职工缴费比例为本人工资的 8%,并全部记入个人账户。计算公式为:

养老金替代率 =(年度新退休人员的平均养老金 ÷ 上一年度在职职工的平均工资)×100%

缴费基数的确定方式有(以上海市为例):一是当年个人缴费基数按职工本人上年月平均工资性收入确定,个人缴费基数的上限和下限,根据上海市上年度全市职工月平均工资的 300% 和 60% 相应确定;二是缴费单位按月缴纳社会保险费的基数按单位内缴费个人月缴费基数之和确定;三是首次参加工作和变动工作单位的缴费个人,应按新进单位首月全月工资性收入确定缴费基数。

单位缴纳的养老保险费的列支渠道包括:一是企业和自收自支的事业单位在税前列支;二是机关和全额预算、差额预算的事业单位从行政费或事业费中列支。

易考点:①目前我国职工基本养老保险中,由企业和职工共同缴费,其单位和个人的缴费比例分别为 20% 和 8%。②我国职工个人缴费工资基数,按职工本人上年度月平均工资性收入确定。

经典真题再现

[2013 年甘肃省选拔万名普通高校毕业生到基层工作考试社会保障专业知识真题]

【原题】国务院于 2005 年 12 月 3 日颁布《关于完善企业职工基本养老保险制度的决定》,规定从 2006 年 1 月 1 日起,职工缴纳的基本养老费比例由本人缴费工资的 11% 调整为(　　)。

A. 8%　　B. 10%　　C. 3%　　D. 7%

【解析】《关于完善企业职工基本养老保险制度的决定》规定,职工缴纳的基本养老费比例由本人缴费工资的 11% 调整为 8%。故选 A。

3. 我国城镇职工基本养老保险金的调整机制

2005 年的决定明确规定,要建立养老保险的弹性机制,养老金会随着工资和生活水平的提高而不断上升。退休金的额度会根据当时的生活水准乘以相应的系数,以确保日后拿到的养老金能与当时的物价

水平相一致。

易考点：我国建立的城镇职工养老保险机制是弹性机制。

4. 我国城镇职工基本养老保险金的领取条件

根据现行政策，享受城镇基本养老保险金需要具备的条件有：一是达到法定退休年龄，并已办理退休手续；二是所在单位和个人依法参加养老保险并履行了养老保险缴费义务；三是个人缴费年限至少满15年(过渡期内缴费年限包括视同缴费年限)。同时具备上述三项条件的人员，均可享受基本养老保险待遇，按月领取养老金。

易考点：①国家规定的法定退休年龄是：男60周岁，女干部55周岁，女工人50周岁。②在我国享受基本养老保险待遇的条件。

基本养老金根据个人累计缴费年限、缴费工资、当地职工平均工资、个人账户金额、城镇人口平均预期寿命等因素确定。参加基本养老保险的个人，因病或者非因工死亡的，其遗属可以领取丧葬补助金和抚恤金；在未达到法定退休年龄时因病或者非因工致残完全丧失劳动能力的，可以领取病残津贴。所需资金从基本养老保险基金中支付。

5. 我国城镇职工基本养老保险待遇的计发办法

由于中国在1995年以后实施了"统账结合"的养老保险筹资制度，针对每个人不同的时间状态，在基本养老保险计发办法上，实行了区别对待的办法，即"新人新办法，老人老办法"。

"新人"，缴费年限累计满15年，退休后将按月发给基本养老金，基本养老金待遇水平与缴费年限的长短、缴费基数的高低、退休时间的早晚直接挂钩，他们的基本养老金由基础养老金和个人账户养老金组成。

"中人"，由于他们以前个人账户的积累很少，缴费年限累计满15年的，退休后在发给基础养老金和个人账户养老金的基础上，再发给过渡性养老金。鉴于基本养老金计发办法改革的关键是解决好"中人"的过渡问题，为保证改革的顺利进行，国发[2005]38号文要求各省、自治区、直辖市人民政府按照待遇水平合理衔接、新老政策平稳过渡等原则，在认真测算的基础上，制定具体的过渡办法。在过渡时期实行特殊的过渡政策，按照新计发办法，养老金减少的不减发，增加的逐步增加。

"老人"，2005年《国务院关于完善企业职工基本养老保险制度的决定》(以下简称《决定》)实施前已经离退休的人员，仍按国家原来的规定发给基本养老金。缴费年限不足的退休人员，《决定》实施后达到退休年龄但缴费年限累计不满15年的人员，不发给基础养老金；个人账户储存额一次性支付给本人，终止基本养老保险关系。

退职人员的养老金待遇，按照1978年《国务院关于个人、职工退休、退职的暂行规定》，职工退职后，按月发给相当于本人退职时标准工资的40%的退职生活费。

经典真题再现

[2013年甘肃省选拔万名普通高校毕业生到基层工作考试社会保障专业知识真题]

【原题】中国城镇职工基本养老金计发金额的多少取决于(　　)。

A. 个人缴费工资　　B. 当地职工平均工资

C. 城镇人口平均预期寿命　　D. 个人缴费年限

【解析】《社会保险法》第十五条规定，基本养老金根据个人累计缴费年限、缴费工资、当地职工平均工资、个人账户金额、城镇人口平均预期寿命等因素确定。故选ABCD。

6. 我国城镇职工基本养老保险的个人账户

关于个人账户的基本要求包括:个人账户规模为8%,个人账户储存额的多少,取决于个人缴费额和个人账户基金收益;个人账户基金只能用于职工养老,不得提前支取;职工跨统筹范围流动时,个人账户随同转移,职工或退休人员死亡,个人账户可以继承;个人账户基金全部用于购买国债,收益率要高于银行同期存款利率。

7. 我国的补充养老保险制度

我国现有的补充养老保险模式包括企业年金、个人储蓄型养老保险和职工互助补充养老保险。

企业年金指企业在参加国家基本养老保险的基础上,根据国家法律规定和本企业的经济状况建立的,旨在提高职工退休后生活水平的养老保险表现形式,它不仅是对国家基本养老保险模式的重要补充,还被视为养老保险体系中的第二个支柱。

个人储蓄型养老保险是职工根据个人收入情况,自愿参加的一种养老保险方式。

职工互助补充养老保险是由工会组织举办的补充养老保险形式,在资源筹集上采取个人和工会共同负担的模式,其资金来源可以是本单位拨付的专用资金,也可以是工会的创收。

三、我国农村养老保险制度

1. 我国农村养老保险的发展

<table>
<tr><td rowspan="8">我国农村社会养老保险的发展</td><td>萌芽期(1949—1980)</td><td></td><td>五保供养与集体养老。</td></tr>
<tr><td rowspan="4">探索建构期
(1981—2002)</td><td>初始阶段(1981—1990)</td><td>实施养老金制度。</td></tr>
<tr><td>试点阶段(1991—1992)</td><td>山东、江苏建立农村社会养老保险试点。</td></tr>
<tr><td>发展阶段(1993—1997)</td><td>各级农村社会养老保险管理机构的建立。</td></tr>
<tr><td>衰退整顿阶段
(1998—2002)</td><td>政府机构改革,利率连续下降,致使参保人数下降,基金运行难度加大。</td></tr>
<tr><td rowspan="2">探索创新期
(2003 年至今)</td><td>地方试点阶段
(2003—2008)</td><td>新型农村社会养老保险政策规定,养老金由个人、集体和政府三方共同筹资,各级政府和村集体应逐步加大农村社会养老保险工作的支持和投入力度。</td></tr>
<tr><td>中央试点阶段
(2009 年至今)</td><td>贯彻广覆盖、保基本、多层次、可持续的原则,加强健全农村社会保障体制。按照个人缴费、集体补助、政府补贴相结合的要求,建立新型农村社会养老保险制度。</td></tr>
</table>

易考点:我国农村养老保险的管理部门是人力资源和社会保障部。

2. 我国农村养老保险的模式

我国农村养老保险的模式包括:

(1)家庭养老。家庭养老模式是儒家文化“孝”的强调,是中华民族绵延了几千年的优良传统,赡养老年人的义务已经变成了每一个中华儿女的内在责任和自主意识,是其人格的一部分。这在广大农村也表现得毫不例外,而且由于我国广大农村的社会经济发展水平低下,实施其他养老模式的条件不太具备,家庭在提供生活照顾和精神慰藉方面又具有无可替代性。因此,目前家庭养老仍是我国农村养老的最主要模式。

（2）社区（含乡镇）养老。是指集体经济实力比较雄厚的乡村或乡镇企业，仿照城镇企事业单位的做法，给农村老年人发放养老金。社区养老的实施范围比较窄，往往受制于该地区的农村经济发展水平。

（3）土地养老。土地是广大农民赖以生活的基础，土地对农民而言，既是生产资料又是生活资料。尤其是在家庭联产承包责任制推行以后，农村老年人可以依靠土地收入解决一部分生活来源。在现有的生产力发展水平之下，用土地维持最基本的生存，可以说土地是他们最稳定也是最后一道养老保障安全网。

（4）农村社会保险养老。1992 年颁布的《县级农村养老保险基本方案》中提出了个人、集体、国家三方共同付费，由社会统筹解决农村养老问题的新思路。其主要做法是以县为单位，根据农民自愿原则，在政府组织引导下，从农村和农民的实际出发，建立养老保险基金。保险基金以农民个人缴纳为主，集体补助为辅，国家予以政策扶持，实行储备积累的模式，并根据积累的资金总额和预期的平均领取年限领取养老金。

（5）商业保险养老。在农村地区富裕的农民主动购买商业保险，定期缴纳保险费达到一定年限，由商业保险公司返还一定的金额，以此解决农村参保人员的养老问题，商业保险费完全由参保人自己负担。

易考点：我国农村养老的主要方式为家庭养老，其他均为辅助养老方式。

3. 我国农村养老保险存在的问题

尽管我国的养老保险制度改革取得了相当成就，但这一制度仍然还面临着许多的问题。我国农村养老保险存在的问题主要有：

（1）我国现行的农村养老保险不是真正意义上的社会保险。

（2）农村养老保险的覆盖范围偏小。

（3）其保障水平较城镇水平偏低。

（4）缺少法律支持，农民投保积极性不高。

（5）“保富不保贫”的倾向严重。

（6）管理体制存在漏洞。

（7）农村养老难以完全依赖土地保障，但土地仍是农民不可缺少的重要生产资料。

易考点：我国农村养老保险制度存在的主要问题。

四、我国新型农村养老保险制度

1. 我国新型农村养老保险的基本原则

新型农村社会养老保险（以下简称“新农保”），是指按照“保基本、广覆盖、有弹性、可持续”的原则，采取个人缴费、集体补助、政府补贴相结合的筹资模式，养老待遇由社会统筹与个人账户相结合，与家庭养老、土地保障、社会救助等其他社会保障政策措施相配套，由政府组织实施的一项社会养老保险制度，是国家社会保险体系的重要组成部分。

易考点：①我国新型农村养老保险制度的基本原则是保基本、广覆盖、有弹性、可持续。②我国政府提出到 2020 年实现新型农村养老保险和城镇居民社会养老保险的广覆盖。

2. 我国新型农村养老保险的参保范围

凡年满 16 周岁（不含在校学生）、未参加城镇职工基本养老保险的农村居民，均可在其户籍所在地自愿参加新农保。

3. 我国新型农村社会养老保险基金的筹集渠道

根据我国2009年出台的《国务院关于开展新型农村社会养老保险试点的指导意见》中相关规定，新农保基金由个人缴费、集体补助、政府补贴构成。其基金的筹集渠道为：

(1)个人缴费。参加新农村社会养老保险的农村居民应当按照相关规定来缴纳养老保险费，缴纳的标准目前设定的是每年按100元、200元、300元、400元、500元，总共五个档次，地方也可以根据实际情况进行调整，增设另外的缴费档次。参加保险的居民可以根据上述档次自行自由选择，多缴则多得。国家也会依据农村居民的人均收入增长的情况进行适当调整缴费的档次。

(2)集体补助。有条件的村集体可以对参保人进行缴费补助，补助的相关标准由村民委员会召开的村民会议民主确定。积极鼓励其他的经济组织或者个人为参保人缴费提供资助。

(3)政府补贴。政府对那些符合领取条件的参保人进行全额支付新农保基础养老保险金，当中中央财政要对西部地区按中央所确定的基础养老金标准给予全额补助，东部地区则是50%的补助。

同时，地方政府应对参保人给予一定补贴，补贴的标准也有了新变化，标准不能低于每人每年30元，对于选择了较高档次标准缴费的，也可以给予适当的鼓励，具体的方法标准由当地人民政府确定。对于农村重度残疾人缴费困难群体，当地政府要为其代缴部分或者是全部最低标准的养老保险费。

易考点：我国新型农村养老金由个人缴费、集体补助、政府补贴构成。

经典真题再现

[2013年甘肃省选拔万名普通高校毕业生到基层工作考试社会保障专业知识真题]

【原题】新型农村社会养老保险制度的资金来源于(　　)。

A. 个人缴费　　B. 社会保障税　　C. 集体补助　　D. 政府补贴

【解析】根据我国2009年出台的《国务院关于开展新型农村社会养老保险试点的指导意见》中相关规定，新农保基金由个人缴费、集体补助、政府补贴构成。故选ACD。

4. 我国新型农村社会养老保险个人账户的建立

国家为每个新农保参保人建立终身记录的养老保险个人账户。个人缴费，集体补助及其他经济组织、社会公益组织、个人对参保人缴费的资助，地方政府对参保人的缴费补贴，全部记入个人账户。个人账户储存额目前每年参考中国人民银行公布的金融机构人民币一年期存款利率计息。

5. 我国新型农村社会养老保险金的待遇

新型农村社会养老金待遇由基础养老金和个人账户养老金组成，支付终身。中央确定的基础养老金标准为每人每月55元。地方政府可以根据实际情况提高基础养老金标准，对于长期缴费的农村居民，可适当加发基础养老金，提高和加发部分的资金由地方政府支出。个人账户养老金的月计发标准为个人账户全部储存额除以139(与现行城镇职工基本养老保险个人账户养老金计发系数相同)。参保人死亡，个人账户中的资金余额，除政府补贴外，可以依法继承；政府补贴余额用于继续支付其他参保人的养老金。

6. 我国新型农村社会养老保险金待遇的领取条件

年满60周岁、未享受城镇职工基本养老保险待遇的农村有户籍的老年人，可以按月领取养老金。新农保制度实施时，已年满60周岁、未享受城镇职工基本养老保险待遇的，不用缴费，可以按月领取基础养老金，但其符合参保条件的子女应当参保缴费；距领取年龄不足15年的，应按年缴费，也允许补缴，累计缴费不超过15年；距领取年龄超过15年的，应按年缴费，累计缴费不少于15年。政府要引导中青年农民积极参保、长期缴费，长缴多得。具体办法由省（区、市）人民政府规定。

易考点：参加新型农村社会养老保险的农村居民，凡符合国家规定条件的均可按月领取养老金。

五、我国城镇居民社会养老保险制度

国务院于2011年颁布的《关于开展城镇居民社会养老保险试点的指导意见》（以下简称《城镇居民养老保险》），宣布自7月1日起启动城镇居民社会养老保险试点。

1. 我国城镇居民社会养老保险的基本原则

城镇居民养老保险工作要高举中国特色社会主义伟大旗帜，以邓小平理论和"三个代表"重要思想为指导，深入贯彻落实科学发展观，按照加快建立覆盖城乡居民的社会保障体系的要求，逐步解决城镇无养老保障居民的老有所养问题。城镇居民养老保险试点的基本原则是"保基本、广覆盖、有弹性、可持续"。一是从城镇居民的实际情况出发，低水平起步，筹资标准和待遇标准要与经济发展及各方面承受能力相适应；二是个人（家庭）和政府合理分担责任，权利与义务相对应；三是政府主导和居民自愿相结合，引导城镇居民普遍参保；四是中央确定基本原则和主要政策，地方制定具体办法，城镇居民养老保险实行属地管理。

2. 我国城镇居民社会养老保险的覆盖范围

凡年满16周岁（不含在校学生）、不符合职工基本养老保险参保条件的城镇非从业居民，均可在户籍地自愿参加城镇居民养老保险。

3. 我国城镇居民社会养老保险的基金筹集渠道

城镇居民养老保险基金主要由个人缴费和政府补贴构成，其筹资渠道主要包括：

（1）个人缴费。参加城镇居民养老保险的城镇居民应当按规定缴纳养老保险费。缴费标准目前设为每年100元、200元、300元、400元、500元、600元、700元、800元、900元、1000元、1500元、2000元12个档次，地方人民政府可以根据实际情况增设缴费档次。参保人自主选择档次缴费，多缴多得。国家依据经济发展和城镇居民人均可支配收入增长等情况适时调整缴费档次。

（2）政府补贴。政府对符合待遇领取条件的参保人全额支付城镇居民养老保险基础养老金。其中，中央财政对中西部地区按中央确定的基础养老金标准给予全额补助，对东部地区给予50%的补助。地方人民政府应对参保人员缴费给予补贴，补贴标准不低于每人每年30元；对选择较高档次标准缴费的，可给予适当鼓励，具体标准和办法由省（区、市）人民政府确定。对城镇重度残疾人等缴费困难群体，地方人民政府为其代缴部分或全部最低标准的养老保险费。

（3）鼓励其他经济组织、社会组织和个人为参保人缴费提供资助。

4. 我国城镇居民社会养老保险的筹资方式、待遇水平及享受资格

实行社会统筹和个人账户相结合的筹资方式，国家为每个参保人员建立终身记录的养老保险个人账户。个人缴费、地方人民政府对参保人的缴费补贴及其他来源的缴费资助，全部记入个人账户。个人账户储存额目前每年参考中国人民银行公布的金融机构人民币一年期存款利率计息。

养老金待遇由基础养老金和个人账户养老金构成，支付终身。中央确定的基础养老金标准为每人每月55元，地方人民政府可以根据实际情况提高基础养老金标准。个人账户养老金的月计发标准为个人账户全部储存额除以139（与现行城镇职工基本养老保险及新农保个人账户养老金计发系数相同）。参

保人死亡,个人账户中的资金余额,除政府补贴外,可以依法继承;政府补贴余额用于继续支付其他参保人的养老金。

参加城镇居民养老保险的城镇居民,年满 60 周岁可按月领取养老金。在该制度实施时,已年满 60 周岁,未享受职工基本养老保险待遇以及国家规定的其他养老待遇的,不用交费,可按月领取基础养老金;距领取年龄不足 15 年的,应按年限缴费,也允许补缴,累计缴费不超过 15 年;距领取年龄超过 15 年的,应按年缴费,累计缴费不少于 15 年。

六、我国养老保险的未来发展

1. 我国养老保险未来发展的目标设定

作为旨在提高劳动者抵御老年风险能力的制度安排,养老保险制度的未来发展也应是通过完善自身的组织机构、实施管理和获得尽可能充足的资源,以更好地实现对劳动者老年生活的保障,提高养老保险制度的保障能力。就养老保险制度的未来安排上,要注意以下几点:

(1)合理定位基本养老保险制度的架构,即在普惠式国民养老保险的基础上,配合以差别性职业养老保险应成为未来养老保险的发展方向,这既是增强对劳动者保证能力的需要,也是中国构建和谐社会、增进国民福利的需要,同时还能够适应中国的国情,从而是一种合理的政策取向。

(2)合理确定基本养老保险制度的保障目标,即应当综合考虑当时的平均工资水平、人均可支配收入、人均消费性支出、恩格尔系数等指标,尤其是人均消费性支出与恩格尔系数作为衡量居民基本生活水准的重要指标,更是具有重要的参照意义。

(3)合理选择基本养老保险的财务机制,即在中国必须从部分积累模式中寻找出路。

2. 我国养老保险未来发展的政策建议

实现上述目标,还需要相关措施的实施和配合:

(1)进一步理顺管理体制。理顺管理体制的关键在于,一是要明确管理机构的上下层级关系及职责分工;二是在部门之间也要进行明确的分工并赋予其实际内容;三是确立主管部门的权威性。

(2)提高现行制度的有效性。有效性的提高依赖于强化稳定性、强化统筹性与预见性、规范层次性三方面的提高。

(3)划清历史责任与现实责任。一方面,国家应当算清历史欠账,真正完成制度的转型,于后再确定补偿对象、补偿政策及补偿标准;另一方面,采取按责分账的办法来解决养老金的历史欠账。

(4)探索基金管理、运营的有效途径。一方面,应对养老保险基金实行单独管理;另一方面,需要健全的基金运营管理机制和监督机制来保证养老保险金的保值增值。

强化提升训练

一、单项选择题

1. 我国西汉时期颁布的尊敬和抚养老年人的法令是(　　)。

   A.《尊老诏书令》　B.《王杖诏书令》　C.《养老诏书令》　D.《抚养诏书令》

2. 目前,世界各国退休年龄变动的趋势是(　　)。

   A. 退休年龄不变　B. 终身工作制　C. 降低退休年龄　D. 提高退休年龄

3. 标志着我国社会统筹与个人账户相结合的企业职工养老保险模式初步确立的是(　　)。

   A.《国务院关于企业职工养老保险制度改革的决定》的颁布

   B.《关于深化企业职工养老保险制度改革的通知》的颁布

   C.《关于建立统一的企业职工基本养老保险制度的决定》的颁布

   D.《社会保险费征缴暂行条例》的颁布

二、多项选择题

1. 享受养老保险待遇的条件有(　　)。

   A. 年满 60 周岁　B. 必须达到法定退休年龄

   C. 连续缴费 15 年　D. 累计最低缴费满 15 年

2. 我国新型农村社会养老保险制度的基本原则有(　　)。

   A. 保基本　B. 广覆盖　C. 有弹性　D. 可持续

3. 按照养老保险金的给付标准是否与享有者工作期间的收入水平有关,可将养老保险分为(　　)。

   A. 普遍生活保障模式　B. 社会统筹模式

   C. 收入关联模式　D. 个人账户模式

三、判断题

1. 养老保险是社会保障体系的重要组成部分,它具有普遍性、重要性、长期积累性和复杂性等特征。(　　)

2. 我国农村养老保险的管理部门是民政部。(　　)

3. 我国规定的法定退休年龄为:男 60 周岁,女 55 周岁。(　　)

参考答案与解析

一、单项选择题

1. B【解析】我国西汉时期就已规定了尊敬和扶养老年人的法令《王杖诏书令》,规定对 70 岁以上的老年人,由朝廷授予一种顶端雕有斑鸠形象的特制手杖——“王杖”,持有“王杖”的人享有各种社会优待。

2. D【解析】世界各国已经步入老龄社会,其趋势必然是提高退休年龄。

3. C【解析】1997 年 7 月,国务院发布了《关于建立统一的企业职工基本养老保险制度的决定》,这个文件的发布,标志着社会统筹与个人账户相结合的职工养老保险模式初步确立。

二、多项选择题

1. BD【解析】在我国享受基本养老保险待遇的条件有:必须达到法定退休年龄、所在单位和个人依法参加养老保险并履行了养老保险缴费义务和累计最低缴费满 15 年。

2. ABCD【解析】我国新型农村养老保险制度的基本原则是保基本、广覆盖、有弹性、可持续。

3. AC【解析】按养老保险金的给付标准是否与享有者工作期间的收入水平有关,可将养老保险划分为普遍生活保障模式和收入关联模式两种。

三、判断题

1. T【解析】略。

2. F【解析】1998 年,随着政府机构改革,农村养老保险由民政部门移交到人力资源和社会保障部门。

3. F【解析】我国规定的企业职工退休年龄是男年满 60 周岁,女工人年满 50 周岁,女干部年满 55 周岁。

第三章　医疗保险

本章提要：

通过了解医疗保险的含义、特征、功能及基本模式，熟悉医疗保险涉及的主体关系及与其他医疗保障的关系，掌握医疗保险的筹资方式、费用支付方式，同时对中国医疗保险的发展有较为全面的掌握。

重要考点	出题频次	经典例题	命题趋势
医疗保险的模式	★★★	下列采用储蓄医疗保险模式的国家是(C)。 A. 德国　B. 法国 C. 新加坡　D. 美国	重点考查国家、社会、储蓄、商业医疗保险模式的含义及其特点，常以单项选择题的形式进行考查
医疗保险的内容	★★★★★	基本医疗保险个人账户基金的主要来源有(ACD)。 A. 个人缴费　B. 国家财政拨款 C. 单位缴费划入部分　D. 个人账户利息	重点考查医疗保险的当事人及其关系、医疗保险费用的支付，常以选择题或判断题的形式进行考查
我国的医疗保险制度	★★★★★	我国新型农村合作医疗制度基金统筹是以(C)。 A. 村为单位　B. 乡(镇)为单位 C. 县(市)为单位　D. 省(市)为单位	重点考查我国医疗保险的构成及基本医疗保障体系，常以选择题或判断题的形式进行考查

第一节　医疗保险概述

医疗保险是所有社会保险中涉及面最广、包含内容最多、技术最复杂、利益冲突最激烈、社会反映最尖锐的一种社会保险类型，因而长期以来被称为“白色迷宫”。

一、医疗保险的概念

1. 医疗保险的含义

本章中所讲的医疗保险，是指社会医疗保险，即由国家立法强制实施，通过国家、用人单位以及劳动者个人共同筹集资金建立基金，在受保人遇到疾病或非因工受伤需要医疗时给予帮助和经济补偿的一种社会保险制度。

医疗保险包括以下五层含义：一是医疗保险是由国家立法强制实施的；二是医疗保险的对象通常是劳动者尤其是工薪劳动者；三是医疗保险强制权利义务相结合和互助共济；四是医疗保险保障的内容主要是疾病；五是医疗保险必须社会化。

易考点：社会医疗保险的五层含义。

2. 健康与疾病

健康是一个常见但又极其复杂的概念，它涉及生理、心理和道德三大因素，既是没有疾病或不虚弱，又是身体的、精神的、健康和社会幸福的完美状态。从医学角度讲，指一个有机体或有机部分处于安宁状态，它的特征是有机体有正常的功能以及没有疾病；从社会文化角度讲，指履行社会职责的能力，疾病则是指对个人希望完成任务和角色功能的干扰。

疾病是指机体与外界致病素相互作用而产生的损伤与抗损伤的复杂斗争过程，在此过程中，机体对环境的适应能力降低，生产力下降。

疾病风险是指在人的生存过程中，由于疾病而带来的经济、生理、心理等损失的风险。疾病风险的特征包括普遍性、复杂性、严重性、社会性、不具有完全经济补偿性和纯粹风险性等。

3. 医疗保险与疾病、商业医疗保险的区别

	医疗保险	疾病保险
保险责任	医疗服务	特定疾病
保险期限	1 年或以内	1 年或以上
一般特征	补偿疾病或意外伤害带来的直接损失	一般采取定额给付，与直接损失额大小无关

	医疗保险	商业医疗保险
责任主体	国家政府	商业保险公司
实施形式	强制	自愿
保障对象	全体社会成员	符合条件的个人或团体
筹资渠道	国家、用人单位及劳动者个人三方负担	个人负担
保障水平	特定水平	多层次保障
经营目的	非营利	营利

二、医疗保险的发展历程

以法律的形式确立医疗保险，是从 1883 年德国颁布《疾病社会保险法》开始的。至此之前，人们要获得疾病医疗的保障主要是以一个行业或地区组成的各种基金会、互助组织等民间保险形式，通过职工个人共同集资来偿付医疗费用，国家既无立法规范，政府也不参与其中。

在欧洲，奥地利于 1887 年、挪威于 1902 年、英国于 1910 年相继建立了自己的医疗保险制度；法国于 1921 年通过疾病医疗保险方面的立法，1930 年正式实施。到 20 世纪 30 年代早期，大多数欧洲工业化国家均建立了这种保险制度，当时以生育和疾病社会保险的名义实行。

在亚洲，日本于 1922 年颁布《健康保险法》，1938 年颁布《国民健康保险法》，将工薪阶层和非工薪阶层的医疗保险区分为健康保险和国民健康保险。1972 年，日本为 70 岁以上以及 65 ~ 70 岁间生活不能自理的老年人，建立了老年医疗保健制度。亚洲其他一些国家在二战后也开始探索自己的医疗保险制度，如中国的公费医疗等。

在美洲，加拿大是福利国家，也较早建立了惠及全民的医疗保障制度，美国在 20 世纪 50 至 60 年代后也开始确立自己的医疗保险制度。进入 20 世纪 80 年代以来，各国开始针对提高医疗卫生资源的利用效率进行医疗保险制度的改革，改革的措施包括多个方面。

三、医疗保险的特征

社会医疗保险的特征主要包括以下几个方面：

(1)社会医疗保险的保险事故发生率高、具有普遍性特征。一是社会医疗保险的风险是即时性的而不是延时性的，人们对疾病发生的时间、类型、程度难以准确预测；二是变异性，自然环境和社会环境导致疾病发生的机理复杂；三是疾病因人而异，风险损失的统计和精算难度高。

(2)社会医疗保险在社会保险体系中属于关联性最强的险种。被保险人享受生育保险、养老保险、工伤保险以及失业保险时，只要发生疾病、生育、负伤等保险事故都会同时享受社会医疗保险。各项社会

保险待遇,除现金补助外,一般都有医疗服务问题。

(3)社会医疗保险费用开支额度难以预测和控制。人通常具有强烈的求生欲,在生重病时难免病急乱投医,这导致社会医疗保险津贴的费用额度难以掌握。

(4)待遇支付形式为非定额的费用补偿。即这种并非现金的医疗费用补偿待遇并不直接进行结算兑现,同时这种费用补偿待遇也非定额补偿,补偿的多少与患者的病情、疾病的发生频率及实际需要有关。

(5)补偿期短但受益时间长。即一次疾病的时间通常不会太长,因而每次的补偿期也较短,但由于人的一生中不可避免地要生病,医疗保险也就伴随参加保险人员的一生,可以说是受益时间最长的社会保障项目。

(6)涉及关系非常复杂。医疗保险涉及政府、用人单位、医疗机构、社会保险机构和患者等多方之间复杂的权利义务关系,要处理好多方的关系应形成一种制衡机制。

(7)医疗服务消费具有不确定性和被动性。在医疗服务消费中,医疗服务提供者处于主动地位,而患者的医疗服务是被动的,无法主动控制医疗费用的支出。

易考点:社会医疗保险的几项基本特征。

四、医疗保险的原则与功能

1. 医疗保险的基本原则

基本医疗保险制度实行社会统筹与个人账户相结合,将社会保险和储蓄保险两种模式有机结合起来,实现了“横向”社会共济保障和“纵向”个人自我保障的有机结合,既有利于发挥社会统筹共济性的长处,也有利于发挥个人账户具有激励作用和制约作用的优点,比较符合我国的国情,容易为广大职工所接受。这种医疗保险模式,符合中国国情,是具有中国特色的社会医疗保险制度。

2. 医疗保险的主要功能

社会医疗保险的功能多维、复合并且呈叠加效应,其功能主要表现在:

(1)解决医疗保险市场自身无法解决的逆向选择问题以及贫困者的医疗保障问题。即社会医疗保险通过其强制性可以有效克服保险市场的逆向选择问题,提高穷人的福利。

(2)保障国民健康,增加人力资源总体存量,提高人力资源质量,促进劳动力再生产和国家整体发展。良好的健康状况是加快发展的手段,又是人类发展最根本的目标。

(3)刺激有效需求,增加国民储蓄。通过增加医疗保健需求和乘数效应带动国民经济的增加。

第二节　医疗保险的模式

一般来说,医疗保险模式大体分为国家医疗保险模式、社会医疗保险模式、储蓄医疗保险模式和商业医疗保险模式四种。每一种医疗保险模式都有自己鲜明的特点,不过各种模式并非一成不变的,各国医疗保险制度的改革进程也表明各模式之间相互吸取对方的经验、教训,混合型模式或许会成为未来医疗保险模式的新趋向。

一、国家医疗保险模式

1. 国家医疗保险模式的含义

国家医疗保险模式,也称全民医疗保险或全民健康保险,是指由政府直接举办医疗保险事业,通过税收的形式筹集医疗保险基金，并采用国家财政预测拨款的形式将医疗保险资金分配给医疗机构，向全体国民提供免费或低收费医疗服务，医疗服务机构的所有权及控制权为政府所有。

2. 国家医疗保险的形成与发展

19 世纪，英国出现地区性的“自愿健康保险”；1911 年正式颁布并实施《国家健康保险法案》；1944 年又提出了“国家卫生服务”的口号和建议；1948 年通过了《国民医疗保健服务法》，实行了对所有医疗机构的国有化；1964 年又颁布了《国家卫生服务法》，全面实施全民医疗保险制度，对所有公民提供免费医疗，这一制度又称国民卫生保健制度。

瑞典的卫生保健始建于 1955 年，其健康保险向全体公民及外籍居民提供医疗服务。瑞典的医疗事业主要由地方政府举办，私人开业医生只占全国医生人数的极少数。

加拿大联邦政府在 1966 年制定了《全民疾病保险法案》，1972 年全面实施全民健康保险制度。

易考点：英国是世界上第一个宣布建立“福利国家”的国家。

3. 加拿大国家医疗保险的具体做法

加拿大国家医疗保险的具体做法是：一是国家立法、两级出资、省级管理，即各省医疗保险资金主要来源于联邦政府拨款和省级政府财政预算，各省和地区政府独立组织、运营省内医疗保险计划；二是保险内容上覆盖所有必需的医疗服务、住院保险和门诊保险，除特殊规定的项目外，公众免费享受所有其他基本医疗保险；三是鼓励发展覆盖非保险项目的商业性补充医疗保险，凡非政府保险项目均可由雇主自由投资，其所属雇员均可免费享受补充医疗保险项目。

4. 加拿大的国家医疗保险模式

加拿大国家医疗保险的特点是政府直接管理医疗保险事业，政府收税后拨款给公立医院，医院直接向居民提供免费或低价收费服务。

加拿大国家医疗保险模式的优点包括：一是以政府税收作为医疗保险经费的主要来源，资金来源稳定，社会供给能力强；二是卫生机构以公有制为主，医疗服务活动具有国家垄断性；三是公共卫生和预防服务根据内容分别由各级政府负责提供，住院服务主要由公立医院提供，政府医院按计划给予预算补偿，医院医生为国家公职人员，领取工资；四是医疗服务基本为免费或低收费服务，公平性高；五是政府计划调节卫生资源，政府对医疗费用的控制力强。

加拿大国家医疗保险模式的缺点包括：一是效率低下，计划难以准确、不能及时反映居民需求的变化；二是医院、医生服务积极性不高，供需矛盾突出；三是筹资渠道单一，财政负担较重。

二、社会医疗保险模式

1. 社会医疗保险模式的含义

社会医疗保险模式是国家通过立法的形式强制实施的一种医疗保险形式，是社会保险系统的一个子系统。社会保险制度为被保障对象提供两方面的保障：一是当被保险人因年老丧失工作能力、死亡、疾病、孕产、工伤或失业时，向被保险人偿付一定数量的现金，补偿其由于上述原因而导致的收入的损失；二是为被保险人提供服务，主要是指住院、医疗保健、康复服务等。前者是一种“收入补偿”制度，后者直接提供服务或为所提供的服务支付费用，因而是一种“受益”制度。

经典真题再现

［2013 年甘肃省选拔万名普通高校毕业生到基层工作考试社会保障专业知识真题］

【原题】在世界上使用最为广泛的医疗保险制度模式是(　　)。

A. 国家医疗保险模式　　B. 社会合作医疗保险模式

C. 商业医疗保险模式　　D. 社会医疗保险模式

【解析】社会医疗保险模式是按照大数法则分摊风险的机制和社会互助原则，将少数社会成员随机产生的各种疾病风险分散到全体参保成员的一种医疗保险制度模式。目前世界上有 100 多个国家采用该模式，是实行医疗保险制度的国家中使用最多的模式。故选 D。

2. 社会医疗保险的形成与发展

1881 年，德国宰相俾斯麦着手建立疾病和工伤保险制度，并于 1883 年正式颁布《疾病社会保险法》，这是世界上第一个社会保险法律，是现代社会保险制度诞生的标志。1887 年，德国政府又在该法令中增添了保险的内容，从而初步形成了现代医疗保险制度的基本轮廓。

易考点：1883 年，德国颁布的《疾病社会保险法》是世界上第一个社会医疗保险法律。

3. 德国的社会医疗保险模式

德国是第一个建立医疗保险制度的国家，其医疗保险基金实行社会统筹、互助共济，主要由雇主和雇员缴纳，政府酌情补贴。目前，世界上有上百个国家采用这种模式。

德国社会医疗保险模式的特点包括：一是保险金是按收入的一定比例进行征收，而保险金的再分配与被保险者所缴纳的保险费多少无关；二是劳动者、企业主、国家一起筹集保险金，体现了企业向家庭、资本家向工人的所得转移；三是在保险金的使用上，是由发病率低向发病率高的地区的所得转移；四是对于月收入低于 610 马克的工人，保险费全部由雇主承担，失业者的医疗保险金大部分由劳动部门负担。18 岁以下无收入者以及家庭收入低于一定数额的，可以免交某些项目的自付费用。

德国社会医疗保险模式的优点包括：一是投保人拥有较大的自由选择空间，患者就医方便；二是医疗保险服务范围全面。

德国社会医疗保险模式的缺点包括：一是社会基金没有积累，抗风险能力弱；二是由于采用第三方付费制度，对需方缺乏制约和引导，公众过分依赖社会系统，对疾病的预防保健重视不够，事实上也造成了医疗费用的上涨；三是医疗保险体系内部竞争不足，存在大量资源浪费、效率低下等问题。

三、储蓄医疗保险模式

1. 储蓄医疗保险模式的含义

储蓄医疗保险制度是国家通过立法，强制劳动者和劳资双方缴费，以雇员的名义建立储蓄账户，用于支付个人及家庭成员的医疗费用的医疗保险制度。

2. 新加坡的储蓄医疗保险模式

新加坡的储蓄医疗保障制度可以分为三部分：第一部分是保健储蓄计划，该制度覆盖所有在职人口，由雇主和雇员双方按照工资的 6% ~8% 公款建立保健储蓄基金，形成个人保健储蓄账户；第二部分是健保双全计划和增值保健双全计划，由中央公积金局从参加这项保险计划的会员账户中提取少量费用进行社会统筹，但采用自愿参加原则；第三部分是保健基金计划，该计划由政府出资设立基金，在每个国立医院设立由政府任命的医院保健基金委员会，向无力支付住院费的病人给予资助。

新加坡的储蓄医疗保险模式是以家庭为单位的“纵向筹资”，是一种个人不同生命周期的风险分散方式。其优点是：控制需方的道德风险行为未造成的医疗资源的浪费，提高资金使用率，而且更好地应付对老龄化趋势下医疗需求增加的问题。

新加坡的储蓄医疗保险模式的缺点是：以强调个人责任为基础，家庭之间缺乏互助共济，制度风险分散能力和公平性较差。

经典真题再现

［2013 年甘肃省选拔万名普通高校毕业生到基层工作考试社会保障专业知识真题］

【原题】世界上第一部对社会保障进行全面系统规范的法律是（ ）。

A. 德国的《疾病社会保险法》　　B. 美国的《社会保障法》

C. 英国的《国民保障法》　　D. 法国的《国民救济法》

【解析】1935 年美国国会通过的《社会保障法》，是世界上第一部对社会保障进行全面系统规范的法律。故选 B。

四、商业医疗保险模式

1. 商业医疗保险模式的含义及资金来源

商业医疗保险模式又称市场型医疗保险模式，是把医疗保险作为一种特殊商品，主要通过市场机制来筹集费用和提供服务。

商业医疗保险的资金来源于参保者个人及其雇主所缴纳的保险费，缴费水平通常取决于个人的年龄、性别与健康状况，呈现出差别费率的特点。

2. 美国商业医疗保险的发展

1915 年，美国 21 个州开始实施对工伤和职业病工人给予经济补偿。1930 年，蓝盾和蓝十字两家民间非营利性医疗保险公司宣布成立。1935 年，罗斯福总统执政时公布了《社会保障法》，到目前为止美国的商业医疗已经非常发达了。

3. 美国的商业医疗保险模式

美国是实行商业医疗保险模式最典型的国家，目前美国形成了以商业医疗保险为主，包括社会医疗保险、社会医疗救助和少数民族免费医疗制度在内的多元化医疗保障体系。

美国商业医疗保险模式的优点是：通过竞争能够促进医疗保险技术水平服务质量的改善与提高，促进保险品种的多样化，更好地满足社会成员多样的医疗需求。

美国商业医疗保险模式的缺点是：人们享受医疗保险的水平取决于自身的收入水平，社会公平性差，医疗和保险机构追求营利最大化，争相购进高、新仪器设备，出现供方诱导需求等行为，导致医疗费用的过度膨胀，财政不堪重负。

模式类型	代表国家	筹资方式	运营机制	办医模式	服务供给
国家医疗保险模式	英国、瑞典、爱尔兰、加拿大、丹麦等	依法纳税	财政二次分配	公立为主，预算拨款	基本免费
社会医疗保险模式	德国、日本、法国、韩国等	法定参保缴费	横向统筹，现收现付，互补共济	公立、私立并行，合同结算	社会定价收费，保险给付为主
储蓄医疗保险模式	新加坡、马来西亚、印度尼西亚等	强制储蓄	纵向积累，自保为主	公立、私立并行，合同结算	定价收费，自付为主
商业医疗保险模式	美国、菲律宾等	选购缴费	现收现付，风险分担	公立、私立并行，合同结算	差别价格，共同分担

易考点:采用国家医疗保险模式的典型代表是加拿大;社会医疗保险模式的典型代表是德国;储蓄医疗保险模式的典型代表是新加坡;商业医疗保险模式的典型代表是美国。

第三节　医疗保险的内容

一、医疗保险的当事人及其关系

医疗保险的当事人,包括政府(国家的行政机关)、医疗保险机构(买单人)、医院(医疗服务的供给者)、被保险人或患者(医疗服务的需求者)和雇主(投保人)。

1. 政府

政府负有的责任包括:推动医疗保险立法并依据法律制定相应的政策,为医疗保险的运行提供依据;规划和构建医疗保险体系;监督医疗保险的运行;提供社会医疗救助,发展公共卫生事业,为医疗保险制度提供良好的基础;必要时对医疗保险给予相应的财政支持,以及对医疗服务与医药产品进行计划调节。

2. 医疗保险机构

医疗保险机构是具体经办医疗保险事务并管理医疗保险基金的机构,通常依法代表国家专门负责医疗保险费的预算、征缴、分配、管理和监督检查。医疗保险机构具有一定的独立自主的经营权,在性质上属于非营利机构,它的基本任务是按照国家的相关法律、法规有效地开展医疗保险业务,保证医疗保险制度的正常运转。

易考点:医疗保险机构区别于其他社会保险机构的一个显著特点是,它必须借助于医疗机构才能为参保人员提供医疗服务。

3. 医院

医院通过资源配置和合同方式与患者建立医疗服务关系,与医疗保健机构建立付费关系。在中国,并非所有医院均是医疗保险服务的供给者,而是指由医疗保健机构确认的医院(定点医院)才是医疗保险服务的供给者。在医疗保险中,医疗服务供给方、医疗服务需求方与医疗付费方分别构成了三对权利义务关系,服务提供与费用支付存在着脱节,这种特殊现象是医疗保险各主体之间关系复杂化的基本原因。

易考点:①医疗服务的供给者包括医院、医生和药店。②医生是决定医治手段、费用支出的关键因素。③服务提供与费用支付存在着脱节,是医疗保险各主体之间关系复杂化的基本原因。

4. 被保险人或患者

被保险人或患者也称医疗服务需求方,即由投保人指定的为其缴费的、享有医疗保险待遇的自然人。在医疗保险中,被保险人既是享受医疗服务的权利主体,也是承担缴纳医疗保险费的义务主体(除非法律规定全部医疗保险费均由单位或雇主缴纳,否则,个人须分担缴费义务)。但也有一些特殊情况,如在实行雇主医疗保险责任制或者具有最低工资限制的国家,就由雇主承担全部缴费义务,这样受益者就是单纯的权力主体。

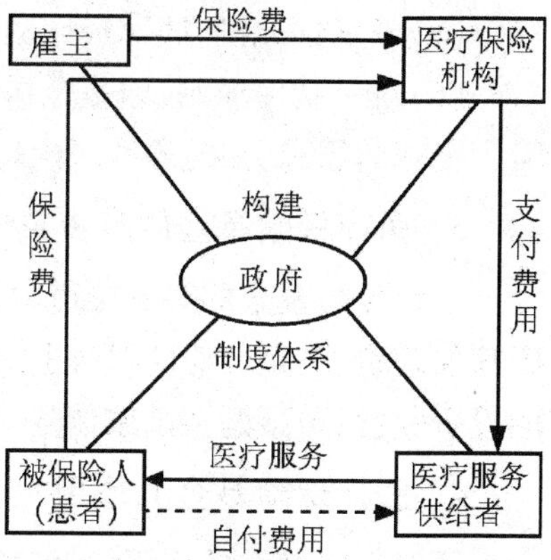

5. 雇主

雇主是医疗保险缴费方之一，在医疗保险关系中是单纯的义务主体。在不同国家，雇主、劳动者个人双方分担医疗保险的公款责任是一般的做法，而政府则视情形加入其中。

二、医疗保险的对象、范围及享受条件

1. 医疗保险的对象

医疗保险的对象，是指医疗保险制度中依法必须参与医疗并享受医疗保险待遇的自然人。医疗保险覆盖范围的大小，是衡量一个国家或地区社会保障水平与社会发展程度的重要指标，其对象的宽窄、享受条件的松严，通常与一个国家的医疗保险模式、经济发展水平相关联。

2. 各国医疗保险参保者的范围

从各国医疗保险政策的实践来看，参保对象的范围大致可以分为三种：一是医疗保险适用于全国居民，如英国、瑞典、新加坡等；二是医疗保险仅覆盖符合一定条件的从业人员；三是一定的从业人员及其直系家属（连带保险）。

3. 医疗保险的享受条件

享受医疗保险待遇需要满足一定的前提条件，即首先受益者必须在患病前是从事有报酬的工作，其次是停止工作开始进行治疗。不过从世界各国推行医疗保险的实践看，重要的享受条件有以下几条：一是被保险人必须依法缴纳一定期限的保险费，只有缴纳了费用才能享受待遇；二是被保险人必须达到一定的就业期限，才能有资格享受医疗保险待遇；三是在国内组织各种社会保险基金会的情况下，被保险人首先要获得基金会的会员资格并参加基金会满一定期限，才能有资格享受医疗保险待遇；四是以居住在该国的期限为条件，即规定被保险人在该国居住的时间达到一定的期限，经过收入调查符合条件时才能享受医疗保险待遇。

三、医疗保险基金的筹集

（一）医疗保险基金的概念

1. 医疗保险基金的含义

医疗保险基金是通过法定或合同的形式，由参保者（团体或个人）在确定的条件下，交付规定数量的保险费而建立起来的一种货币资金，用来支付参保者按照保险条件规定的全部或部分医疗费用。

2. 医疗保险基金的筹集原则

医疗保险基金是医疗保险制度的物质基础，它是医疗保险机构依法通过对法定范围内的单位和人群征收医疗保险费（税）来筹集的。在筹集的过程中体现以下基本原则：

（1）法制化原则，即医疗保险基金的筹集、管理、控制等运营有法可依、有法必依、执法必严、违法必究。

（2）多方负担原则，即由国家、单位和个人三方合理负担。

（3）基本保障原则，即让参保人享受基本的药物、基本诊疗服务和基本医疗设施服务。

（4）以支定收、收支平衡、略有结余和合理增长原则，即合理确定基本医疗保险水平的基线，科学地确定缴费比例。

(5)发展性原则,即筹资比例和基数要随着社会生产力水平和社会发展状况的变化而变化。

(6)统一费率原则,即基金在统筹地区按统一的费率筹集,实行统一使用和管理,以保证基本医疗保险广覆盖的需求,在统筹地区内均衡企业的负担,促进企业间公平竞争。

3. 医疗保险基金的筹资渠道

医疗保险基金的筹资渠道主要包括:一是企业缴纳的社会医疗保险费;二是劳动者个人缴纳的社会医疗保险费;三是政府的财政资助,包括税收政策、利率政策、财政政策和国家财政直接拨款等;四是基金的投资收益,包括购买国家债券、投入银行获取利息收入等。

4. 医疗保险基金的作用

医疗保险基金的作用包括:一是增强抵御疾病经济风险能力,有效地发挥互助调剂的功能;二是保障社会成员的基本医疗服务;三是发挥储备积累作用,保障劳动者的再生产;四是增强医疗保险的经济实力。

(二)医疗保险基金的筹资模式

医疗保险基金的筹资模式可以分为现收现付模式、完全积累模式和部分积累模式三种。

1. 现收现付模式

现收现付模式(非基金式),是一种以近期横向收支平衡原则为指导的基金筹集方式。

现收现付模式的具体做法,是首先对当年或近期内社会医疗保险所需支付的费用进行测算,然后按照需要分摊到参加社会医疗保险的单位和个人,按照统一的比例进行提取、缴纳,当年提取,当年支付,保持基金的基本平衡,并不考虑社会医疗保险基金的储备。

2. 完全积累模式

完全积累模式(基金式),是一种以远期纵向收支平衡原则为指导的基金筹集方式。

完全积累模式的具体做法,是测算经济发展水平、人口、退休比率、工资指数、预期平均寿命、利率、卫生服务状况、患病率后,要求投保者的单位和个人在整个就业或投保期间,按分摊比例,以逐月储蓄积累方式筹集社会医疗保险基金。

3. 部分积累模式

部分积累模式(部分基金式),是一种介于现收现付与完全积累模式之间的混合筹资模式。

部分积累模式的具体做法,将近期横向收支平衡和远期纵向收支平衡相结合,在满足近期现实支出需要的同时,弹性的收费率还要满足较长时期内的基金积累。

	现收现付模式	完全积累模式	部分积累模式
特点	实施期限不长;以支定收,即收即付;筹资规模不大;只留供周转用的少量储备金,不提取大量积累基金。	可确定在相当长期内收支平衡的总的平均缴费比率;收大于支时,差额可以作为以后的储备金;支大于收时,储备金及其保值增值的收入可以弥补差额实现平衡。	大量业务是保证医疗保险基金的现收现付,因而要经常考虑被保险者的现实利益;少量的业务是建立有限的医疗保险积累基金,因而考虑现实的同时,还要顾及被保险者的长远利益;即可抵御大的风险又不至于加重单位和个人的负担。
优点	费率调整灵活,易于操作;负担较轻;有较好的互助共济性。	自筹自用,可增强保险意识;可较长时期抵御风险;基金来源稳定;滞后消费,可积累资金。	比较实用。
缺点	难应对大风险的爆发;不适应经济危机发生;在人口老龄化的情况下,代际矛盾突出。	实施难,变量多;难以预测变动的利率。	较难操作,即要准确测定需求总额、缴费总额和缴费比例。

(三)医疗保险基金的筹集模式

医疗保险基金的筹集模式主要包括税收模式、强制缴费模式、自由投保模式和储蓄账户模式四种。

1. 税收模式

税收模式,即国家通过财政征税的形式筹集医疗保险基金,然后由中央或地方政府逐级通过预算拨款的方式给医疗服务供方提供资金,为本国居民提供免费或低收费的医疗服务。

税收模式的特点是高度集中管理,适用于实施国家医疗保险模式。

税收模式的优点包括:一是资金量大,来源稳定;二是社会公平性高,全民享受,人人平等;三是社会共济能力强,全民分担风险;四是控制医疗费用的能力较强;五是利于宏观调控,计划性强。

税收模式的缺点包括:一是政府参与过多,服务效率低下;二是税收政策决定资金来源,医疗保险相对独立性差;三是富国可行(如英国、北欧等),发展中国家不宜采用。

2. 强制缴费模式

强制缴费模式,即国家通过法律、法规强制性地让一定收入水平范围内的居民及其单位(或雇主)按个人收入的一定比例缴纳保险费。

强制缴费模式的特点是对社会经济水平适应性较强;多方筹资,共同管理。

强制缴费模式的优点包括:一是资金来源稳定,相对独立性强;二是社会公平性高,权利与义务基本一致;三是社会共济能力强,全民分担风险;四是保险效率较高,制度统一,运行集中,管理成本较低;五是有专门机构,对费用的增长有一定的调控能力。

强制缴费模式的缺点包括:一是在社会公众之间存在一定的不公平;二是主要实行“现收现付”制,在人口老龄化的情况下,代际矛盾突出;三是不同的社会保险组织之间存在负担水平和待遇水平的差异。

3. 自由投保模式

自由投保模式,即社会人群可根据各自情况自愿参保,并缴纳一定的费用,所缴纳的量与所投保的项目和保障水平密切相关。

自由投保模式的特点是:政府很少干预;医疗保险机构分散管理;供需靠市场调节。

自由投保模式的优点包括:一是有较好的灵活性和多样性;二是消费者选择度大,促进竞争;三是商保组织对基金控制能力强;四是权利与义务对等;五是国家财政负担轻。

自由投保模式的缺点包括:一是资金来源不稳定;二是社会共济性差;三是社会公平性差;四是保险效率差,管理成本高;五是只可在经济水平和个人收入水平高的国家才可行,如美国。

4. 储蓄账户模式

储蓄账户模式,即国家通过法律规定,强制要求每一个有工作的人,包括个体业主,都要储蓄医疗基金,建立个人医疗账户,以防风险。

储蓄账户模式的特点是以一代人或几代人的医疗储蓄来抵御疾病风险。

储蓄账户模式的优点包括:一是解决了老龄者筹资和代际矛盾;二是提高费用意识,增强需方费用制约机制;三是满足不同层次消费者需求,促进医疗机构竞争;四是政府负担轻。

储蓄账户模式的缺点包括:一是社会公平一般,低收入者保障能力差;二是缺乏社会共济性。

易考点:医疗保险基金的四种筹集模式的优缺点。

四、医疗保险费用的支付

(一)医疗保险费用支付的概念

1. 医疗保险费用支付的含义

医疗保险费用支付,是社会医疗保险运行体系中的重要环节,也是社会医疗保险中最重要和最基本的职能之一。主要是指保险机构和被保险人在获得医疗服务后,向医疗服务供方支付医疗费用的行为,而社会医疗保险费支付的途径和方法则称为社会医疗保险费用支付方式。

2. 医疗保险费用支付的作用

医疗保险费用支付的作用是维持社会医疗保险基金收支平衡;调节医疗服务供需双方的行为;调控卫生资源的配置与利用;体现社会医疗保险制度取向。

(二)医疗保险需方的费用支付方式

医疗保险需方的费用支付方式包括:起付线方式、共同付费方式、最高限额保险方式和混合支付方式四种。

1. 起付线方式

起付线方式(扣除法),即由社会医疗保险机构规定医疗费用支付的最低标准,即起付线,线下由被保险人负担。

起付线的类别包括年度累计费用起付线法、单次就诊费用起付线法和单项目费用起付线法三种。

起付线方式的特点有:一是起付线以下的医疗费用由病人自付或病人与单位分担,增强被保险人的费用意识,减少浪费;二是将大量的小额费用剔除在社会医疗保险支付范围之外,减少了结算工作量,有利于降低成本;三是有利于保障高额费用的疾病风险,即保大病。

起付线方式的缺点包括:一是起付线的合理确定难度较大;二是起付线以下被保险人自付,可能导致小病也拖成大病。

2. 共同付费方式

共同付费方式(按比例支付法),即由社会医疗保险机构和被保险人按一定的比例共同支付医疗费用。

共同付费方式的特点包括:一是简单直观,易于操作,被保险人可根据自己的偿付能力适当选择医疗服务,有利于调节医疗消费,控制医疗费用;二是由于价格需求弹性的作用,被保险人往往选择价格相对较低的服务,有利于降低卫生服务的价格。

共付率是指个人自己支付的比例,即自付比例。共付率可以是固定的,也可以是变动的比例。

3. 最高限额保险方式

最高限额保险方式(封顶线),即是指保险机构为被保险人规定一个医疗保险基金支付的最高偿付限额,即封顶线 ,社会医疗保险机构支付线下医疗费用,线上费用由被保险人负担。

最高限额保险方式的特点有:一是在社会经济发展水平和各方承受能力比较低的情况下,本着保障基本医疗、提高受益面的原则,将高额医疗费用剔除在保险支付范围之外;二是限制对高额医疗服务的过度需求与过度提供;三是有利于鼓励被保险人重视卫生保健。

最高限额保险方式的缺点包括:一是将大额医疗费用的风险又还给了被保险人;二是需要通过建立各种形式的补充医疗保险对超出封顶线以上的疾病给予保障;三是封顶线的确定需要综合考虑被保险人的收入水平、社会医疗保险基金的风险分担能力、医疗救助情况等因素。

4. 混合支付方式

混合支付方式，即将上述两种以上方式结合起来应用，形成优势互补，以更有效地促进医疗保险需方合理的医疗服务需求，控制医疗费用的过度增长。目前我国基本采用该方式。

(三)医疗保险供方的费用支付方式

医疗保险供方的费用支付方式，是指社会医疗保险机构作为第三者代替被保险人向医疗服务供方支付医疗服务费用的方法，是社会医疗保险主要的费用支付方式。

1. 按服务项目支付方式

按服务项目付费是指被保险人在接受医疗服务时按照服务项目的价格计算医疗费用，然后由社会医疗保险机构向医疗服务提供方支付医疗费用，是最传统、最广泛的一种费用支付方式。

按服务项目支付方式的特点是所支付费用额取决于服务价格和实际服务质量。

按服务项目支付方式的优点包括：一是选择度大，被保险人按价求质，得到满意服务；二是利于调动医疗服务供方积极性；三是操作简单；四是符合一般的市场常规，社会医疗保险各方容易理解。

按服务项目支付方式的缺点包括：一是服务后支付，容易导致供方诱导需求现象发生；二是项目繁多，难于制定合理价格，为逐项审核，工作量增加，管理成本较高。

易考点：医疗保险中最传统、应用最广泛的一种费用支付方式是按服务项目支付。

2. 按人头支付方式

按人头付费是指社会医疗保险机构按合同规定的时间(月、季或年)，根据医疗服务对象的人数和每个人的支付定额标准，预先支付一笔固定的费用，在此期间医院提供合同规定内的医疗服务均不再另行收费。

易考点：按人头支付方式的特点是，属于预付制，医院收入与服务人数成正比。

按人头支付方式的优点包括：一是所有支付方式中费用控制效果较好的方法；二是有利于医院强化内部管理，增强医院的费用意识和经济责任；三是控制医院过度提供医疗服务；四是有利于医院开展预防工作；五是适用范围较广，管理成本较低。

按人头支付方式的缺点包括：一是减少了需方对医疗服务的选择性，不利于促进医疗服务机构之间的竞争；二是可能减少对医疗服务需方的服务量，降低服务质量；三是拒绝危重病人的就医，减少高新医疗技术的使用，引发医患矛盾。

3. 按服务人次支付方式

按服务人次支付方式(平均定额付费)，即制定每一门诊人次或每一住院人次的费用支付标准，社会医疗保险机构根据医疗服务供方实际提供的服务人次，按照每一人次的费用支付标准向医疗服务供方支付医疗服务费用。

按服务人次支付方式的特点是支付方式简单具体，易于操作。

按服务人次支付方式的优点包括：一是可使医院降低服务成本，减少过度消耗；二是因支付标准固定，利于缩短患者住院时间；三是医疗保险的结算、审核等监督管理相对简单。

按服务人次支付方式的缺点包括：一是因收入与服务次数相关，供方可诱导需求或分解服务人次以求增收；二是供方为控制成本，可能降低服务质量；三是尽管操作简单，但因种类繁多情况复杂而难以兑现。

4. 按住院床日支付方式

按住院床日支付方式(按床日标准支付)，即根据测算首先确定每一住院床日的支付标准，在被保险人住院后，由社会医疗保险机构根据被保险人实际住院的总床日数支付医疗服务供方费用。

按住院床日支付方式的特点是此方式适用于床日费用比较稳定的病种。

按住院床日支付方式的优点包括：一是医院收入与每床日实际服务成本成反比，利于降低成本，提高效率；二是支付标准单一、固定，减少医保机构工作量，从而利于降低管理成本。

按住院床日支付方式的缺点包括：一是可刺激医院以延长住院时间以增加收入，不利于有效控制医疗；二是患者病情差异很大，医院为获利，可拒收重患，让其转院；三是医院为降低成本，可减少服务成本，从而影响服务质量和被保险人的利益。

5. 按病种支付方式

按病种支付方式（按疾病诊断分类定额预付制），即根据疾病分类法，将住院病人疾病诊断分为若干组，每组又根据疾病的轻重程度以及有无并发症分为几级，对每一组不同级别的病种分别制定不同的价格，并按该价格向医院一次性支付。

易考点：预付标准从疾病的主要诊断、是否需要手术、患者年龄以及有无并发症四个方面综合平衡，确定费用。

按病种支付方式的特点是因病情明确，支付方式简单。

按病种支付方式的优点包括：一是可促使医院提供行为的变化，选择成本低、效果好的治疗方案，从而降低医疗服务成本；二是缩短住院天数，减少诱导需求；三是可促进医保机构加强科学管理，尤其是标准化管理，从而提高医保系统的管理水平。

按病种支付方式的缺点包括：一是医院为获利可夸大病情，诱导患者手术和住院，甚至重复住院，造成卫生资源的浪费；二是由于病种费用固定，医院可减少必要服务，损害患者利益；三是虽结算方式简单，但管理成本较高。

6. 总额预付制方式

总额预付制方式（总额预算），即医保机构与医院协商确定医保机构支付每个医院医疗费用的年度总预算额，额度一旦确定医院的收入不可随参保患者的增减而改变收入额。医疗费用总额一般每年协商调整一次。

总额预付制方式的特点是操作简单。

总额预付制方式的优点包括：一是能较好地控制医疗费用总量；二是由于预算额度确定，医院可以降低服务成本，提高资源利用率；三是减少医保机构工作量，节省管理费用。

总额预付制方式的缺点包括：一是由于预算额度固定，可能导致供方服务积极性和质量下降；二是因供方收入与服务量无直接联系，可影响供方提高技术、更新设备，不利于医疗技术的发展；三是由于总额预算中可变因素多，合理确定较难。

易考点：总额预算付费制是指医疗保险经办机构与医疗服务提供方协商，确定供方一年的年度总预算，保险经办机构在支付供方费用时，以此作为最高限度，相当于对供方设立一个封顶线。

7. 一体化方式

一体化方式，即医疗保险机构和医疗服务提供方作为一个整体，既收取被保险人的保险费，同时又负责为他们提供所需的医疗服务，其医疗费用的支付行为表现为机构内部的费用支出。

一体化方式的特点是为参保者寻求和提供综合性、连续性医疗服务，可为患者的全面健康负责。

一体化方式的优点包括：一是利于控制医疗费用的不合理增长；二是降低管理费用；三是一体化方式利于早发现、早治疗；四是可制约卫生服务过度利用，以减少卫生资源的浪费。

一体化方式的缺点包括：一是由于医保机构和供方成一整体，患者就医的选择性受限制；二是因对医务人员按工资付酬，不利于调动他们的积极性，还可能影响他们对患者的服务态度和服务质量。

8. 按工资标准支付方式

按工资标准支付方式（薪金制），即社会医保机构根据定点医院或其他卫生人员提供服务的时间、数量、质量及各自的技术职称为他们定期发放工资，以补偿定点医院人力资源的消耗。

按工资标准支付方式的优点包括：一是对于医保机构，能较好控制总成本和人员开支；二是对医生来说，工作和收入稳定，利于他们提高工作质量或积极配合医保工作；三是对患者来说，可在一个医疗中心接受多次治疗，就医比较方便。

按工资标准支付方式的缺点包括：一是医疗机构对重病可通过转诊转移医院的成本负担；二是按工资支付往往使患者没有固定医生，使医疗服务缺乏连续性。

第四节 我国的医疗保障制度

一、我国医疗保障体系的发展历程及现状

（一）我国传统医疗保障制度

1. 我国传统医疗保障制度的构成

中国传统的医疗保险制度始建于20世纪50年代，它基于中国城乡长期二元分割状态，由面向城镇居民的公费医疗、劳保医疗和面向农村居民的合作医疗三种制度共同构成。

公费医疗，是对国家机关、事业单位工作人员实行免费治疗和预防疾病的一种福利制度。

劳保医疗制度，是我国对实行劳动保险的企业职工及其家属规定的伤病免费医疗及预防疾病医疗的保险制度。

农村合作医疗制度，是一种集资医疗制度，医疗费用由集体和个人共同负担，在看病时享有部分免费医疗服务。“合作医疗”“保健站”和“赤脚医生”是合作医疗制度的三大支柱。

易考点：我国传统的医疗保障制度包括公费医疗、劳保医疗和合作医疗制度三种。

医疗保险制度	时间	覆盖范围	资金来源	待遇	弊端
劳保医疗	1951年，政务院发布《中华人民共和国劳动保险条例》。	国企和集体企业及其直系亲属、离退休人员等。	企业按照一定的工资比例提取。	近乎免费，直系亲属享受半费。	覆盖面积小，费用增长过快。
公费医疗	1952年，政务院发布《关于全国各级人民政府、党派、团体及所属事业单位的国家工作人员实行公费医疗的指示》。	政府机构和事业单位的工作人员和离退休人员及高校学生。	国家机关从各级财政拨款，事业单位从提取的医疗基金中开支。	大部分公费。	覆盖面积较小，费用增长过快。
合作医疗	1965年，集体保健医疗站、合作医疗站或统筹医疗站的建立。	1965年，全面普及，1976年已涵盖90%，2002年开始推行新型合作医疗。	农村居民集体和个人共同承担。	费用由集体和个人分担。	保障水平低，攻击能力较差，抗风险能力差。

2. 传统医疗保障制度的弊端及医改的缘由

传统医疗保障制度的弊端包括:一是缺乏稳定的医疗基金来源;二是医疗费用增长过快,财政不堪重负;三是对医疗供需双方缺乏有效的费用机制,医疗卫生资源浪费严重;四是医疗保障覆盖面窄;五是管理和服务的社会化程度低;六是缺乏风险互助共济功能。

进行医改的原因包括:一是我国人口基数庞大,人口越来越多,政府企业的医疗开支不堪重负;二是经济逐步发展,群众对医疗的需求向多样化、多层次服务发展;三是疾病多发的现代社会,医疗资源需要更有效的配置。

(二)我国多层次的医疗社会保险制度

1. 我国医疗保险制度的改革

由于公费、劳保医疗制度存在着难以自我克服的缺点,自 20 世纪 80 年代以来,部分单位开始进行试点和改进。1984 年 4 月,卫生部和财政部联合发出通知,提出了加强公费医疗管理的意见,要求积极慎重地改革公费医疗制度,即实行费用分担以树立费用意识,控制医疗费用的增长。1985 年以后,国家加强了对医疗机构的管理和约束,如用费用包干制来激励医生控制成本和费用开支。1992 年,广东省深圳市率先进行改革,拉开了中国城镇医疗制度向社会医疗保险迈进的改革序幕。随后,党的十四届三中全会通过了《关于经济体制改革若干问题的决定》,明确提出要建立社会统筹和个人账户相结合的社会保险制度。

1994 年,江苏省镇江市和江西省九江市两个中等城市进行医疗保险试点。1998 年,国务院发布《关于建立城镇职工基本医疗保险制度的决定》,标志着中国城镇职工医疗保险制度改革进入了一个全面发展的新阶段。2002 年国家建立新型农村合作医疗试点,2003 年开始实行农村医疗救助试点,并提出到 2010 年在全国建立基本覆盖农村居民的新农合制度。2007 年国务院发布《关于开展城镇居民基本医疗保险试点的指导意见》决定开展基本医疗保险试点。2009 年我国基本医疗保险制度已覆盖超过 12 亿人,2010 年新型农村合作医疗制度实现基本覆盖农村居民。

易考点:我国现行的社会保险制度中,覆盖范围最广的是医疗保险。

2. 我国医疗保障体系的"三纵三横"

<table>
<tr><td rowspan="2">补充层(个人、组织、社会)</td><td colspan="3">社会慈善捐助</td></tr>
<tr><td>补充医疗保障</td><td colspan="2">商业健康保险</td></tr>
<tr><td>主干层(个人、组织、政府)</td><td>城镇职工基本医疗保险
(1994 年试点)</td><td>城镇居民基本医疗保险
(2007 年试点)</td><td>新型农村合作医疗
(2002 年试点)</td></tr>
<tr><td>托底层(政府)</td><td colspan="2">城镇医疗救助(2005 年试点)</td><td>农村医疗救助(2003 年试点)</td></tr>
</table>

3. 我国基本医疗保险基金的支付原则

基本医疗保险参保人员使用西药和中成药发生的费用,超出药品目录范围的基本医疗保险基金不予支付,属于药品目录范围内的按以下原则支付:一是使用"甲类名录"的药品所发生的费用,按基本医疗保险规定的标准给予支付;二是使用"乙类目录"的药品所发生的费用,先由职工自付一定比例后,再按基本医疗保险规定的标准给予支付。

使用中药饮片所发生的费用,属于药品目录内的,基本医疗保险基金不予支付,不在药品目录内的,按基本医疗保险规定的标准给予支付。

4. 我国基本医疗保险基金个人账户的支付范围

我国基本医疗保险统筹基金个人账户划定各自支付范围，分别核算，不得互相挤占。符合基本医疗保险基金支付范围的医疗费用，由基本医疗保险统筹基金和个人账户分别支付。

个人账户支付的医疗费用包括：门诊、急诊的医疗费用；到定点零售药店购药的费用；基本医疗保险统筹基金起付标准以下的医疗费用；超过基本医疗保险统筹基金起付标准，按照比例应当由个人负担的医疗费用。个人账户不足支付部分由本人自付。

我国基本医疗保险基金支付的医疗费用包括：住院治疗的医疗费用；急诊抢救留观并收入住院治疗的，其住院前留观7日内的医疗费用；恶性肿瘤放射治疗和化学治疗、肾透析、肾移植后服抗排异药的门诊医疗费用。

基本医疗保险基金不予支付医疗费用包括：在非本人定点医疗机构就诊的，但急诊除外；在非定点零售药店购药的；因交通事故、医疗事故或者其他责任事故造成伤害的；因本人吸毒、打架斗殴或者因其他违法行为造成伤害的；因自杀、自残、酗酒等原因进行治疗的；在国外或者香港、澳门特别行政区以及台湾地区治疗的；按照国家和本市规定应当由个人自付的。

易考点：个人账户支付的医疗费用的种类以及基本医疗保险基金不予支付的费用类型。

5. 我国医疗保障体系中存在的问题

目前，我国医疗保障体系中存在的主要问题包括：一是医疗保障的覆盖率低，保障功能弱；二是现行医疗保险在向参保人员提供医疗保险服务的过程中，缺乏灵活性和社会化的管理；三是现行的医疗保险在实施过程中，由于对各大医疗机构的监管不到位，从而出现了各种问题；四是现行医疗保险制度存在小病不值得用医疗保险保、大病医疗保险保不了的状态。

二、我国的基本医疗保障体系

目前，我国已经基本形成了“三加一”的医疗保障体系，包括三大公立医疗保险，即城镇职工医疗保险、新型农村合作医疗、城镇居民基本医疗保险。此外，加上城乡医疗救助制度，分别覆盖城镇就业人口、农村人口、城镇非就业人口和城乡困难人群。

（一）城镇职工医疗保险制度

1. 城镇职工医疗保险改革的任务

中国现行的城镇职工基本医疗保险制度是在总结以往各地医疗保险改革试点经验的基础上，根据1998年12月国务院发布的《关于建立城镇职工医疗保险制度的决定》建立起来的。

中国城镇职工基本医疗保险制度是将原来的公费、劳保医疗制度实行统一管理，在全国范围内建立城镇职工基本医疗保险制度。改革所要解决的主要问题，一是切实解决职工基本医疗保险；二是有效控制医疗费用的过快增长。

2. 城镇职工医疗保险改革的原则

城镇职工医疗保险制度改革的基本原则，是“基本水平、广泛覆盖、双方负担、统账结合”。具体内容如下：

(1)“基本水平”是指基本医疗保险的保障水平要和我国社会主义初级阶段的生产力发展水平相适应。

(2)“广泛覆盖”是指基本医疗保险的保障范围要覆盖城镇所有用人单位和职工。确定广泛原则，一是为了保证在不同性质用人单位的职工都能享有基本医疗保险的权力;二是医疗保险参保人数越多,基金的共济能力越强,抵御疾病风险的能力也就越强。

(3)"双方负担"是指实行基本医疗保险费用由单位和个人共同合理负担,其中用人单位(或雇主)缴纳水平按照职工工资总额的6%左右,个人缴费从本人工资的2%起步。

(4)"统账结合"是指基本医疗保险实行社会统筹和个人账户相结合。职工个人缴纳的基本医疗保险费全部记入个人账户;用人单位缴纳的基本医疗保险费分为两部分,一部分用于建立统筹基金,一部分划入个人账户,划入个人账户的比例一般为用人单位缴费的30%左右,具体比例由统筹地区根据个人账户的支付范围和职工年龄等因素确定。

易考点:①我国城镇职工基本医疗保险制度的基本原则是,基本水平、广泛覆盖、双方负担、统账结合。②在城镇职工基本医疗保险制度中,单位缴费按职工工资总额的6%左右确定,个人缴费从本人工资的2%起步。③一般而言,基本医疗保险个人账户主要支付门诊费用和定点药店购药费用。

3. 城镇职工医疗保险的待遇标准

起付标准,是当地职工年平均工资的10%左右;最高限额,是当地职工年平均工资的4倍左右。

起付线标准以下由个人账户支付,中间由统筹基金支付,但个人也负担一定比例,超过部分通过大额医疗费用补助、企业补充保险或商业保险等途径解决。

(二)新型农村合作医疗制度

1. 新农合的概念

新型农村合作医疗制度,简称"新农合",是指由政府组织、引导、支持农民自愿参加,个人、集体和政府多方筹资,以大病统筹为主的农民医疗互助供给制度。采取个人缴费、集体扶持和政府资助的方式筹集资金。

2003年1月,国务院办公厅转发了卫生部、农业部、财政部联合发布的《关于建立新型农村合作医疗制度的意见》,要求各省从2003年起逐步建立新型农村合作医疗制度。到2007年年底,全国80%的县实现了覆盖。

新农合的建立原则包括:一是自愿参加,多方筹资,即农民以家庭为单位自愿参加新型农村合作医疗,参与人要按时足额缴纳保险费,中央和地方财政每年安排一定专项资金给予支持;二是以收定支、保障适度,即既要保证这项制度持续有效的运行,又要让农民享受到基本的医疗服务;三是先行试点,逐步推广,即通过试点总结经验,不断完善,稳步发展。

新农合目前存在的问题包括:一是保障水平低;二是新农合的宣传不到位;三是新农合制度的程序过于烦琐。

易考点:我国新型农村合作医疗制度的管理部门是卫生部门,基金筹集模式是个人账户与社会统筹账户相结合。

2. 新农合的内容

统筹层次	一般采取以县(市)为单位进行统筹,条件不具备的地方,在起步阶段也可采取以乡(镇)为单位进行统筹,逐步向县(市)统筹过渡,即我国新型农村合作医疗制度基金统筹是以县(市)为单位进行筹集、管理、使用的。

续表

参加原则	农民以家庭为单位自愿参加。
筹资标准	合作医疗筹资额一般要达到人均30元以上的标准，包括农民个人出资、集体扶持和政府支持的资金。
运作时间	每年实行一次性筹资，一般每年的第四季度为收费时间。1月1日至12月31日为一个年度合作医疗的起止时间。参加人在本年度内发生章程规定的大病住院情况，可按规定补助。
保障水平	以保大病住院为主，规定报销范围、支付比例、起付线、封顶线。
报销方式	当事人出院后，持有关凭证到村委会提出申请，村委会出具证明，由本人到镇合作医疗办公室办理报销手续，也可由村代办，镇规定每周办理报销的日期。由银行支付的，凭镇合作医疗开出取款凭证，到银行或信用社支取。
医疗救助	资助特困农户和贫困户参加合作医疗；特困农户患大病，在获合作医疗补助后仍有较大困难的，可申请医疗救助。
管理监督	登记造册、统计、审计、账目公开、年终报告及其他监督事项。实行县统筹或资金统一由县管理的，县与镇每月结算一次。

经典真题再现

[2013年甘肃省选拔万名普通高校毕业生到基层工作考试社会保障专业知识真题]

【原题】2008年年底，国务院决定将在校大学生纳入(　　)。

A. 城镇职工医疗保险　　B. 城镇居民医疗保险

C. 商业医疗保险　　D. 补充医疗保险

【解析】2008年年底，国务院决定将大学生纳入城镇居民基本医疗保险试点，大学生医保逐渐被纳入城镇居民医保范围。故选B。

(三)城镇居民基本医疗保险制度

1. 城镇居民基本医疗保险的参保范围

城镇居民基本医疗保险的参保范围包括：不属于城镇职工基本医疗保险制度覆盖范围的中小学阶段的学生(包括职业高中、中专、技校学生)、少年儿童和其他非从业城镇居民。

2. 建立城镇居民基本医疗保险制度的基本原则

建立城镇居民基本医疗保险制度的基本原则包括：一是坚持低水平起步，筹资水平和保障水平与社会经济发展水平相适应；二是坚持基本保障，重点保障城镇居民的住院和门诊大病医疗，逐步提高保障水平；三是坚持自愿原则，实行属地管理；四是坚持家庭缴费为主、政府补助和社会慈善捐助等多种渠道相结合的筹资机制；五是坚持统筹协调，做好各类医疗保障制度之间的衔接。

3. 建立城镇居民基本医疗保险制度的意义

建立城镇居民基本医疗保险制度，关系到广大人民群众的切身利益，关系到社会和谐稳定；是完善社会保障体系的重要内容，也与医疗卫生体制改革密切相关；还对我国经济又好又快发展有促进作用。

4. 城镇居民基本医疗保险的缴费和补助

城镇居民基本医疗保险以家庭缴费为主，政府给予适当补助。参保居民按规定缴纳基本医疗保险费，享受相应的医疗保险待遇，有条件的用人单位可以对职工家属参保缴费给予补助，国家对上述缴费和补助资金制定税收鼓励政策。这一规定充分体现了家庭、政府和企业的责任分担原则，明确了各方的权利和义务。

为引导和帮助广大城镇居民缴费参保，城镇居民基本医疗保险实行财政补助的政策。政府对所有参保居民给予不少于人均80元/年的补助，对城镇特殊困难群体的参保缴费再给予不少于人均60元/年的补助。中央财政对中西部地区补助一半，对东部地区参照新型农村合作医疗补助的办法给予适当补助。

5．城镇居民基本医疗保险基金的费用支付

城镇居民基本医疗保险基金的使用要坚持以收定支、收支平衡、略有结余的原则。要合理制定城镇居民基本医疗保险基金起付标准、支付比例和最高支付限额，完善支付办法，合理控制医疗费用，提高资金使用效率，保证基金的收支平衡和制度的平稳运行。探索适合困难城镇非从业居民经济承受能力的医疗服务和费用支付办法，减轻他们的医疗费用负担。城镇居民基本医疗保险基金用于支付规定范围内的医疗费用，其他费用可以通过补充医疗保险、商业健康保险、医疗救助和社会慈善捐助等方式解决。

在支付政策上与职工基本医疗保险的区别包括：一是城镇居民基本医疗保险只建立统筹基金，不建立个人账户，基金主要用于支付住院医疗和部分门诊大病医疗费用；二是基金支付比例原则上低于城镇职工基本医疗保险而高于新农合，一般为50%左右。

易考点：我国城镇居民基本医疗保险原则上与城镇职工基本医疗保险一致，由劳动保障部门所属医疗保险经办机构统一管理，基金支付比例原则上低于城镇职工基本医疗保险而高于新农合。

6．城镇居民基本医疗保险基金不予支付的费用

城镇居民基本医疗保险基金不予支付的费用包括：一是未经批准在非定点医疗机构就诊发生的医疗费用；二是参保人中断缴费期间发生的费用；三是自杀、自残（精神病除外）、打架、斗殴、酗酒、吸毒及其他因犯罪或违反《治安管理处罚法》所致伤病的费用；四是出国、出境期间发生的费用；五是因美容、矫形（功能性矫形除外）、生理缺点等进行治疗发生的费用。

经典真题再现

［2013年甘肃省选拔万名普通高校毕业生到基层工作考试社会保障专业知识真题］

【原题】根据中国《城市居民最低生活保障条例》规定，对申请人的家庭经济状况和实际生活水平进行调查核实的方法有（　　）。

A．民政搜查　　B．邻里访问　　C．入户调查　　D．信访索证

【解析】《城市居民最低生活保障条例》第七条规定，管理审批机关为审批城市居民最低生活保障待遇的需要，可通过入户调查、邻里访问以及信访索证等方式对申请人的家庭经济状况和实际生活水平进行调查核实。故选BCD。

（四）城乡医疗救助制度

1．城乡医疗救助制度的含义

城乡医疗救助制度，是指通过政府拨款和社会捐助等多渠道筹资建立基金，对患大病的农村五保户和贫困农民家庭、城市居民最低生活保障对象中未参加城镇职工基本医疗保险人员、已参加城镇职工基本医疗保险但个人负担仍然较重的人员以及其他特殊困难群众给予医疗费用补助的救助制度。

2．城乡医疗救助的对象

我国城乡医疗救助的对象包括：一是农村困难群众参保资助，即农村低保对象、五保对象、重点优抚对象、重度残疾人员参加一档合作医疗保险，个人应缴纳的参保费用除五保对象给予全额资助外，其他救

助对象给予10元的资助;二是城市困难群众参保资助,即不属于城镇职工医疗保险覆盖范围的城市低保对象、重度残疾人员、低收入老年人参加合作医疗保险,个人应缴纳的参保费用除城市低保中的"三无"人员给予全额资助外,其他救助对象参加二档的给予60元的资助,自愿参加一档的给予10元的资助;三是家庭经济困难大学生参保资助,即家庭经济困难大学生参加一档合作医疗保险的给予10元的资助,参加二档合作医疗保险的给予60元的资助。

3. 城乡医疗救助的标准

对城乡重度残疾人员、城镇低收入老年人以及其他低收入人员,其患病住院医疗费用经城乡居民合作医疗保险或城镇职工医疗保险按规定报销后,自付医疗费用超过2000元的,超过部分按不低于40%的比例给予救助,全年累计救助的封顶线不低于3000元。对家庭经济困难大学生,经城乡居民合作医疗保险报销和学校资助体系资助后,自付医疗费用仍然过高的,可再给予适当的临时医疗救助。对城乡低保对象、农村五保对象接受住院医疗救助后,个人负担医疗费用仍十分困难的,可再给予一定金额的临时医疗救助。

4. 现行城乡医疗救助制度存在的问题

现行城乡医疗救助制度存在的问题包括:一是城乡医疗救助制度存在着明显差异;二是医疗救助资金单一、缺乏有效筹集机制且救助资源配置不平衡;三是医疗救助标准设置低、保障标准低;四是管理体制不健全,缺乏相关的法律法规。

强化提升训练

一、单项选择题

1. 我国新型农村合作医疗保险的管理部门是(　　)。

A. 人力资源和社会保障部　　B. 民政部

C. 卫生部　　D. 财政部

2. 医疗保险费用的支付方式中,相当于为供方设立了一个封顶线的方式是(　　)。

A. 总额预算付费制　　B. 按服务数量付费制

C. 按服务病种付费制　　D. 按项目付费制

3. 我国新型农村合作医疗制度的基金筹集模式是(　　)。

A. 完全积累模式　　B. 个人账户与社会统筹账户相结合

C. 现收现付模式　　D. 部分积累模式

二、多项选择题

1.《社会保险法》第三十条规定,下列医疗费用不纳入基本医疗保险基金支付范围的是(　　)。

A. 应当从工伤保险基金中支付的　　B. 应当由第三人负担的

C. 应当由公共卫生负担的　　D. 在境外就医的

2. 职工基本医疗保险中个人账户的经费主要用于支付(　　)。

A. 门诊费用　　B. 起付线以下费用

C. 在定点药店购物费用　　D. 起付线以上费用

3. 医疗保险基金筹集的原则是(　　)。

A. 以支定收　　B. 以收定支　　C. 收支平衡　　D. 略有结余

三、判断题

1. 城镇居民基本医疗保险实行个人缴费和政府补贴相结合。享受最低生活保障的人、丧失劳动能力的残疾人、低收入家庭60周岁以上的老年人和未成年人等所需个人缴费部分,由政府给予补贴。　(　　)

2. 参加医疗保险的城镇职工,其在同一医保年度内发生的住院费用全部由统筹基金支付。　(　　)

3. 20世纪50年代初,我国在城镇职工范围内建立起了城镇职工的医疗保险制度,这种传统的职工医疗保障体制的主体由个人医疗和合作医疗构成。　(　　)

参考答案与解析

一、单项选择题

1. C【解析】我国新型农村合作医疗制度由农民自愿参加,并由卫生部门进行管理。

2. A【解析】总额预算付费制是指医疗保险经办机构与医疗服务提供方协商,确定供方一年的年度总预算,保险经办机构在支付供方费用时,以此作为最高限度,相当于对供方设立一个封顶线。

3. B【解析】我国新型农村合作医疗制度的基金筹集模式采用个人账户与社会统筹账户相结合的方式。

二、多项选择题

1. ABCD【解析】根据《社会保险法》第三十条规定,下列四种医疗费用不纳入基本医疗保险基金支付范围，一是应当从工伤保险基金中支付的；二是应当由第三人负担的；三是应当由公共卫生负担的；四是在境外就医的。

2. ABC【解析】基本医疗保险统筹基金用于支付住院费和符合医疗保险规定应当由统筹基金支付的医疗费用。医疗保险中的个人账户用于支付门诊费用、统筹基金起付标准以下和最高支付限额以上以及按规定在统筹基金中自付的医疗费用。

3. BCD【解析】为了保证医疗保险的顺利运行，医疗保险基金筹集的基本原则是以收定支、收支平衡和略有结余。

三、判断题

1. T【解析】《社会保险法》第二十五条规定，国家建立和完善城镇居民基本医疗保险制度，城镇居民基本医疗保险实行个人缴费和政府补贴相结合。享受最低生活保障的人、丧失劳动能力的残疾人、低收入家庭60周岁以上的老年人和未成年人等所需个人缴费部分，由政府给予补贴。

2. F【解析】统筹基金的起付标准由市人力资源社会保障部门同市财政部门，根据职工工资水平和统筹基金的收支状况适时调整。起付标准以下的医疗费用，从个人账户中支付或由个人自付；起付标准以上、最高支付限额以下的医疗费用，主要从统筹基金中支付，个人也要负担一定比例。

3. F【解析】20世纪50年代初，我国建立的城镇职工的医疗保险制度，主要由合作医疗和公费医疗构成。

第四章　工伤保险

本章提要：

熟悉工伤及工伤保险的含义、性质、原则等基本知识，重点掌握工伤保险的模式及我国工伤保险制度的主要内容。

重要考点	出题频次	经典例题	命题趋势
工伤保险概述	★★★	为工作原因造成伤害的劳动者及其家属提供经济补偿的社会保障制度是(D)。 A. 医疗保险　B. 失业保险 C. 社会救助　D. 工伤保险	重点考查工伤及工伤保险的含义、性质、原则，常以选择题或判断题的形式进行考查
工伤保险的模式	★★	工伤保险的基本模式有(ABC)。 A. 雇主责任制保险模式　B. 工伤社会保险模式 C. 混合保险模式　D. 现收现付保险模式	重点考查工伤保险三种模式的特点及其代表国家，常以选择题或判断题的形式进行考查
我国的工伤保险制度	★★★★	职工因工伤死亡，其丧葬补助费为(D)个月本企业年均工资。 A. 2　B. 3　C. 4　D. 6	重点考查我国工伤保险制度的主要内容，常以选择题或判断题的形式进行考查

第一节　工伤保险概述

一、工伤与工伤保险的概念

1. 工伤的含义

工伤也称职业伤害，是指劳动者在从事职业工作或在规定的某些特殊情况下，遭受的意外伤害或职业病，是工业社会的产物。现代的“工伤”，既包括因工作或与工作有关的原因所导致的意外伤害，还包括因工作原因接触到职业性有毒、有害等因素所造成的职业病。

易考点：在国际术语中，“职业伤害”一般用来代替“工伤”而非“职业病”。

2. 工伤保险的含义

工伤保险又称职业伤害保险，是指劳动者在工作中或在规定的某些特殊情况下，因遭受意外和患职业病，暂时或永久丧失劳动能力以及死亡时，劳动者或遗属从国家和社会获得物质帮助的一种社会保险制度。

易考点：①德国是世界上最早颁布工伤保险法的国家，并最早提出“补偿不究过失原则”。“补偿不究过失原则”指的是，在劳动者负伤后，不论事故责任在哪一方都应该得到补偿。

经典真题再现

［2013 年甘肃省选拔万名普通高校毕业生到基层工作考试社会保障专业知识真题］

【原题】2012 年 1 月 1 日起施行的《甘肃省工伤保险缴费率浮动管理办法》第三条规定，根据不同行业的工伤风险程度，参照《国民经济行业分类》(GB/T4754—2002)，将行业划分为三个类别。按照这一标准，事业单位、社会团体、民办非企业单位属于(　　)。

A. 一类行业　　B. 二类行业　　C. 三类行业　　D. 视具体工作而定

【解析】参照《国民经济行业分类》(GB/T4754—2002)，将行业划分为三个类别：第一类是风险较小的行业；第二类是中等风险的行业；第三类是风险较大的行业。事业单位、社会团体、民办非企业单位属于风险较小的一类行业。故选 A。

二、工伤保险的性质及作用

1. 工伤保险的性质

与其他社会保险项目相比，工伤保险最优厚、保险内容最全面、保险服务最周全，除具有强制性、普遍性、互济性等外，还具有补偿与保障的双重性。其双重性具体表现在：

(1)补偿性，即工伤保险费用不实行分担制，而是由用人单位(企业)独自承担，劳动者个人不需缴纳保险费用，政府一般也不补贴。

(2)福利性，即工伤保险基金属于劳动者所有，是保障劳动者安全健康的物质基础，专款专用，国家不征税，并由国家财政提供担保。

易考点：①工伤保险的补偿性是区别于其他社会保险的最显著特征。②工伤保险的费用由用人企业或雇主独自缴纳，劳动者个人不需缴费。

2. 工伤保险的作用

纵观各国的工伤保险，其在实践中的作用主要有：一是工伤保险是维护劳动者最基本权益的重要手段；二是工伤保险是分散行业或企业的职工伤害风险，减轻行业或企业负担的重要措施；三是工伤保险是建立工伤事故和职业危害防范机制的重要条件。

三、工伤保险的基本原则

工伤保险的基本原则主要包括以下几个方面：

(1)无过失补偿原则，即在劳动者负伤后，不管过失在谁，都可获得收入补偿，保障其基本生活。

(2)个人不缴费原则，即工伤保险费由企业或雇主缴纳，劳动者个人不缴费。

(3)保障和赔偿相结合的原则，即社会保险制度的一项基本原则就是保障原则，此外工伤保险还具有赔偿原则。

(4)预防与补偿、康复相结合的原则，即工伤预防、工伤补偿与工伤康复三者是密切相连的。工伤预防是最基本的内容，各国政府都致力于采取各项措施减少工伤事故的发生；工伤事故发生后应立即对受害者予以医治并给予经济补偿；救治之后还要及时对受伤害者进行康复及职业康复，使其尽可能恢复劳动力，尽可能减少或避免劳动力资源的浪费。

(5)区别因工和非因工的原则，即只要是“因工”受到伤害的，待遇不受年龄、性别、缴费期限等的限制且待遇水平比其他社会保险水平要高。而“因病”或“非因工”的待遇在许多国家就比“因工”待遇低得多。

(6)一次性补偿与长期补偿相结合原则,即对"因工"而部分或全部丧失劳动能力的职工或是"因工"死亡的职工,工伤保险机构对受伤者或死亡职工遗属应一次性支付补偿金。此外,对受伤者所供养的亲属,根据情况要支付抚恤金直到其失去供养条件为止。

(7)确定伤残和职业病等级原则,即工伤保险待遇是根据伤残和职业病等级而分类确定的。

(8)区别受伤害者直接经济损失与间接经济损失原则,即直接经济损失是指劳动者发生工伤事故后,个人所遭受的经济损失,这种经济损失与其直接经济收入即工资收入相关,这种损失直接影响劳动者及其亲属的生活因而必须给予及时的、较为优厚的补偿;间接经济损失是指受伤害者直接收入以外的其他经济损失,这部分不应列入工伤保险的经济补偿范围。

经典真题再现

[2013 年甘肃省选拔万名普通高校毕业生到基层工作考试社会保障专业知识真题]

【原题】工伤保险设计的原则不包含(　　)。

A. 补偿不追究过失原则　　B. 保障与赔偿相结合的原则

C. 补偿与预防、康复相结合的原则　　D. 一次性补偿原则

【解析】工伤保险遵循的基本原则包括:一是无责任补偿原则;二是国家立法、强制实施原则;三是风险分担、互助互济原则;四是个人不缴费原则;五是区别因工与非因工原则;六是经济赔偿与事故预防、职业病防治相结合原则;七是一次性补偿与长期补偿相结合原则;八是确定伤残和职业病等级原则;九是区别直接经济损失与间接经济损失原则;十是保障与赔偿相结合的原则。故选 D。

第二节　工伤保险的模式

在世界范围内,建立了工伤保险制度的国家大体可以分为三种模式,即雇主责任制保险模式、工伤社会保险模式以及混合型保险模式。其中,绝大多数国家或地区实行工伤社会保险制度,部分国家或地区实行雇主责任保险制度,极少数国家采用混合型保险制度。

一、雇主责任制保险模式

雇主责任制保险,是指以雇主为投保者,通过与保险公司签订雇主责任保险合同,当劳动者遭受工伤事故或职业病后,由保险公司负责向劳动者或其遗属赔偿的一种保险。属于这种类型的国家或地区有马来西亚、乌拉圭、哥斯达黎加等国家以及中国香港地区等。

在这种模式下,国家立法对企业或雇主的赔偿责任和最低赔偿标准做出明确规定,并要求某些工伤风险较大、事故发生频率较高的行业必须向商业保险公司投保工伤保险。

雇主责任制保险模式存在着自身难以完全克服的弊端,它主要表现在:一是劳动者获得赔偿较难;二是企业抗风险的能力较弱;三是工伤待遇较低,且多为一次性支付;四是商业保险具有局限性。

二、工伤社会保险模式

工伤社会保险模式,是指由国家通过立法强制实施,由政府成立的专门机构或社会公共机构统一管理,对工伤保险基金实行社会统筹,共同承担工伤风险,为工伤者提供法定的全面的保障,它是社会保险制度的重要组成部分。

工伤社会保险模式的特点包括：一是由国家强制实行，用人单位必须参保；二是用人单位按照约定的缴费比例定期缴纳工伤保险金；三是长期、短期待遇相结合，既保障工伤职工当前医疗、康复需求，又有计划地保障伤残职工及工亡职工遗属的长期生活。

在各国的工伤社会保险实践中，又有不同的管理模式：

(1)工伤保险独立于其他社会保险制度之外，在管理和基金方面拥有自主权。属于这种类型的国家有德国、日本、加拿大、意大利等。

(2)工伤保险虽独立于其他社会保险制度之外，但受同一机构的行政管理。属于这种类型的国家有法国、菲律宾、奥地利等。

(3)工伤保险包括在整个社会保险制度之中。属于这种类型的有中国、英国、阿尔巴尼亚、哥伦比亚、巴拿马等。

三、混合型保险模式

混合型保险模式，是指同时兼有雇主责任制保险和工伤社会保险的模式。目前世界上实行这种模式的国家很少，只有美国、印度等极少数国家。

第三节　我国的工伤保险制度

一、我国工伤保险的发展与存在的问题

1. 我国工伤保险的发展

我国的工伤保险制度始于20世纪50年代，1951年2月26日，中央人民政府（政务院）公布了《中华人民共和国劳动保险条例》，这是中国第一部包括工伤保险在内的全国性的社会保险统一法规，标志着工伤保险制度的初步建立。1953年1月2日，政务院发布了《关于中华人民共和国劳动保险条例若干修正的决定》，同时公布了修正后的《中华人民共和国劳动保险条例》。

1957年2月28日，卫生部制定并颁布了《职业病范围和职业病患者处理办法的规定》，首次将严重危害工人、职员身体健康，职业性比较明显的职业中毒、尘肺、职业性皮肤病等14种职业病正式列入了工伤保险的保障范畴。1987年11月5日，卫生部、劳动人事部、财政部和全国总工会又制定并颁布了新的《职业病范围和职业病患者处理办法的规定》，将职业病的范围扩大到9类99种。

2003年4月，国务院通过了《工伤保险条例》，并自2004年1月1日起施行。《工伤保险条例》提高了工伤保险的立法层次，扩大了适用范围，把以往一些行之有效的政策措施以法规的形式固定下来，明确了用人单位和职工的责任，是我国社会保障法制化进程中具有里程碑意义的大事，标志着工伤保险制度改革进入了一个崭新的发展阶段。

2011年，我国对《工伤保险条例》又进行了重大的修改，并对工伤认定范围、工伤鉴定及争议处理程序、工伤待遇标准、不参保单位处罚力度进行了重大调整。通过修改加大了对用人单位违法的处罚力度，提高了工伤待遇标准，从而增加了用人单位的法律风险。

2. 我国工伤保险存在的主要问题

我国工伤保险主要存在的问题包括：一是各地对工伤认定范围问题，特别是上下班途中受到机动车事故伤害，以及因违反治安管理和道路交通安全管理受到伤害是否认定为工伤问题争议较大；二是工伤认定、劳动能力鉴定和争议处理程序复杂，落实待遇时间过长；三是对不参保用人单位的处罚力度不够，影响了用人单位的参保积极性；四是未参保工伤职工的伤亡待遇难以落实；五是工伤保险的适用范围、基

金支付项目、缴费方式、待遇标准等也需修改完善。

二、我国工伤保险制度的基本内容

（一）工伤保险的目的、原则

《工伤保险条例》规定，建立工伤保险制度的主要目的：一是保障因工作遭受事故伤害或者患职业病的职工获得医疗救治和经济补偿；二是促进工伤预防和职业康复；三是分散用人单位的工伤风险。

根据《工伤保险条例》及有关规定，工伤保险除了具有社会保险一般原则，还强调了以下原则：一是与社会主义初级阶段生产力发展水平相适应的原则；二是倡导社会主义道德风尚的原则；三是切实维护和保障职工基本权益的原则；四是权利与义务相结合的原则。

（二）工伤保险的实施范围

《工伤保险条例》规定，中华人民共和国境内的企业与事业单位、社会团体、民办非企业单位、基金会、律师事务所、会计师事务所等组织和有雇工的个体工商户应当依照本条例规定参加工伤保险或者雇工缴纳工伤保险费。

适用范围内的单位，即未参加工伤保险期间用人单位职工发生工伤的，由该用人单位按照本条例规定的工伤保险待遇项目和标准支付费用。使用范围内的职工，即是指与用人单位存在劳动关系（包括事实劳动关系）的各种用工形式、各种用工期限的劳动者。

（三）工伤保险基金

1. 工伤保险基金的构成

根据《工伤保险条例》规定，工伤保险基金由用人单位缴纳的工伤保险费、工伤保险基金的利息和依法纳入工伤保险基金的其他资金构成。用人单位必须按时向社会保险经办机构申报缴费基数，按时缴纳工伤保险费。用人单位缴纳工伤保险费的数额为本单位职工工资总额乘以单位缴费费率之积，职工个人不缴纳工伤保险费。

2. 工伤保险费率的确定

易考点：国家根据不同行业的工伤风险程度确定行业的差别费率，同时建立单位缴费浮动机制，根据用人单位的工伤发生情况和工伤保险费使用情况调整用人单位的缴费费率。

工伤保险缴费费率的确定，主要包括：

（1）差别费率。从操作程度看，规定最低费率和最高费率，在这个区间内，再依据企业或行业的风险程度和工伤频率将工伤保险费率分成若干个等级。中国主要采取该方式确定费率。

（2）费率浮动机制。浮动费率是在执行差别费率的基础上，每年对各个企业的劳动安全和劳动卫生状况以及保险费用支出情况进行评估后，适当调高或调低企业下一年度工伤保险费率，实行上下浮动。调整工伤保险浮动费率的标准通常有，工伤事故或职业病发生频率、负伤严重率、千人死亡率及工伤保险费用支付率等的增减变化。

（3）统一费率。统一费率是按照法定统筹范围内的预测开支需求，与相同范围内企业的工资总额相比较，求出一个总的工伤保险费率，所有企业都按统一的比例缴费。

3. 工伤保险基金的管理

工伤保险基金在直辖市和设区的市实行全市统筹，其他地区的统筹层次由省、自治区人民政府确定。跨地区、生产流动性较大的行业，可以采取相对集中的方式异地参加统筹地区的工伤保险。工伤保险基金实行收支两条线管理，工伤保险基金收入存入社会保障基金财政专户，用于《工伤保险条例》规定的工伤保险待遇、劳动能力鉴定以及法律、法规规定的用于工伤保险的其他费用的支付。

《工伤保险条例》还规定，劳动保障行政部门依法对工伤保险费的征缴和工伤保险基金的支付情况进行监督检查，财政部门和审计机关依法对工伤保险基金的收支、管理情况进行监督，以保证基金安全。此外，针对工伤事故发生具有不确定性的特点，为了应对重大工伤事故的发生，防范基金风险，《工伤保险条例》同时还规定建立储备金，用于统筹地区重大事故的工伤保险待遇支付，储备金不足支付的，由统筹地区的人民政府垫付。

（四）工伤认定的范围

1. 认定为工伤的情况

《工伤保险条例》第十四条规定，职工有下列情形之一的，应当认定为工伤：一是在工作时间和工作场所内，因工作原因受到事故伤害的；二是工作时间前后在工作场所内，从事与工作有关的预备性或者收尾性工作受到事故伤害的；三是在工作时间和工作场所内，因履行工作职责受到暴力等意外伤害的；四是患职业病的；五是因工外出期间，由于工作原因受到伤害或者发生事故下落不明的；六是在上下班途中，受到非本人主要责任的交通事故或者城市轨道交通、客运轮渡、火车事故伤害的；七是法律、行政法规规定应当认定为工伤的其他情形。

经典真题再现

［2013 年甘肃省选拔万名普通高校毕业生到基层工作考试社会保障专业知识真题］

【原题】依据《工伤保险条例》，下列不属于工伤的是(　　)。

A. 工作时间内突发疾病死亡

B. 患职业病

C. 上下班途中受到机动车事故伤害

D. 因为私人原因，王某在上班时间在车间被张某打伤

【解析】根据《工伤保险条例》第十四条规定，A，B，C 三项均符合工伤认定的条件。故选 D。

2. 视同工伤的情况

《工伤保险条例》第十五条规定，职工有下列情形之一的，视同工伤：一是在工作时间和工作岗位，突发疾病死亡或者在 48 小时之内抢救无效死亡的；二是在抢险救灾等维护国家利益、公共利益活动中受到伤害的；三是职工原在军队服役，因战、因公负伤致残，已取得革命伤残军人证，到用人单位后旧伤复发的。

3. 不得认定为工伤的情况

《工伤保险条例》第十六条规定，职工符合本条例第十四、十五条的规定，但有下列情形之一的，不得认定为工伤或者视同工伤：一是故意犯罪的；二是醉酒或者吸毒的；三是自残或者自杀的。

易考点：认定为工伤、视同工伤和不得认定为工伤的具体情形。

4. 职业病

广义的职业病是指劳动者在职业活动中，因接触职业性有毒有害环境（如粉尘、噪音、高温、放射性、致病微生物等）而引起的所有疾病。在法律上职业病有一定的界限，通常是国家主管部门明文规定了的

才能称为职业病,即为法定职业病。

易考点:职业病的特点包括,一是较长时间形成,具有隐匿性和迟发性;二是大多表现为体内器官生理功能的损伤;三是很少有痊愈的可能性,属于不可逆的损伤。

2002年,卫生部、劳动保障部发布《职业病目录》,该目录规定的职业病共10类115种疾病。其中的10类是指:尘肺、职业性放射性疾病、职业中毒、物理因素所致职业病、生物因素所致职业病、职业性皮肤病、职业性眼病、职业性耳鼻喉口腔疾病、职业性肿瘤和其他职业病。

(五)工伤认定的程序

《工伤保险条例》规定,职工发生工伤事故伤害或者被诊断为职业病后,用人单位应当在30日内向统筹地区劳动保障行政部门提出工伤认定申请。用人单位不按规定提出工伤认定申请的,工伤职工或者其直系亲属、工会组织可以在事故伤害发生或者诊断为职业病后1年内,提出工伤认定申请。工伤认定申请应当提交《工伤认定申请表》、与用人单位存在劳动关系的证明材料、医疗诊断证明或者职业病诊断证明。劳动保障行政部门受理工伤申请后,可以对证据进行调查核实,用人单位和职工等有关部门和个人应予以配合。劳动保障行政部门自受理工伤认定申请之日起60日内做出工伤认定决定,并书面通知申请工伤认定的职工或者其直系亲属和该职工所在单位。职工或者其直系亲属、用人单位对工伤认定决定不服的,可以依法申请行政复议。对复议决定不服的,可以依法提起行政诉讼。

(六)工伤鉴定

工伤鉴定,是指劳动者因工伤事故或职业病致残后,由国家法律规定的工伤鉴定机构对其丧失劳动能力的程度进行鉴定以确定伤残等级的法定检验与评价。

工伤级别鉴定标准就是对劳动能力的鉴定,指劳动功能障碍程度和生活自理障碍程度的等级鉴定。劳动功能障碍分为十个伤残等级,最重为一级,最轻为十级。生活自理障碍分为三个等级,即生活完全不能自理、生活大部分不能自理和生活部分不能自理。劳动能力鉴定标准由国务院劳动保障行政部门会同国务院卫生行政部门等部门制定。

级别	级别综合判定依据
一级	器官缺失或功能完全丧失,其他器官不能代替,存在特殊医疗依赖,生活完全或大部分不能自理者。
二级	器官严重缺损或畸形,有严重功能障碍或并发症,需特殊医疗依赖,或生活大部分不能自理者。
三级	器官严重缺损或畸形,有严重功能障碍或并发症,存在特殊医疗依赖,或生活部分不能自理。
四级	器官严重缺损或畸形,有严重功能障碍或并发症,存在特殊医疗依赖,生活可以自理。
五级	器官大部分缺损或畸形,有较重功能障碍或并发症,存在一般医疗依赖,生活能自理。
六级	器官大部分缺损或畸形,有中等功能障碍或并发症,存在一般医疗依赖,生活能自理。
七级	器官大部分缺损或畸形,有轻度功能障碍,存在一般医疗依赖,生活能自理。
八级	器官部分缺损,形态异常,轻度功能障碍,有医疗依赖,生活能自理。
九级	器官部分缺损,形态异常,轻度功能障碍,无医疗依赖,生活能自理。
十级	器官部分缺损,形态异常,无功能障碍,无医疗依赖,生活能自理。

经典真题再现

[2013年甘肃省选拔万名普通高校毕业生到基层工作考试社会保障专业知识真题]

【原题】落实工伤待遇的基础和前提条件是(　　)。

A. 劳动能力鉴定　　B. 工伤预防　　C. 工伤康复　　D. 工伤赔偿

【解析】劳动能力鉴定是指劳动功能障碍程度和生活自理障碍程度的等级鉴定,是落实工伤待遇的基础和前提条件,是工伤保险管理的一项重要工作。故选A。

（七）工伤保险待遇

易考点：工伤保险待遇包括工伤医疗、康复待遇，因工致残待遇，因工死亡待遇三部分。

经典真题再现

［2013 年甘肃省选拔万名普通高校毕业生到基层工作考试社会保障专业知识真题］

【原题】计划经济体制下我国工伤保险待遇，主要包括（　　）。

A. 医疗待遇　　B. 残疾待遇

C. 死亡待遇　　D. 医疗救助

【解析】工伤保险待遇包括工伤医疗、康复待遇，因工致残待遇，因工死亡待遇三部分。故选 ABC。

1. 工伤医疗、康复待遇

《工伤保险条例》第三十条规定，职工因工作遭受事故伤害或者患职业病进行治疗，享受工伤医疗待遇。职工治疗工伤应当在签订服务协议的医疗机构就医，情况紧急时可以先到就近的医疗机构急救。治疗工伤所需费用符合工伤保险诊疗项目目录、工伤保险药品目录、工伤保险住院服务标准的，从工伤保险基金支付。工伤保险诊疗项目目录、工伤保险药品目录、工伤保险住院服务标准，由国务院社会保险行政部门会同国务院卫生行政部门、食品药品监督管理部门等部门规定。职工住院治疗工伤的，由所在单位按照单位因工出差伙食标准的 70% 发给伙食补助费；经医疗机构出具证明，报经办机构同意，工伤职工到统筹地区以外就医所需的交通、食宿费用从工伤保险基金支付，基金支付的具体标准由统筹地区人民政府规定。工伤职工治疗非工伤引发的疾病，不享受工伤医疗待遇，按照基本医疗保险办法处理。工伤职工到签订服务协议的医疗机构进行工伤康复的费用，符合规定的，从工伤保险基金支付。

《工伤保险条例》第三十二条规定，工伤职工因日常生活或者就业需要，经劳动能力鉴定委员会确认可以安装假肢、矫形器、假眼、假牙和配置轮椅等辅助器具，所需费用按照国家规定的标准从工伤保险基金支付。第三十三条规定，职工因工作遭受事故伤害或者患职业病需要暂停工作接受工伤医疗的，在停工留薪期内，原工资福利待遇不变，由所在单位按月支付。停工留薪期一般不超过 12 个月。伤情严重或者情况特殊，经设区的市级劳动能力鉴定委员会确认，可以适当延长但延长不得超过 12 个月。工伤职工评定伤残等级后，停发原待遇，享受伤残待遇。工伤职工在停工留薪期满后仍需治疗的，继续享受工伤医疗待遇。生活不能自理的工伤职工在停工留薪期需要护理的，由所在单位负责。

经典真题再现

［2013 年甘肃省选拔万名普通高校毕业生到基层工作考试社会保障专业知识真题］

【原题】中国基本医疗保险的"三个目录"包括（　　）。

A. 医用材料目录　　B. 诊疗目录

C. 医疗服务设施标准目录　　D. 药品目录

【解析】《社会保险法》第二十八条规定，符合基本医疗保险药品目录、诊疗项目、医疗服务设施标准以及急诊、抢救的医疗费用，按照国家规定从基本医疗保险基金中支付。由此可知，我国医疗保险的三个目录为诊疗目录、药品目录以及医疗服务设施标准目录。故选 BCD。

2. 因工致残待遇

<table>
<tr><th colspan="2">伤残等级</th><th colspan="2">基金支付一次性伤残补助</th><th>劳动关系</th><th colspan="3">按月支付伤残津贴</th><th>社会保险费</th><th>退休待遇</th></tr>
<tr><td rowspan="4">一至四级</td><td>一级</td><td rowspan="10">本人工资</td><td>27 个月</td><td rowspan="4">保留劳动关系，退出岗位。</td><td rowspan="6">本人工资</td><td>90%</td><td rowspan="4">基金支付</td><td rowspan="6">用人单位和个人按规定缴纳。</td><td rowspan="6">停发伤残津贴，享受基本养老保险，并补差额。</td></tr>
<tr><td>二级</td><td>25 个月</td><td>85%</td></tr>
<tr><td>三级</td><td>23 个月</td><td>80%</td></tr>
<tr><td>四级</td><td>21 个月</td><td>75%</td></tr>
<tr><td rowspan="2"></td><td>五级</td><td>18 个月</td><td rowspan="2">若难以安排工作，退出岗位。</td><td>70%</td><td rowspan="2">单位支付</td></tr>
<tr><td>六级</td><td>16 个月</td><td>60%</td></tr>
<tr><td rowspan="4">七至十级</td><td>七级</td><td>13 个月</td><td rowspan="4">劳动合同期满可终止。</td><td rowspan="4" colspan="5">单位或个人提出终止劳动合同，用人单位按照当地相关规定支付一次性工伤医疗补助金和伤残就业补助金。</td></tr>
<tr><td>八级</td><td>11 个月</td></tr>
<tr><td>九级</td><td>9 个月</td></tr>
<tr><td>十级</td><td>7 个月</td></tr>
</table>

3. 因工死亡待遇

《工伤保险条例》第三十九条规定，职工因工死亡，其近亲属按照下列规定从工伤保险基金领取丧葬补助金、供养亲属抚恤金和一次性工亡补助金。

项目	标准	限制条件
丧葬补助费	6 个月统筹地区上年度职工月平均工资。	
供养亲属抚恤金	工亡职工生前工资的一定比例，配偶每月 40%，其他亲属每人每月 30%，孤寡老年人或者孤儿每人每月在上述标准的基础上增加 10%。	各项之和不应高于工亡职工生前工资。
一次性工亡补助金	上一年度全国城镇居民人均可支配收入的 20 倍。	

《工伤保险条例》第四十一条规定，职工因工外出期间发生事故或者在抢险救灾中下落不明的，从事故发生当月起 3 个月内照发工资，从第 4 个月起停发工资，由工伤保险基金向其供养亲属按月支付供养亲属抚恤金。生活有困难的，可以预支一次性工亡补助金的 50%。职工被人民法院宣告死亡的，按照职工因工死亡的规定处理。

（八）工伤保险的监督与管理

为了保证工伤保险的正常运行，《工伤保险条例》对工伤保险的监督管理做了以下具体规定：工伤保险经办机构具体承办工伤保险事务，包括征收工伤保险费；核查用人单位的工资总额和职工人数，办理工伤保险登记，并负责保存用人单位缴费和职工享受工伤保险待遇情况的记录；进行工伤保险的调查、统计；管理工伤保险基金的支出；核定工伤保险待遇；为工伤职工或者其直系亲属免费提供咨询服务。

劳动保障行政部门依法对工伤保险费的征缴和工伤保险基金的支付情况进行监督检查，并要定期听取工伤职工、医疗机构、辅助器具配置机构以及社会各界对改进工伤保险工作的意见，对有关工伤保险违法行为的举报及时进行调查，按照规定处理，并为举报人保密。此外，《工伤保险条例》还规定财政部门和审计机关依法对工伤保险基金的收支、管理情况进行监督，工会组织依法维护工伤职工的合法权益，对用人单位的工伤保险工作实行监督。

（九）工伤保险的法律责任

《工伤保险条例》对用人单位不按规定参加工伤保险、工伤鉴定机构的违规行为、工伤保险经办机构的违规行为、劳动保障行政部门的违规行为，以及单位或个人挪用工伤保险金、骗取工伤保险待遇的行为所应当承担的法律责任等制定了具体的规定，对构成犯罪的依法追究刑事责任。

强化提升训练

一、单项选择题

1. 工伤保险的“无过失补偿原则”指的是(　　)。
   A. 不论事故责任在哪一方都应该补偿　　B. 只有雇主有过失才补偿
   C. 只有雇员有过失才补偿　　D. 即使雇员没有过失也不补偿
2. 工伤保险资金的主要来源渠道是(　　)。
   A. 国家税收　　B. 政府补贴　　C. 个人缴费　　D. 参保单位缴费
3. 在我国,工伤等级是根据受伤者丧失劳动能力的程度确定的。丧失劳动能力的程度可划分为(　　)。
   A. 一种　　B. 二种　　C. 三种　　D. 四种

二、多项选择题

1. 享受工伤保险待遇的条件是(　　)。
   A. 用人单位缴纳工伤保险费　　B. 事故伤害
   C. 患职业病　　D. 工作原因
2. 从各国工伤保险的实践来看,工伤保险费率主要有(　　)。
   A. 累进费率　　B. 统一费率　　C. 差别费率　　D. 浮动费率
3. 工伤保险待遇主要包括(　　)。
   A. 医疗待遇　　B. 养老待遇　　C. 伤残待遇　　D. 死亡待遇

三、判断题

1. 在我国,凡是从事与工作相关的活动时发生的工伤事故或职业病,均可享受工伤社会保险。　(　　)
2. 工伤保险基金实行社会统筹与个人账户相结合的方式。　(　　)
3. 临时工在工作场所和工作时间内因工作原因而受伤,不能享受国家规定的工伤保险待遇。　(　　)

参考答案与解析

一、单项选择题

1. A【解析】工伤保险的实施一般要遵循无过失补偿原则,无过失补偿原则即在劳动者负伤后,不管过失在谁,均可获得收入补偿,保障其基本生活。
2. D【解析】根据《工伤保险条例》规定,工伤保险基金由用人单位缴纳的工伤保险费、工伤保险基金的利息和依法纳入工伤保险基金的其他资金构成。用人单位必须按时向社会保险经办机构申报缴费基数,按时缴纳工伤保险费。
3. C【解析】在我国一般将因工伤而造成劳动能力的丧失分为三种,即完全丧失劳动能力、大部分丧失劳动能力和部分丧失劳动能力。

二、多项选择题

1. BCD【解析】《社会保险法》第三十条规定,职工因工作原因受到事故伤害或患职业病,且经工伤认定的,享受工伤待遇。其中,经劳动能力鉴定丧失劳动能力的,享受伤残待遇。
2. BCD【解析】工伤保险基金的提取以企业上一年职工工资总额为基数,按照一定的比例缴纳。在缴费费率的确定上，主要有三种方式，即统一费率、差别费率和浮动费率。

3. ACD【解析】工伤保险待遇包括以下情形：治(医)疗费、住院伙食补助费、外地就医交通费和食宿费、康复治疗费、辅助器具费、停工留薪期工资、生活护理费、一次性伤残补助金、伤残津贴、一次性伤残就业补助金和一次性工伤医疗补助金、丧葬补助金、供养亲属抚恤金、一次性工亡补助金。

三、判断题

1. T【解析】我国《工伤保险条例》对工伤或职业病的界定做出了明确的规定，工伤认定的范围，不仅是“在工作时间和工作场所内，因工作原因受到伤害”，而且也包括“从事与工作有关的预备性或收尾性工作受到事故伤害”的情况。
2. F【解析】工伤事故属于职业性伤害，工伤社会保险待遇具有明显的劳动力修复与再生产投入的性质，属于企业生产成本的特殊性伤害，因此个人不必缴费，由企业负担全部保险费。
3. F【解析】市场经济条件下，企业之间的竞争日益激烈，职工发生工伤事故的现象也时有发生，如果没有工伤社会保险制度的保障，工伤职工的基本权利就更加难以保证了。

第五章　失业保险

本章提要：

了解失业、失业保险及相关概念，熟悉失业保险的享受资格、基金的筹集与给付以及管理系统，掌握我国失业保险的内容与改革。

重要考点	出题频次	经典例题	命题趋势
失业保险概述	★★★★	自愿性失业保险法最早始建于(D)。 A. 1895 年　B. 1899 年 C. 1901 年　D. 1905 年	重点考查失业及相关概念、失业类型的划分、失业保险的特点，常以选择题或判断题的形式进行考查
失业保险的基本内容	★★★	下列可获取失业保险的是(C)。 A. 在家务农的张某　B. 自己经营小店的李某 C. 下岗工人王某　D. 家政雇员赵某	重点考查失业保险的享受资格、基金的筹集与给付，常以选择题的形式进行考查
我国的失业保险制度	★★★	在我国，失业人员要享受失业保险，除本人履行缴费义务外，应当履行缴费义务的还有(B)。 A. 政府　B. 所在单位 C. 所属社区　D. 亲友	重点考查我国失业保险的内容与改革，常以选择题的形式进行考查

第一节　失业保险概述

就业是民生之本，就业水平被视为判断一国国民经济发展状况的重要指标。失业保险减少由失业造成的劳动者收入的不确定性，维持劳动力的正常再生产。

一、失业及相关概念

失业是与就业相对的概念，要界定失业，首先需要明确就业的概念。另外，还需要了解与失业相关的充分就业、失业者等的概念。

1. 就业

就业有广义和狭义之分。广义的就业是指劳动力要素和生产资料要素相结合的状态，它是通过劳动过程中的人和物的结合形成社会生产力，为社会创造财富。狭义的就业是指具有劳动能力并处在法定劳动年龄阶段的人，从事某一岗位的工作或合法的社会经济活动以获取劳动报酬或经营收入的一种活动。

2. 失业

失业与就业相对应，失业也有广义和狭义之分。本章所讲的失业即为狭义上的失业，是指具有劳动能力的处在法定劳动年龄阶段（我国劳动年龄范围，是下限为 16 周岁，上限为男 59 周岁、女 54 周岁）并有就业愿望的劳动者，失去或没有得到有报酬的工作岗位的社会现象。

3. 失业者

失业者必须具备的条件有:一是必须是处于法定劳动年龄范围以内的劳动者;二是在法定劳动年龄范围内的劳动者必须有劳动能力;三是具有劳动能力的劳动者必须有就业的愿望,但却没有找到工作岗位。

4. 失业率

失业率是指劳动力中没有工作,并正在寻找工作的人所占的比例。

失业率 =(失业人数 ÷ 劳动力人数)×100%

劳动力人数 = 就业人数 + 失业人数

5. 充分就业

充分就业这一概念是根据1936年凯恩斯发表的《就业、利息和货币通论》而来的。充分就业是一个相对概念,它不是指一切有劳动能力的人全部都能够就业,而是指在某一倾向工资水平下愿意就业的人都能就业。换言之,充分就业是可以接受市场工资率并愿意就业的人均能实现就业。

易考点: 国际上较为公认的观点是,如果失业率在4% ~5%,就可以视为是充分就业。

经典真题再现

[2013年甘肃省选拔万名普通高校毕业生到基层工作考试社会保障专业知识真题]

【原题】提出能力贫困论,认为能力不足是导致贫困的根源,解决贫困和失业的根本之道在于提高个人能力,而不是单纯发放失业救济金的经济学家是(   )。

A. 庇古　　B. 凯恩斯

C. 纳克斯　　D. 阿马蒂亚·森

【解析】阿马蒂亚·森认为贫困不仅仅是相对地比别人穷,而是基本可行能力的绝对剥削,由此,提出了能力贫困理论。阿马蒂亚·森的能力贫困理论强调提高人的可行能力会增强人的生产力和反贫困的能力,开创了贫困问题研究的新视角,扩展了贫困问题的研究方法。故选D。

【原题】假如在一个社会区域内,在一个劳动力失业状况统计时期里,就业者、失业者以及非劳动力的数目分别为:95万、5万、20万。这一时期的失业率为(   )。

A. 5.0%　　B. 4.2%

C. 5.3%　　D. 4.3%

【解析】失业率是指劳动力中没有工作,并正在寻找工作的人所占的比例。其计算公式为:失业率 =(失业人数 ÷ 劳动力人数)×100%,其中,劳动力人数 = 就业人数 + 失业人数。故选A。

二、失业类型的划分

1. 按照就业意愿划分

按照就业意愿划分,可将失业分为自愿性失业和非自愿性失业。

自愿性失业是指劳动者自动放弃就业机会,而没有找到新的工作岗位的情况。

非自愿性失业是指劳动者愿意接受现有的货币工资水平却仍找不到工作的情况。

易考点:1905 年法国成为世界上第一个通过立法实施自愿性失业保险制度的国家。

2. 按照失业的程度划分

按照失业的程度划分,可将失业分为完全失业和部分失业。

完全失业是指失业者有劳动能力但找不到合适的工作岗位。

部分失业或不充分就业是指有劳动能力的人,虽然有工作,但工作报酬达不到法定工资标准,工作时间达不到正常工作时间的 1/3。

3. 按照失业的表现形式划分

易考点:按照失业的表现形式划分,可将失业分为显性失业和隐性失业。

显性失业又称公开失业,一般以失业人员到职业介绍机构进行求职登记为准,一般用失业率表示。

隐性失业是指未表现出来,但确实存在失业或就业不充分的现象,指实际生产率低于潜在的生产率,是一种劳动力资源未被充分利用的情况。

4. 按照不同的失业原因划分

按照不同的失业原因划分,可将失业分为摩擦性失业、季节性失业、技术性失业、周期性失业和结构性失业等。

摩擦性失业是指在劳动力流动过程中,由于信息不对称、时间滞差、信息成本和流动成本等原因引起的失业。

季节性失业是指由于季节变化或由于消费者季节购买的习惯等原因引起的失业。

技术性失业是指由于技术进步、管理改善、生产方法改进等原因造成的失业。

周期性失业是指经济周期波动所造成的失业,即经济周期中的衰退或萧条时,因需求下降而导致的失业,当经济中的总需求减少,低于了总产出时,会引起整个经济体系的普遍失业。

结构性失业是指劳动力供给和需求不匹配造成的失业,其特点是既有失业,又有空缺职位,失业者或者没有合适的技能,或者居住地不当,因此无法填补现有的职位空缺。

经典真题再现

[2013 年甘肃省选拔万名普通高校毕业生到基层工作考试社会保障专业知识真题]

【原题】“想招的人招不上,想找的工作找不到”,这一现象反映的失业类型是(　　)。

A. 技术性失业　　B. 结构性失业　　C. 周期性失业　　D. 季节性失业

【解析】结构性失业是指劳动力供给和需求不匹配造成的失业,其特点是既有失业,又有空缺职位,失业者或者没有合适的技能,或者居住地不当,因此无法填补现有的职位空缺。故选 B。

三、失业的影响

1. 失业的积极影响

失业的积极影响包括:一是有利于劳动力资源的优化配置;二是有利于调动劳动者的积极性;三是有利于劳动者素质的提高;四是有利于企业强化管理,提高效率。

2．失业的消极影响

失业的消极影响包括：一是失业会造成巨大的经济产出上的损失；二是失业会造成劳动力资源的巨大浪费；三是失业会影响社会消费水平，一定程度上制约经济的发展；四是失业会影响社会稳定。

四、失业保险的概念

1．失业保险的含义

失业保险是国家通过立法强制实施的，由社会各方筹资建立基金，对因非本人自愿失业而失去工资收入的劳动者提供一定时期基本生活保障及促进其再就业的制度。它是社会保障体系的重要组成部分，是社会保险的主要项目之一。

2．失业保险的特点

失业保险除具有社会保障的一般特点，如强制性、互济性、预防性、社会性和福利性等外，还具有自己独特的特点：

(1)失业保险的对象为失业劳动者，即失业保险只对有劳动能力并有劳动意愿但无劳动岗位的人提供保险。

(2)享受失业保险待遇有一定期限，即失业保险只能在法定期限内享受，超过法定期限即使劳动者仍处于失业状态，也不可以再享受失业保险待遇。

易考点：失业保险金领取期满仍未就业的，应当停止发放失业保险，可以领取最低生活保障金。

(3)非自然因素是风险形成的主要原因，即失业风险所涉及的风险不是由人的生理因素所引起的，而是由一定时期的社会和经济因素所引起的，在一定程度上，它也与国家在一定时期的宏观经济政策相关。

(4)保障形式和内容的多样性，即失业保险在保障形式和内容上具有多样性，它除了需要向受保者发放保险金提供物质帮助外，还需要通过就业培训等形式帮助失业者提高其文化和业务素质，以便重新就业。

3．失业保险的目的

从失业者层面来讲，失业保险的目的主要是通过对非自愿失业者提供物资帮助，使他们失业期间的基本生活得以维持，从而为他们再就业提供缓冲期。

从社会经济层面来讲，失业保险的目的主要是通过保障尽可能多的失业者失业期间的基本生活，来维持社会安定、缩小劳动者之间的收入差距，同时保证劳动力的合理流动，促进劳动力资源的合理配置，促使经济发展，发挥稳定器的作用。

4．失业保险的功能

失业保险的基本功能包括以下几个方面：

(1)保障基本生活功能，即失业保险机构通过向符合条件的失业者支付失业保险金，保障了失业者的基本生活，维持了劳动力的再生产。

(2)稳定功能，即稳定功能一是体现为社会稳定功能，二是体现为经济稳定功能。失业保险为失业者提供生活保障，不会使其因无法生存铤而走险或心理严重失衡而危害社会，维持社会的稳定；失业保险金的筹集及发放具有抑制经济循环的作用，是“减震器”，减轻了经济波动的剧烈程度。

(3)促进功能，即促进就业是失业保险就业保障功能的必然效果，其体现在失业保险机构对职业培训、职业介绍的重视及就业信息的及时有效沟通，和对再就业的直接推动上。

(4)调节功能，体现在两方面：一是由于失业保险的存在，失业者在寻找新的就业岗位时获得了经济保障免除了后顾之忧，失业者也就有条件尽可能寻找与自己的兴趣、能力相符合的工作岗位，从而有利于劳动力的合理配置；二是由于失业保险的存在，用人单位减轻了向外排斥冗员的经济、社会两方面的压力，有利于单位制定理性的、合理的用人决策，也更有利于劳动力的合理配置。

(5)合理配置劳动力功能，即失业保险可以通过向失业者提供物资资助来调节社会上的贫富差距，通过劳动力更合理的配置、更高的劳动生产率来调节经济的运行。

第二节　失业保险的基本内容

一、失业保险类型的划分

1. 按照参加失业保险的意愿是否具有强制性划分

按照参加失业保险的意愿是否具有强制性，可将失业保险分为强制性失业保险和非强制性失业保险。

强制性失业保险是指由国家立法或政府制定规章来强制实施的，符合规定条件的劳动者或用人单位必须参加，双方必须依据法规规定履行各自的供款义务。这是目前采用最多的失业保障模式。

非强制性失业保险一般是由工会组织实施的，用人单位和劳动者自愿参加，政府不参与管理，而是由工会建立的失业基金进行管理，政府提供一定的资金支持。

2. 按照失业者获得失业保险金的不同依据划分

按照失业者获得失业保险金的不同依据，可将失业保险分为权利型失业保险和调查型失业保险。

权利型失业保险是指失业者只要符合规定的缴费年限、非自愿失业等条件，就可以领取失业金，而不限于失业者的家庭收入情况，这种情况下领取失业保险金是其合法的权利。强制性失业保险和非强制性失业保险都属于此类。

调查型失业保险也是由政府组织实施的，但是建立在收入调查的基础上，以调查结果为依据，对于那些“确认”无法生存的失业者提供资助的制度。这种类型的失业保险又被称为失业补助，并不是严格意义上的社会保险。

3. 按照失业保险制度层次上的不同安排划分

按照失业保险制度层次上的不同安排，可将失业保险分位单层次失业保险和多层次失业保险。

单层次失业保险是指仅有一个层次的失业保险制度。

多层次失业保险一般指权利型失业保险与调查型失业保险同时并存的情况，在两层保险制度的安排下，一般是将权利型失业保险作为第一层次的失业保障措施，将调查型失业保险当作第二层次的保护屏障。

二、失业保险的覆盖范围及享受资格

1. 失业保险的覆盖范围

失业保险的覆盖范围大小与一个国家或地区的经济发展水平、价值取向、历史传统有很大关系。从理论上讲，在市场经济中，每一个有可能面临失业风险、成为失业者的劳动者都应该被覆盖。但纵观失业保险的发展，可以发现失业保险的覆盖范围经历了一个从小到大、从严格到宽松的演进过程。随着社会

经济的发展变化,各国对失业的理解和看法也发生了变化,失业保险的覆盖范围也在不断拓宽。

2. 失业保险的享受资格

失业保险是定期向暂时中断生活来源的劳动者提供的一种帮助,因此各国对领取失业保险金的规定非常严格,每一个国家都有具体的立法规定。领取失业保险金者,大体上需要具备以下条件:

(1)达到法定的就业年龄。英国和澳大利亚为男16~64岁、女16~59岁,世界银行统一规定为15~65岁,这是因为只有处于劳动年龄的就业者才谈得上失业,才有权享受失业保险待遇。

(2)达到法定的保险合格期限。许多国家规定失业者必须工作满一定的年限,才能享受失业保险待遇,这主要是考虑劳动者对社会所做的贡献和缴纳失业保险费所尽义务的多少。

(3)失业必须是非自愿失业。失业并非出于本人意愿,而是由于超出其所能控制的各种社会或经济因素所造成的,各国对此都有一致的规定,这是为了防止故意失业以获取失业保险金。

(4)符合其他要求。在规定享受失业保险的具体对象时,各国还根据不同情况,规定了哪些人不给予或限制享受失业保险待遇。

三、失业保险基金的筹集

失业保险作为现代社会保障的一项重要内容,不是单纯的社会救济行为,而是促进市场竞争顺利进行、保证市场经济体制正常运行的必要社会条件。

1. 失业保险基金的含义及特点

建立失业保险基金是失业保险制度的重要内容。失业保险基金是社会保险基金中的一种专项基金,是国家法定建立的用以保障失业人员失业期间的基本生活的资金。其特点包括:

(1)强制性,即国家通过法律规定的形式,向规定范围内的用人单位、个人征缴社会保险费,单位或个人没有选择的自由。

(2)无偿性,即国家征收社会保险费后,不需要偿还,也不需要向缴费义务人支付任何代价。

(3)固定性,即国家根据社会保险事业的需要,事先规定社会保险费的缴费对象、缴费基数和缴费比例,在征收时不因缴费义务人的具体情况而随意调整。

(4)社会性,即失业保险带有很强的社会性,它只能由社会筹集失业保险基金,由失业保险管理机构给付。

2. 失业保险基金的费率水平

失业保险基金筹集的基本原则是基金筹集与基金支付相平衡。为了应付实际风险发生率及给付率的不断变化,失业保险要提取特别风险准备金,以满足紧急需要。

失业保险基金费率是根据以往的经验数据和对当前的经济发展、就业状况的预测分析确定的,保险费率为工资的一个固定百分比。我国目前的失业保险基金的企业缴费率为应缴失业保险费基数的2%,事业单位为1%;企业职工个人缴费为本人应缴失业保险费基数的1%,事业单位职工为0.5%。

易考点:失业保险基金筹集的基本原则是基金筹集与基金支付相平衡。

3. 失业保险基金的财务机制

失业保险属于短期支付类项目,一般采取现收现付的财务机制,许多国家在法律上明文规定采用弹性费率制,授权主管机构根据失业保险财务收支的实际状况适时调整费率。其局限性在于,因必须经常调整费率所带来的操作不便,管理上或政治上的原因易于影响保险费率的调整,无法迅速核定;其优势在于,无巨额积累基金,不受通货膨胀的影响,不会发生基金贬值等问题。

4. 失业保险基金的筹资方式

失业保险基金的筹资方式主要包括:一是政府、企业、个人三方共同承担,即三三原则,雇主缴纳失业保险费、雇员缴纳失业保险费、政府财政补贴,如德国、加拿大、日本等;二是企业、个人双方承担,如法国、希腊等;三是政府、企业双方承担,如意大利、美国等;四是企业一方承担,如印尼、阿根廷等;五是政府承担,如澳大利亚、新西兰、匈牙利等;六是个人负担,如前南斯拉夫。

5. 失业保险基金统筹的内容

失业保险基金统筹的内容包括:一是实施范围以内的用人单位必须依据法律的规定,向当地社会保险机构足额缴纳失业保险费;二是失业保险基金在一定行政区划范围内统筹使用;三是通过社会保险机构,按照统一规定的标准进行失业保险津贴的支付,既不受企业本身经营好坏和企业间工资福利水平不同的影响,也不以个人投保数额为标准;四是为失业职工提供再就业服务(如转业培训、组织生产自救等)和组织管理。

四、失业保险基金的给付

1. 失业保险金的给付原则

确定失业保险金给付的原则包括:一是给付标准的上限应低于失业人员在失业前的工资水平;二是给付标准的下限要确保失业人员和由其赡养的人的基本生活需要;三是失业保险的给付应与失业人员失业前的工资年限、缴费年限和工资收入相联系,使其符合权利与义务相联系的原则;四是失业保险金的给付应限制一定的期限。

2. 失业保险金的给付比例

确认失业保险金给付金额的方法有:

(1)工资比例制,即依据工龄、受保年限、工资水平和缴费年限,确定百分比计发。

(2)均一制,即对符合条件的失业者不考虑原工资水平而规定划一的、以绝对金额形式表示的失业保险津贴。

(3)混合制,即失业救济采取比例制和均一制相结合的方式计发,一部分按失业前工资收入的一定比例给付,另一部分则按绝对数给付。

(4)一次性给付,即对失业者一次性支付既定数额的失业保险津贴或解雇金,数额根据工资和工龄长短而定。

五、失业保险的管理系统

失业保险管理系统是整个社会保险管理系统下的一个子系统,但又相对独立于其他子系统,同时需要其他系统提供相应的支持,包括单位资料和职工资料等。

1. 失业保险管理体系的分类

目前,世界各国的失业保险管理体系大致可分为三类:一是由政府管理,这是各国采用较多的一种体制模式;二是在政府监督之下授权自治机构管理,一般由劳动者、企业和政府三方共同组成有关机构进行合作式的管理;三是在政府支持和指导下,由工会专职进行管理,这种形式主要是在那些工会运动有较好基础的北欧国家实行。

易考点:我国是由各级人力资源和社会保障行政主管部门及其经办机构负责失业保险管理的。

2. 失业保险管理的宗旨

政府在失业保险的管理上有两个基本宗旨:一是创造失业向就业转化的社会经济条件,降低社会显性失业率;二是提高社会特别是失业者对失业的经济、心理承受力,使失业压力的分布分散化、均衡化。前者被称作为主动的就业政策,后者被称作为被动的就业政策。失业保险主要是围绕第二个宗旨建立的。

3. 失业保险基金的管理原则

失业保险基金的管理原则包括:

(1)专款专用,即失业保险基金要在银行建立专户储存,制定严格的财务管理制度,在规定范围内的动用时,必须按国家预算管理程序,经主管部门批准、财务部门核定后才能进行。

(2)统筹安排、合理调剂、以多补少、互助互济,即对当年筹集的失业保险基金,在优先保证用于政策规定范围项目开支后的剩余部分,允许用于转业培训费等开支。

4. 失业保险基金的管理重点

失业保险基金管理的重点包括:一是多渠道筹措资金,扩大基金来源,提高抵御风险能力;二是加强失业保险基金征缴,不断增强基金承受能力;三是实行收支两条线管理,确保失业保险基金的安全与完整;四是规范失业保险基金支出,防止基金流失;五是建立和完善失业保险基金征管的基础数据体系。

第三节 我国的失业保险制度

我国失业保险制度的建立经历了一个由失业救济、待业保险再到失业保险的演变过程,现行的失业保险制度是在经济体制改革开始后的20世纪80年代才逐渐建立起来的。

一、我国失业保险制度的发展历程

计划经济时期,我国实行统包统配的劳动就业制度,普遍就业、固定工资使劳动者免去了失业之忧,失业救济制度被逐渐取消。

1986年7月,国务院颁布了《国营企业实行劳动合同暂行规定》和《国营企业职工待业保险暂行规定》,建立起我国的失业保险制度。1998年6月,国务院发布了《中共中央、国务院关于切实做好国有企业下岗职工基本生活保障和再就业工作的通知》,进一步完善了我国的失业保障制度。

1999年1月,国务院颁布了《失业保险条例》,标志着我国失业保险制度逐步走向完善。《失业保险条例》的特点包括:一是改"待业保险"为"失业保险",与国际接轨;二是失业保险覆盖范围扩大,城镇企事业单位的职工全部被纳入失业保险范围;三是职工享受失业保险,个人必须履行缴费的义务,失业保险基金由国家、企业、职工三方共同负担;四是享受失业保险待遇的条件,扩大为凡非自愿失业、办理了失业登记并有求职要求、按规定履行缴费义务的失业人员都可以申请享受失业保险待遇;五是调整了失业保险金的给付期限和计发办法;六是对失业保险制度与社会救济制度的衔接做出规定;七是对违反失业保险条例规定了一系列行为;八是失业保险基金开支中增加了职业培训实战和职业介绍补贴项目。

二、我国失业保险的基本内容

1. 我国失业保险的覆盖范围

衡量失业保险制度是否完善的一个重要标准就是覆盖范围。根据《失业保险条例》(以下简称《条例》)规定,我国失业保险的覆盖范围由国有企业及其职工扩大到城镇所有企业、事业单位及其职工。该

《条例》第三十二条还规定,省、自治区、直辖市人民政府根据当地实际情况,可以决定本条适用于本行政区域内的社会团体及其专职人员、民办非企业单位及其职工、有雇工的城镇个体工商户及其雇主。

2. 我国失业保险基金的筹集

失业保险基金一般采取单项建立和现收现付的筹集方式提取。

我国失业保险基金主要有四个方面:一是企业和个人缴纳的保险费,其中城镇企业事业单位按照本单位工资总额的2%缴纳保险费,城镇企业事业单位职工按照本人工资的1%缴纳保险费,城镇企业事业单位招用的农民合同制工人本人不缴纳失业保险费;二是失业保险费的利息收入;三是财政补贴;四是依法纳入失业保险基金的其他资金。

3. 我国失业保险基金的给付范围

按照《失业保险条例》第十条规定,失业保险基金用于以下五个方面:一是失业保险金——最主要的失业保险待遇,是指失业保险经办机构按规定支付给符合条件的失业人员的基本生活费用;二是领取失业保险金期间的医疗补助费,是指支付给失业人员的在其领取失业保险金期间发生的医疗费用的补助;三是失业保险期间死亡的失业人员丧葬补助和其直接供养的配偶、直系亲属的抚恤金;四是领取失业保险金期间受职业培训、职业介绍的补贴;五是国家规定或批准的与失业保险有关的其他费用。

易考点:我国《失业保险条例》第十八条规定,失业保险金的标准,按照低于当地最低工资标准、高于城市居民最低生活保障标准的水平,由省、自治区、直辖市人民政府确定。

4. 我国失业保险基金的给付期限

失业保险基金的给付期限,是指失业者从开始领取失业津贴到领取期限延续的终止。此外,还包括确定失业保险津贴开始给付的期限,即等待期限。失业保险属于短期给付类社会保险项目,只能根据平均失业周期确定一个给付期限。

累计缴费时间	享受失业保险待遇的最长期限
1年以下	0个月
满1年不足5年	12个月
满5年不足10年	18个月
10年以上	24个月

易考点:失业保险金给付期限的划分及对应的最长领取期限。

5. 我国失业保险金的领取条件

《失业保险条例》第十四条规定,满足下列三个条件的失业人员可以领取失业保险金:一是按照规定参加失业保险,所在单位和本人已按照规定履行缴费义务满1年的;二是非因本人意愿中断就业的;三是已办理失业登记,并有求职要求的。

易考点:我国失业人员领取失业保险金的条件。

我国规定失业人员在领取失业保险金期间有下列情形之一的,停止领取失业保险基金,并同时停止享受其他失业保险待遇:一是重新就业的人员;二是应征服兵役的人员;三是移居境外的人员;四是享受基本养老保险待遇的人员;五是被判刑收监执行或者被劳动教养的人员;六是无正当理由,拒不接受当地人民政府指定的部门或者机构介绍工作的人员;七是法律、行政法规规定的其他情形的人员。

6. 我国下岗职工的三条保障线

目前我国下岗职工的基本生活保障有三条保障线:第一条保障线是以企业再就业服务中心为基础的下岗职工基本生活保障制度,对国有企业下岗职工在未实现就业的特定期间内的基本生活提供保障;第二条保障线是失业保险制度，对劳动者在失业期间的基本生活提供保障；第三条保障线是国家财政支持的城市居民最低生活保障制度，对因种种原因导致的家庭人均收入低于当地最低生活保障标准的城镇居民的基本生活提供保障。

这三条保障线相互衔接、相互补充，形成当前具有中国特色的社会保障制度。三条线在给付标准上，按照互相衔接、拉开距离、分清层次、整体配套的原则，科学制定国有企业下岗职工基本生活保障标准、失业保险金标准和城市居民最低生活保障标准。

三、我国失业保险的改革

1. 我国现行失业保险制度存在的问题

外部因素包括：一是提前退休对失业保险制度的影响；二是登记的失业率与实际失业状况之间存在着差距；三是隐性就业对失业保险制度的影响。

内部因素包括：一是失业保险覆盖范围小，实施范围过窄；二是失业保险金征缴难度大；三是失业保险基金承受能力弱；四是现行的失业保险制度不够完善；五是执法力度不够，手段单一；六是失业保险制度重救济轻培训。

易考点：提前退休对失业保险制度的影响包括，一是给养老造成巨大压力；二是混淆了失业与养老的界限；三是扰乱了劳动力市场的正常秩序。

经典真题再现

［2013 年甘肃省选拔万名普通高校毕业生到基层工作考试社会保障专业知识真题］

【原题】2008 年金融危机，中国新增失业人员 2500 万人，但是同期，中国失业保险受益人不增反减，失业保险基金结余也继续增加。这种情况反映了（　　）。

A. 很多用人单位逃避失业保险责任，导致我国失业保险的基金来源不稳定

B. 中国失业保险基金发挥功能不足

C. 中国失业保险的就业服务和就业援助功能尚未完全发挥出来

D. 中国的失业保险没有将社会失业率和平均失业周期控制在社会能承受的范围内

【解析】这种情况表明，中国失业保险的就业服务和就业援助功能尚未完全发挥出来。故选 C。

2. 完善失业保险制度的总体思路

解决失业问题，不是完全消除失业现象，而是通过发展经济开发就业岗位，通过教育培训和就业服务提高劳动者的素质与技能，把失业人员数量控制在一个合理的范围内。完善失业保险制度的根本宗旨就是保障失业人员的基本生活，促进其再就业。

3. 我国失业保险制度的未来发展

未来我国失业保险制度要在保障失业人员基本生活的同时，强化促进其再就业，使其成为充分就业的促进机制。

在我国，失业保险制度的改革与完善应尽量做到以下几个方面：一是适当扩大我国失业保险制度的适用范围；二是强化失业保险制度的促进再就业功能，加强对失业者的再就业培训，缓解就业压力；三是加强失业保险立法，增强失业保险制度实施的规范性和权威性；四是加强对失业保险基金的管理和调节；五是多渠道筹集社会保障资金，扩大失业保险费来源。

强化提升训练

一、单项选择题

1. 我国《失业保险条例》规定，失业保险金领取期限开始于(　　)。
   A. 失业登记次日　　B. 失业次日　　C. 失业之日　　D. 失业登记之日
2. 失业保险经办机构根据(　　)标准，核定失业人员领取失业保险金的期限。
   A. 失业人员失业前所在单位累计缴费时间
   B. 失业人员失业前的工资收入水平
   C. 失业人员失业前所在单位和本人累计缴费时间
   D. 失业人员失业前的累计工龄
3. 失业保险金标准的确定由(　　)。
   A. 省级政府决定　　B. 市级政府决定　　C. 国家统一决定　　D. 县级政府决定

二、多项选择题

1. 失业人员领取失业保险金需要满足的条件有(　　)。
   A. 失业前用人单位和本人已经缴纳失业保险费满两年
   B. 失业前用人单位和本人已经缴纳失业保险费满一年
   C. 非因本人意愿中断就业
   D. 已经进行失业登记，并有求职要求的
2. 按失业者的失业状态不同，失业可分为(　　)。
   A. 完全失业　　B. 显性失业　　C. 部分失业　　D. 隐性失业
3. 失业保险作为社会保险的重要组成部分其特征表现为(　　)。
   A. 互济性　　B. 强制性　　C. 社会性　　D. 保障性

三、判断题

1. 失业保险金的标准，由省、自治区、直辖市人民政府确定，不得低于城市居民最低生活保障标准。(　　)
2. 失业人员失业前用人单位和本人累计缴费十年以上的，领取失业保险金的期限最长为二十个月。(　　)
3. 从国际上看，失业保险向就业保障机制发展已经成为一种重要的发展趋势，这是使失业保障由较为消极的事后救助向积极的就业促进机制转化的选择。(　　)

参考答案与解析

一、单项选择题

1. D【解析】失业人员凭失业登记证明和个人身份证明，到社会保险经办机构办理领取失业保险金的手续。失业保险金领取期限为自办理失业登记之日起计算。
2. C【解析】略。
3. A【解析】《失业保险条例》第十八条规定，失业保险金的标准，应当按照低于当地最低工资标准、高于城市居民最低生活保障标准的水平，由省、自治区、直辖市人民政府确定。

二、多项选择题

1. BCD【解析】失业人员符合下列条件的，从失业保险基金中领取失业保险金：一是失业前用人单位和本人已经缴纳失业保险费满一年的；二是非因本人意愿中断就业的；三是已经进行失业登记，并有求职要求的。

2. BD【解析】按失业者的失业状态来分，失业可分为显性失业和隐性失业。显性失业，即充分暴露出来的失业现象，许多国家以失业人员到职业介绍机构进行求职登记或到指定部门进行失业登记为准，一般用失业率这个概念反映；隐性失业，是未曾表现出来但事实上确实存在失业或就业不充分的现象，如机关事业单位的冗员现象，以及农村大量剩余劳动力等，都属于隐性失业。

3. ABCD【解析】我国《失业保险法》中规定，强制性、互济性、社会性、保障性都是失业保险的特征。

三、判断题

1. T【解析】略。

2. F【解析】失业人员失业前用人单位和本人累计缴费满一年不足五年的，领取失业保险金的最长期限为十二个月；累计缴费满五年不足十年的，领取失业保险金的最长期限为十八个月；累计缴费十年以上的，领取失业保险金的最长期限为二十四个月。重新就业后，再次失业的，缴费时间重新计算，最长不超过二十四个月。

3. T【解析】略。

第六章　生育保险

本章提要：

了解生育、生育率、生育保险的概念，熟悉生育保险的特点及待遇，掌握我国生育保险的特点、待遇及基金的筹集与管理。

重要考点	出题频次	经典例题	命题趋势
生育保险概述	★★	下列仅限于生育妇女本人享受的生育保险补助和津贴的是(A)。 A. 怀孕假期　B. 产妇生育补贴 C. 子女补助费　D. 营养费补贴	重点考查生育保险的特点及待遇，常以单项选择题的形式进行考查
我国生育保险制度	★★★	生育保险基金的管理部门是(A)。 A. 劳动保障部门的经办机构　B. 妇联 C. 税务部门　D. 计划生育委员会	重点考查我国生育保险的特点、待遇及基金的筹集与管理，常以选择题的形式进行考查

第一节　生育保险概述

一、生育、生育率与生育保险

1. 生育与生育率

生育指的是为繁衍后代，女性怀孕在体内孕育后代并分娩。

生育率，又称育龄妇女生育率，是总出生数与相应人口中育龄妇女人数之间的比例。可分为一般生育率、分年龄生育率、孩次生育率、分年龄孩次生育率、标准化生育率、总和生育率、累计生育率、终身生育率等类型。其中，总和生育率也称总生育率，是指该国家或地区的妇女在育龄期间，每个妇女平均的生育子女数。总和生育率很好地说明了妇女究竟生育多少孩子，因此它是衡量生育水平最常用的指标之一。

2. 生育保险的含义

生育保险是一项专门保护女性劳动者的社会保险，一般指女性劳动者因为妊娠、分娩而不能工作，工资收入暂时中断，国家或社会对生育的女性劳动者给予必要的经济补偿和医疗保健的社会保险制度。其宗旨在于通过向职业妇女提供生育津贴、医疗服务和产假，帮助她们恢复劳动能力，重返工作岗位。

易考点：我国的生育保险，由企业或雇主缴费，职工个人不需缴费。

3. 生育保险的作用

生育保险的作用包括：一是保障女职工的身体健康和劳动能力的恢复，保障婴孩健康；二是有利于延续后代，提高人口素质，保证劳动力的再生产；三是保证国家人口政策的贯彻实施；四是为企业公平竞争和妇女平等创造条件；五是实现生育社会补偿，保证性别公正。

二、生育保险的特点

生育保险是为了维护女职工的基本权益，减少和解决女职工在孕产期以及流产期间因生理特点造成的特殊困难，使她们在生育和流产期间得到必要的经济收入和医疗照顾，保障她们及时恢复健康，回到工作岗位。生育保险具有与其他社会保险相同的特性，如强制性、社会性、福利性、互济性等。此外，生育保险还具有其独有的特点，包括以下几点：

（1）享受生育保险的对象主要是女职工，因而待遇享受人群相对比较窄。随着社会进步和经济发展，有些地区允许在女职工生育后，给予配偶一定假期以照顾妻子，并发给假期工资；还有些地区为男职工的配偶提供经济补助。

（2）待遇享受条件各国不一致。有些国家要求享受者有参保记录、工作年限、本国公民身份等方面的要求。我国生育保险要求享受对象必须是合法婚姻者，即必须符合法定结婚年龄、按婚姻法规定办理了合法手续，并符合国家计划生育政策等。

（3）无论女职工妊娠结果如何，均可以按照规定得到补偿。也就是说无论胎儿存活与否，产妇均可享受有关待遇，并包括流产、引产以及胎儿和产妇发生意外等情况，都能享受生育保险待遇。

（4）生育期间的医疗服务主要以保健、咨询、检查为主，与医疗保险提供的医疗服务以治疗为主有所不同。生育期间的医疗服务侧重于指导孕妇处理好工作与休养、保健与锻炼的关系，使她们能够顺利地度过生育期。产前检查以及分娩时的接生和助产，则是通过医疗手段帮助产妇顺利生产。分娩属于自然现象，正常情况下不需要特殊治疗。

（5）产假有固定要求。产假要根据生育期安排，分产前和产后，产前假期不能提前或推迟使用。产假也必须在生育期间享受，不能积攒到其他时间享用。

（6）生育保险待遇有一定的福利色彩。生育期间的经济补偿高于养老、医疗等保险。生育保险提供的生育津贴，一般为生育女职工的原工资水平，也高于其他保险项目。另外，在我国职工个人不缴纳生育保险费，而是由参保单位按照其工资总额的一定比例缴纳。

三、生育保险待遇的内容

从世界范围内看，生育保险待遇主要由生育医疗服务、产假、生育津贴、育儿假和育儿津贴及其他待遇等组成。

1. 生育医疗服务

生育医疗服务是提供孕期、分娩和产后所需要的各种检查、咨询、助产、住院、护理、医药等一系列的医疗保健和治疗服务。它主要包括早孕保健、产前检查、高危妊娠筛检、监护、管理、产时保健、新生儿保健、产褥期保健、计划生产手术服务、流产医疗服务、生育引起疾病的诊断和诊疗等。各国生育保险提供给怀孕妇女的医疗服务，一般是根据本国的经济实力和保险基金的承受能力来制定相应服务范围的，大多数国家为女职工提供从怀孕到产后的医疗保健及治疗。

2. 产假

产假指职业女性在分娩前、后的一定时间内所享受的有薪假期，旨在维持、恢复和增进受保护产妇身体健康、工作能力及料理个人生活的能力，并使婴儿得到母亲的精心照顾和哺育。

3. 生育津贴

生育津贴又称生育现金补助，是对职业妇女生育期间工资收入的损失依法给予的现金补助，目的是为生育妇女提供基本生活保障。生育津贴的计算方法有均一制和薪资比例制两种。

4. 育儿假和育儿津贴

育儿假和育儿津贴又称"母亲工资"或"父亲工资",其标准低于生育津贴。它是规定婴儿的母亲或父亲可以在休满产假后增加一段休假照顾婴儿,育儿假期从6个月到3年不等。推行这一措施的理由是生儿育女并非是母亲的天职,共同分担生儿育女的责任是男女平等的内容之一。

5. 其他待遇

其他待遇是指除上述费用以外的其他生育社会保险待遇,主要包括子女补助费、难产补助和假期、男职工之妻(无工作)的生育补助等。

四、生育保险与医疗保险的关系

1. 生育保险与医疗保险的联系

生育保险与医疗保险两者的目的都是为暂时丧失劳动能力的人提供保障,两者的给付形式都是现金补助和提供医疗服务。生育保险的享受者在享受期内,如果出现特殊情况,可能同时享受两种待遇,即医疗保险待遇和生育保险待遇。

2. 生育保险与医疗保险的区别

从享受保险的对象看,生育保险享受的对象是女性劳动者,少部分地区包括男性配偶;而医疗保险享受的对象是全体职工。

从享受保险的时间看,生育保险时间的发生取决于育龄妇女年龄、结婚时间、生育顺序(胎次)等;而疾病没有年龄的限制,无论哪一年龄段都有可能发生,在享受次数上也没有限制。

从疗养和休息看,生育保险注重生育期间的保护重在休息和增加营养,基本上以保健和监测为主,正常的分娩无需进行治疗,只要求定期对产妇进行身体检查以及对产妇和胎儿进行监护,以保证正常分娩;而医疗保险享受者主要是进行治疗,以及必要的检查、药物、理疗和手术等方面的医疗手段的实现,以达到患者痊愈并早日走向工作岗位的目的。

从休息方式来看,产假的休息是根据生育来安排的,如产前与产后两个阶段的安排;而疾病的医疗期是无法分阶段的,一般以病愈为期限。

享受保险的待遇不同,生育保险待遇高于疾病保险。我国医疗保险实行统筹基金和个人账户相结合的原则,职工个人需要缴纳保险费建立个人账户;而生育保险职工个人不需要缴纳保险费。

易考点:我国的生育保险由企业或雇主缴费,职工个人不需缴费。

第二节 我国的生育保险制度

一、我国生育保险制度的建立与发展

我国的生育保险制度于20世纪50年代初期建立。1951年,国务院颁布了《中华人民共和国劳动保险条例》,规定生育保险待遇包括产假、生育津贴、生育补助,标志着我国生育保险制度的建立。1953年,劳动部制定了《中华人民共和国劳动保险条例(修正草案)》,增加了生育保险待遇的内容,调整和提高了保险待遇水平,并将生育补助改为现金支付,男工人与男职员之妻生育时发给生育补助费。1955年,国务院颁布了《关于女工作人员生产假期的通知》,从此建立了国家机关和事业单位生育保险制度。

1988年9月1日起实施的《女职工劳动保护规定》,将生育保险的范围扩大到外商投资企业和乡镇企业。明确要求用人单位“不得在女职工怀孕期、产期、哺乳期降低其基本工资或解除劳动合同”,并将产假由原来的56天增加为90天,另外对难产增加15天。

1995年国务院发布了《中国妇女发展纲要》,指出要改革女职工生育保障制度,将女职工生育保险费用由企业管理改为社会统筹管理,这项改革由国有企业扩展到所有企业,到2000年要“在全国城市基本实现生育费用社会统筹”。

2011年7月1日正式实施的《中华人民共和国社会保险法》(以下简称《社会保险法》)以专门章节的形式将生育保险明确作为中国社会保险制度的基本内容和重要组成部分,为女职工和职工未就业配偶依法享有生育保险权益提供了法律保障,为实现男女平等发挥了重要作用。在此基础上,中国生育保险制度进入了一个崭新的发展阶段。

二、我国生育保险的覆盖范围与特征

1. 我国生育保险的覆盖范围

我国的生育保险制度主要适用于中华人民共和国境内的一切国家机关、人民团体、城镇企业、事业单位,即国有企业、股份制企业、城镇集体企业、私营企业、外商投资企业的职工及其未就业的配偶。近几年来在生育保险制度的改革与发展中,有些地区或单位也给男职工15天全薪产假照顾生育后的妻子。

2. 我国生育保险的特征

我国生育保险具有以下基本特征:

(1)生育保险的覆盖面一般只限于女性。由于生育主要由女性完成,因而在绝大多数国家生育保险只限于女性。

(2)生育保险给付项目多。在国外,生育保险的给付项目包括生育假期、生育收入补偿、生育医疗保健和子女补助金等项目。而在我国,生育保险还配合国家的人口控制政策,对实行晚婚、晚育的生育妇女制定了一些奖励政策。

(3)生育保险待遇标准高。妇女生育履行了繁衍人类的重要天职,为了保证新一代劳动力有较高的先天素质同时又要保护妇女的身体健康,国家的生育保险待遇给付标准都确定得比较高,妇女生育补偿一般相当于被保险人生育前基本工资的100%。无论女职工妊娠结果如何,均可以按照规定得到补偿,也就是说无论胎儿存活与否,产妇均可享受有关待遇,并包括流产、引产以及胎儿和产妇发生意外等情况都能享受生育保险待遇。

(4)产假要根据生育期安排。产假分产前假和产后假,产前假期不能提前或推迟使用,产假也必须在生育期间享受不能积攒到其他时间享用。各国规定的产假期限不同,我国女职工产假为90天,难产的增加产假15天;多胞胎生育的每多生一个婴儿增加产假15天;怀孕不满4个月流产的,根据医务部门的证明给予15~30天的产假;满4个月以上流产的,给予42天产假,产假期间工资照常发放。

易考点:我国的生育保险制度规定的正常产假为90天,其中产前假期为15天,产后假期为75天。

(5)生育保险实行“产前与产后都应享受”的原则。即在分娩前一段时间,由于行动不便女职工已经不能工作或不宜工作而分娩以后需要一段时间休假、恢复健康和照顾婴儿,因而生育保险还带有善后的特点。

(6)生育保险具有强制性。生育保险属于社会保险,社会保险涉及单位和个人利益的调整和收入的再分配,因而用人单位与妇女劳动者必须参加,双方都必须按照规定的费率缴费,不能像商业保险一样由自己决定是否参加。

(7)生育保险待遇有一定的福利色彩。

经典真题再现

[2013年甘肃省选拔万名普通高校毕业生到基层工作考试社会保障专业知识真题]

【原题】下列关于生育社会保障的说法,正确的是(　　)。

A. 生育社会保障包括生育健康保障、生育经济保障和生育职业保障

B. 中国的生育保险制度规定职工必须承担缴费义务

C. 生育责任的承担者只包括女性,不包括男性

D. 中国现行的生育保险制度规定企业的缴费总额不超过工资总额的3%

【解析】《社会保险法》第五十三条规定,职工应当参加生育保险,由用人单位按照国家规定缴纳生育保险费,职工不缴纳生育保险费。B选项错误。生育责任的承担者既包括女性也包括男性。C选项错误。中国现行的生育保险制度规定企业的缴费总额不超过工资总额的1.5%。D选项错误。故本题的正确选项为A。

三、我国生育保险的待遇与享受条件

1. 我国生育保险的待遇

我国生育保险提供的生活保障和物质帮助通常由现金补助和实物供给两部分组成。现金补助主要是指给予生育妇女发放的生育津贴,有些国家还包括一次性现金补助或家庭津贴。实物供给主要是指提供必要的医疗保健、医疗服务以及孕妇、婴儿需要的生活用品等,提供的范围、条件和标准主要依据本国的经济发展水平确定。

我国生育保险待遇的主要内容包括:

(1)产假,是指国家法律、法规规定,给予职工在生育过程中休息的期限。产假的主要作用是使女职工在生育时期得到适当的休息,使其逐步恢复体力,并使婴儿得以受到母亲的精心照顾和哺育。

(2)生育津贴,即国家法律、法规规定对职业妇女因生育而离开工作岗位期间给予的生活费用,有的国家又叫生育现金补助。我国生育津贴的支付方式和支付标准分两种情况,一是在实行生育保险社会统筹的地区,支付标准按本企业上年度职工月平均工资的标准支付,期限不少于90天;二是在没有开展生育保险社会统筹的地区,生育津贴由本企业或单位支付,标准为女职工生育之前的基本工资和物价补贴,期限一般为90天。

(3)医疗服务,即孕妇可以享受我国生育保险医疗服务项目(包括检查、手术、住院、药品、计划生育手术费用等)的各项服务。

易考点:根据我国《社会保险法》的规定,生育医疗费用包括生育的医疗费用,计划生育的医疗费用和法律、法规规定的其他项目费用。

2. 我国生育保险的享受条件

根据《社会保险法》的规定,享受生育保险待遇必须具备两个条件:一是用人单位已经缴纳生育保险费的,其职工享受生育保险待遇;二是职工未就业配偶按照国家规定享受生育医疗费用待遇。此外,计划生育是我国的一项基本国策,生育保险和计划生育相配套。因此,享受生育保险待遇还必须符合婚姻法和计划生育政策的规定,即达到法定结婚年龄的已婚职工且符合国家计划生育政策,不符合法定年龄的

女职工生育和非计划生育者，一般不得享受生育保险待遇。

四、我国生育保险基金的筹集、支付与管理

1. 我国生育保险基金的筹集

生育保险基金的筹集原则同其他保险模式相同，均为“以收定支，收支平衡”，即由企业按照其工资总额的一定比例向社会保险经办机构缴纳生育保险费，建立生育保险基金，职工个人不缴纳生育保险费。生育保险费的具体提取比例由当地人民政府根据计划内生育人数和生育津贴、生育医疗费等项费用确定，原则上不得高于企业工资总额的1%，大部分地区控制在0.6%~0.8%之间。

我国对生育保险实行社会统筹，管理模式为现收现付制。生育保险基金可存入银行，也可购买政府短期债券，其结余部分也可以进行其他投资。生育保险基金的筹资渠道：一是企业按照职工工资总额的一定比例向当地社会保险经办机构缴纳生育保险费；二是按照人均绝对额征缴。

2. 我国生育保险基金的支付

我国生育保险基金的支付方式主要有以下三种：一是按本企业上年度职工月平均工资支付；二是按职工个人养老保险缴费工资支付；三是按上年度社会月平均工资支付等。支付期限一般在3~6个月之间，医疗费支付大部分采取定额支付，少数实报实销。

3. 生育保险与商业保险基金管理的区别

生育保险与商业保险基金管理的主要区别在于：

(1)建立基金的依据不同，即生育保险基金依据国家法律法规强制征集建立而成，受国家法律制度的约束，属于政府行为；商业保险基金则是在投保人自愿的基础上，依据商业契约而建立的。

(2)基金的来源不同，即生育保险基金主要来源于参加保险的用人单位；商业保险中的生育保险基金来自个人或用人单位的投保，参保人要缴纳一定数量的保险费。

(3)理算原则不同，即生育保险按照统筹范围内下半年计划生育预测人数、工资基数、医疗消费水平等方面的因素进行测算；商业保险的理算严格遵循大数法则，收支相抵后要保证一定的利润。

(4)支付原则不同，即生育保险基金支付是为了实行法律赋予劳动者享受有关待遇的权利，保证劳动者基本生活和生育期医疗所必需的消费；商业保险基金对投保者支付的项目，仅仅为了履行经济合同。

4. 对违反生育保险基金管理的处理

对违反生育保险基金管理的处理包括：一是企业必须按规定按期缴纳生育社会保险费，对逾期不缴纳生育保险费的按日加收2%的滞纳金，滞纳金转入生育保险基金，滞纳金进入营业外支出在纳税时进行调整；二是企业虚报、冒领生育津贴或生育医疗费的，社会保险经办机构应退回全部虚报、冒领金额并由劳动行政部门给予处罚；三是企业欠付或拒付职工生育津贴、生育医疗费的，劳动行政部门责令企业限期支付，对职工造成损害的企业应当承担赔偿责任；四是劳动行政部门或社会保险经办机构的工作人员滥用职权、玩忽职守、徇私舞弊、贪污、挪用生育保险基金构成犯罪的依法追究刑事责任，不构成犯罪的给予行政处分。

五、我国生育保险制度中存在的问题与解决的措施

1. 我国生育保险制度中存在的问题

显性问题包括：一是立法层次低，内容不规范；二是待遇标准不规范，管理手段较落后；三是个别地区存在户籍限制；四是生育保险基金少，享有率低；五是如何做好生育保险与医疗保险之间的衔接也是一个

难题。

隐性问题包括:一是单纯保护女性生育问题的生育保险政策无法保护女性的平等就业权;二是生育保险的筹资模式使得地方政府忽视在“非正规部门”工作的女性的生育保险问题;三是在老龄化社会的背景下,适度宽松的生育保险政策更加适合我国的发展需要,要降低生育所产生的成本,鼓励人们的生育行为。

2. 解决我国生育保险制度中存在不足的措施

我国生育保险中存在不足的解决措施包括:一是加强生育保险立法、基金管理和监督;二是提高生育保险的覆盖面,提高统筹层次;三是调整生育保险政策,扩大享受待遇范围;四是从保障女职工合法权益、促进计划生育、减轻企业负担出发,按照“以支定收,收支基本平衡”的原则对基金的收缴、使用等情况进行认真检查和测算,调整收缴比例,扭转基金提取比例过高、结余过多、造成企业负担过重的现状,真正为企业排忧解难;五是加大宣传力度,提高对生育保险的认识,使生育保险得到社会各界的普遍关心和支持。

强化提升训练

一、单项选择题

1. 职工应当参加生育保险,由(　　)。

A. 个人缴纳生育保险费　　B. 用人单位缴纳生育保险费

C. 个人和单位共同缴纳生育保险费　　D. 单位和国家补贴缴纳生育保险费

2. 生育的变动一般依据是对(　　)。

A. 出生率指标的变动把握　　B. 死亡率指标的变动把握

C. 总和生育率指标的变动把握　　D. 婴儿死亡率指标的变动把握

二、多项选择题

1. 我国的生育医疗费用包括(　　)。

A. 生育的医疗费用　　B. 计划生育的医疗费用

C. 生育津贴　　D. 法律、法规规定的其他项目费用

2. 职工享受生育津贴的情形有(　　)。

A. 女职工生育享受产假　　B. 女职工终止妊娠享受产假

C. 享受计划生育手术休假　　D. 法律、法规规定的其他情形

三、判断题

1. 生育保险和国家计划生育政策相关联,因此预见性强、风险不大。(　　)

2. 我国法律规定的女职工正常产假为 60 天。(　　)

参考答案与解析

一、单项选择题

1. B【解析】根据《社会保险法》第五十三条的规定,职工应当参加生育保险,由用人单位按照国家规定缴纳生育保险费,职工不缴纳生育保险费。

2. C【解析】生育的变动一般依据是对总和生育率指标的变动把握。

二、多项选择题

1. ABD【解析】根据我国《社会保险法》第五十五条的规定,生育医疗费用包括:生育的医疗费用,计划生育的医疗费用和法律、法规规定的其他项目费用。

2. ACD【解析】《社会保险法》第五十六条规定,职工有下列情形之一的,可以按照国家规定享受生育津贴:一是女职工生育享受产假;二是享受计划生育手术休假;三是法律、法规规定的其他情形。

三、判断题

1. T【解析】在生育保险基金中,生育保险基金是为生育而暂时离开工作岗位的女职工支付医疗费用和生育津贴。生育保险和国家计划生育政策相关联,因此预见性强、风险不大。

2. F【解析】根据 1988 年国务院颁布的《女职工劳动保护规定》,将正常产假延长为 90 天。

第七章 社会救助

本章提要：

了解社会救助的概念及体系等基本理论，掌握最低生活保障制度、农村五保制度、灾害救助制度等的目标、原则及基本内容，掌握我国社会救助体系及财政扶贫资金的使用与管理。

重要考点	出题频次	经典例题	命题趋势
社会救助概述	★★★★★	享受社会救助的条件是(B)。 A. 缴纳社会保险费　B. 低于贫困线 C. 无社会保障　D. 不缴纳社会保障费	重点考查社会救助的特征、体系、对象与标准，常以选择题或判断题的形式进行考查
我国的社会救助制度	★★★★★	制定最低生活保障标准时，一般不应考虑的因素是(D)。 A. 社会生产力水平　B. 社会平均收入水平 C. 消费品价格指数　D. 奢侈品价格指数	重点考查我国社会救助体系及财政扶贫资金的使用与管理，常以选择题或判断题的形式进行考查

第一节 社会救助概述

一、社会救助的概念

1. 社会救助的含义

社会救助，是指国家与社会面向贫困人口与不幸者组成的社会脆弱群体提供款物接济和扶助的一种生活保障政策，它通常被视为政府的当然责任或义务，采取的也是非供款制与无偿救助的方式，目的是帮助社会脆弱群体摆脱生存危机，进而维护社会秩序的稳定。社会救助的外延，则包括贫困救助、灾害救助及其他对社会弱势群体的扶助措施。

社会救助主要包括以下三层含义：一是社会救助是一种政府或社会的行为；二是社会救助的对象是容易遭遇生活困难的社会脆弱群体；三是社会救助的目标是满足社会成员的最低生活需要。

易考点：社会救助的目标是，满足社会成员的最低生活需要。

2. 社会救助的发展

人类社会早期，就已经出现了最原始的社会救助。中世纪以后，人类互助共济的习俗与宗教的泛爱精神紧密结合，社会保障事业有了较大的发展，形式多种多样。从欧洲社会发展历程上看，以国家立法形式确立社会保障制度，开始于16世纪30年代，标志是法国的福利改革和英国的《济贫法》的出台。20世纪初以后，各国建立现代意义的社会救助制度，享受社会救助成为社会成员的一项基本权利，提供社会救助是国家和社会的应尽职责和义务。二战后，大多数国家建立了自己的社会救助制度。

经典真题再现

[2013年甘肃省选拔万名普通高校毕业生到基层工作考试社会保障专业知识真题]

【原题】承认普及性社会救济权利和最低生活保障原则,开启了"院外救济"的先河的法令是(　　)。

A.《斯皮纳姆兰法令》　B.《居住法》　C.《济贫法》　D.《济贫法修正案》

【解析】1795年制定的《斯皮纳姆兰法令》其主要原则是,按照面包价格涨落幅度来确定当地人的最低生活费,并开启了"院外救济"的先河,明确表达了"最低生活保障"思想与"普及性权利"的原则。故选A。

3. 社会救助的特征

社会救助制度在实践中具有自己的特征,这些特征主要表现在以下几个方面:

(1)救助对象的选择性,即社会救助对象由法律加以规定,只有符合条件且真正陷入生活困境的社会成员才有资格享受救助。

(2)保障目标的低层次性,即社会救助是整个社会保障制度或社会稳定系统的最后一道防线,被称为最低保障制度。

(3)保障义务的单向性(资金来源的非供款制),即社会救助只强调国家和社会对社会成员的责任和义务,社会成员享受社会救助是他们的权利并不需要承担相应的义务,社会救助资金一般由政府财政拨付,社会成员不用缴纳任何费用。

(4)保障资金运动的单向性,即救助金不需偿还,资金运动呈现政府向个人的单向流动性。

(5)救助获取的自愿性,即救助基金必须由低收入个人提出申请,主管部门对申请者的财产和收入进行调查,批准后才会获得救助。

(6)救助期限的短期性,即社会救助对贫困者的救济多为应急性的、一次性的救助。

(7)救助对象的全民性,即虽然社会救助因多数社会成员能够正常生活而不需要救助,且在事实上并非全体社会成员都能享受,但就其本质而言它是面向全体社会成员的,从而具有全民性特征。

(8)社会救助手段的多样性,即社会救助既可采用实物救助也可采用现金救助,既有临时应急救助又有长期固定救助,既有官方救助又有民间救助,社会救助手段的多样性是使社会成员得到救助的关键。

4. 社会救助的功能

现代社会救助制度,在应对贫困问题、维护社会稳定等方面具有以下功能:一是缓解贫困问题是社会救助最基本和最直接的功能;二是可以作为国家进行宏观调控的工具;三是可以作为社会稳定的平衡机制;四是推动社会公平和社会文明进步。

二、社会救助的对象

在各国的社会救助制度中,对社会救助对象通常都会有明确的规定,即只对自我保障有困难而且确实需要国家与社会给予救助才能摆脱生存危机或困境的社会成员负责。

在中国,社会救助的对象主要包括三部分人员:一是"三无"人员,即无生活来源,无劳动能力又无法定赡养人、抚养人或者扶养人的城市居民。这一群体大多属于长期被救助的对象;二是灾民,即遭受灾祸严重侵袭而使生活一时陷入困境的社会成员,这类社会成员有劳动能力也有生活收入来源,只是由于突发性的灾害使其遭受严重的财产损失或人身伤害,生活一时发生困难,需要国家和社会给予相应的援助;三是贫困人口,即生活水平低于国家规定最低标准的社会成员,这一群体尽管会有生活来源和相应收入,但收入水平及生活水平达不到法定的最低标准,所以也属于社会救助的范围。

易考点:①享受社会救助的条件是低于贫困线。②社会救助对象中的“三无”人员是指无生活来源,无劳动能力又无法定赡养人、抚养人或者扶养人的城市居民。

三、社会救助体系的分类

社会救助体系是指一个国家或地区对于低收入群体及不幸者所进行各种救助项目所形成的一套制度框架体系。在实践中,社会救助一方面依然保留并将继续保留救济、济贫等传统项目,另一方面也在根据社会经济发展的需要,不断增加新的救助项目,其内容在不断丰富和完善。

社会救助体系的结构,按照不同的划分标准,可以有不同的分类。

1. 按救助的实际内容分类

依据救助的实际内容,社会救助可分为以下几类:

(1)生活救助,是指对家庭人均收入低于贫困线或当地最低生活保障标准的贫困人口,实行差额补助的一种社会救助。

(2)灾害救助,是指当社会成员遭受自然灾害袭击而造成生活困难时,由国家和社会紧急提供援助的一种社会救助,目的在于帮助社会成员度过灾害发生带来的生活困境。

(3)失业救助,是与失业保险制度相配套的制度安排,其救助对象是因失业救济金低下无法维持基本生活或失业保险期满仍未找工作,生活陷入困境者。

(4)住房救助,是指政府向低收入家庭和其他需要保障的特殊家庭提供住房租金补贴或以低廉租金配租住房的一种社会救助。

易考点:①政府为中低收入者提供住房社会救助的形式包括,住房公积金制度、经济适用住房制度和廉租住房制度。②申请廉租住房保障,申请人应向其户籍所在地的街道办事处(镇)提出,填写申请表,并按申请表的提示交验相关证明材料(身份证、户口本、低保证、住房产权证或租赁协议等)。对采取租金核减保障方式的,由区房管理部门予以核准登记,对符合条件的书面通知申请人,并报市房产管理部门备案。准予租金核减的,与房屋产权单位办理租金核减手续。

(5)医疗救助,是指对贫困人口中因病而无经济能力进行治疗的人,实施专项帮助和支持的一种社会救助。

(6)教育救助,是国家和社会为保障适龄人口获得受教育的公平机会而对贫困地区和贫困家庭子女提供物质援助的一种社会救助。

(7)法律援助,是指国家在司法制度运行中对因贫困及其他原因导致的难以通过一般意义上的法律手段保障自身基本社会权利的社会成员,通过减免收费、提供法律帮助等实现其司法权益的一项社会救助。

(8)扶贫开发,是指国家和社会通过包括政策、资金、物资、技术、信息、劳务、就业等方面的外部投入,对贫困地区的经济运行状态进行调整、优化,在此基础上实现贫困地区经济的良性增长,进而缓解贫困地区的贫困,促使贫困人口逐渐摆脱贫困的政策体系。

2. 按救助的手段分类

依据救助的手段来划分,社会救助可分为以下几类:

(1)现金救助,是指以发放现金的形式为救助对象提供帮助的社会救助形式,费用的减免或核销其实也是现金救助,它是现代社会救助的主要形式。

(2)实物救助,是指以发放物资的形式为救助对象提供帮助的社会救助形式,它是一种传统的救助形式。

(3)服务救助,是指针对特殊的救助对象提供生活照顾和护理等服务。

(4)以工代赈,是指通过提供相应的工作或就业机会并发放劳动报酬的方式来实现对救助对象的救助。

易考点:社会救助的手段主要有现金救助、实物救助、服务救助和以工代赈四种。其中,现金救助是现代社会救助的主要形式。

3. 按救助时间的长短分类

依据救助时间的长短来划分,社会救助可分为以下两类:

(1)定期救助,是指在时间上具有连续性的社会救助,它一般表现为在相对长的一段时间里,社会救助管理机构按规定连续性地、定时地为救助对象提供援助。

(2)临时救助,是指在时间上没有连续性,或者救助时间比较短的社会救助,它是为解决社会成员临时的生活困难而进行的社会救助。

从各国的社会救助实践来看,其社会救助体系结构并不相同,发达国家的社会救助项目齐全,保障全面。而发展中国家则大多停留在食物保障阶段,但也在不断扩展。在中国,现行的社会救助体系主要有最低生活保障、乡村贫困救济、农村五保制度、灾害救助以及对特殊对象的救助等。

四、救助标准及其确定方法

(一)救助标准

实行社会救助的目的是保障社会成员享有最低生活水平,这种最低生活水平不能凭主观判断,而是必须科学界定,否则社会救助的功能就不可能得到应有的发挥。同时,由于贫困救助或者低收入家庭救助是各国社会救助的主体,对救助标准的确定也以社会成员的收入状况即贫困状态为主要依据。

一般来说,社会成员的贫困状态有绝对贫困与相对贫困之分。

1. 绝对贫困、相对贫困和贫困线

绝对贫困又称生存贫困、极端贫困,即最低生活水平,是指在一定的社会生产方式和生活方式下,个人或家庭不能维持基本生存需要的状况。

相对贫困,是比较而言的贫困,是指当个人或家庭的收入比社会平均水平少到一定程度时所表现出的贫困状况,它是根据低收入者与社会其他成员收入的差距来判断贫困的。

易考点:按照贫困尺度可以将贫困分为绝对贫困和相对贫困,而通常将远落后于社会平均生活水平的状态称为绝对贫困。

贫困线可分为三个不同层次:最低一层是生存线,即满足人的生理需求所需的最低费用,达到此线才能维持生存;中间一层是温饱线,即满足生活需求的最低费用,达到此线则能维持温饱;最高一层是发展线,即基本上能自给有余的最低费用,达到此线则具备发展能力。

2. 绝对贫困、相对贫困的影响因素

相对贫困与实际生活水平无关,是一种不同人之间相对收入或生活水平的相对比较;相对贫困与社会经济发展水平无关,而仅仅与收入差距有关。

从纯理论的角度来讲,绝对贫困可以随经济和社会发展程度的提高而消除;相对贫困只能随收入差距的缩小而减少,并随收入分配的完全均等化而消除。发展中国家一般采用绝对贫困概念,发达国家多数采用相对贫困的概念。

3. 影响最低生活保障标准的因素

最低生活保障标准主要受以下四个因素的影响：

(1)一定时期的社会生产力水平，它决定着社会的富裕程度，也决定着一定时期政府实施社会救助计划的财政实力，它与社会救助的标准构成正比例关系。

(2)一定时期的社会平均收入水平，它表明该时期满足社会基本生活所需求的收入量。一般情况下，社会救助标准应该略低于社会平均收入水平，但必须以社会平均收入水平作为标准制定的重要参考因素，在平均收入水平的基础上根据实际情况向下调整一定幅度。

(3)消费品价格指数，它是将收入转化为实际消费能力的最重要的制约因素。在收入水平一定的情况下，消费品价格指数高，同样收入所能转化为消费的能力就弱一些，相反就强一些。因此，确定社会救助标准必须考虑消费品价格指数因素。

(4)贫困人口的数量，在经济发展所能提供的济贫资金一定的情况下，贫困人口的数量制约着政府和社会对贫困人口的供养能力，进而制约着社会救助的标准，它与贫困人口的数量成反比关系。

易考点：制定最低生活保障标准时，一般应考虑社会生产力水平、社会平均收入水平、消费品价格指数和贫困人口的数量等因素。

(二)救助标准的确定方法

从实施社会救助已久的发达国家的经验来看，决定最低生活标准的具体方法主要有四种，即市场菜篮子法、恩格尔系数法、国际贫困标准法和生活形态法。

1. 市场菜篮子法

市场菜篮子法又称"标准预算法"，它首先要求确定一张生活必需品的清单，内容包括维持社会认定的基本生活水准的必需品种类和数量，然后根据市场价格来计算拥有这些生活必需品需要多少现金，以此确定的现金金额就是贫困线。

2. 恩格尔系数法

恩格尔系数法是建立在恩格尔定律的基础上，它以食品消费支出除以已知的恩格尔系数(即食品消费支出占总消费支出的比例)来求出所需的消费支出。根据联合国粮食组织提出的标准，恩格尔系数在59%以上为贫困，50%～59%为温饱，40%～50%为小康，30%～40%为富裕，低于30%即为最富裕。

易考点：绝对贫困线的测算方法有市场菜篮子法和恩格尔系数法两种。

经典真题再现

[2013年甘肃省选拔万名普通高校毕业生到基层工作考试社会保障专业知识真题]

【原题】恩格尔系数是通过计算食品消费支出占总消费支出的比例来测算贫困线的一种方法，国际粮农组织认为恩格尔系数在(　　)。

A. 69%以上的属于贫困　　B. 49%以上的属于贫困

C. 39%以上的属于贫困　　D. 59%以上的属于贫困

【解析】恩格尔系数法是建立在恩格尔定律的基础上，它以食品消费支出除以已知的恩格尔系数来求出所需的消费支出。根据联合国粮食组织提出的标准，恩格尔系数在59%以上为贫困，50%～59%为温饱，40%～50%为小康，30%～40%为富裕，低于30%为最富裕。故选D。

3. 国际贫困标准法

国际贫困标准法实际上是一种收入比例法，经济合作与发展组织提出，以一个国家或地区社会的中等收入或平均收入的50% ~60%作为这个国家或地区的贫困线。

4. 生活形态法

生活形态法也称剥夺指标法，它首先是从人们的生活方式、消费行为等“生活形态”入手，提出一系列有关贫困家庭生活形态的问题，让被调查者回答，然后选择出若干“剥夺指标”，再根据这些剥夺指标和被调查者的实际生活状况计算贫困的“门槛”，从而确定哪些人属于贫困者，然后再来分析他们(被剥夺)的需求以及消费和收入来求出贫困线。

以上四种方法各有特色，具体到某一个国家或地区采用哪一种方式或兼用几种方法要根据该国或该地区的基本情况来决定。

五、社会救助管理

各国社会救助的管理体制在保持政府供款、直接管理并负责实施的共性时，也存在着一些差别，即中央政府和地方政府在社会救助方面的事权、财权划分方面并不尽一致。概括起来，各国政府对社会救助的管理模式主要有以下三种类型：

(1)中央政府集中管理型，即中央政府直接承担着管理全国社会救助事物的责任，包括确定社会救助标准并负责实施，中央政府中的社会救助机构直接延伸到各个地区，其特征是高度统一。英国、澳大利亚和新西兰等国家采用该模式。

(2)地方政府分散管理型，即一般由中央政府制定社会救助标准，由地方政府根据本地区的具体情况来负责管理并实施社会救助。中国、日本、瑞士、瑞典、芬兰等国家采用该模式。

(3)中央和地方政府分层管理型，这种模式是划分中央政府与地方政府在社会救助方面的职责，并按照分工负责的原则履行各自职责。法国、美国和卢森堡等国家采用该模式。

第二节　我国的社会救助制度

一、我国的社会救助体系

近年来我国社会救助体系建设进入了一个全新的发展时期。具体而言，我国社会救助体系的框架主要分为救灾、农村扶贫、农村“五保”供养制度、城市居民最低生活保障、农村最低生活保障制度和城乡特殊社会救助制度几个部分。

(一)自然灾害救助

1. 自然灾害的概念

救灾是指国家和社会对因自然灾害造成生存危机的社会成员进行抢救与援助，以维持其最低生活水平并使其脱离灾难和危险境地。

我国灾害的特征主要是灾害种类多、发生频率高、分布地域广和造成的损失大等。我国自然灾害应急工作的基本原则是统一领导、分级负责、条块结合和属地管理。

自然灾害的发生主要是自然界内在矛盾激化的结果，具体表现为：气象灾害，如水灾、旱灾等；地质灾害，如地震等；地貌灾害，如泥石流等；水文灾害，如海啸等；生物灾害，如病虫害等。

自然灾害的救助对象是灾区及其灾民。灾区可分为轻灾区、重灾区、特重灾区和插花灾区。灾民包括:因灾造成的伤病员;因灾造成的无住房、无衣被、无口粮、无耕地、无生产工具或生产资料的人员;因灾导致减产、减收三成及三成以上,以及发生饥荒和因饥荒引起各种疾病的人员。

2. 灾害救助的概念

灾害救助,简称救灾,包括灾时的应急反应、营救、灾后救助等方面,还着眼于风险管理、减灾和备灾,并且更加重视从防灾到救灾的整体规划、系统管理、过程控制、资源整合、环节衔接和组织协调等。

从空间范围看,灾害救助可分为国家救灾体系和国际层次的救灾体系两个层次;从救灾业务的分类看,可分为单一救灾体系、复合救灾体系和全系统救灾体系;从国家救灾体系基本要素看,可分为救灾主体、救灾组织系统、救灾主导机制和救灾辅助机制。

我国灾害救助的特征是灾害救助时间的紧迫性、灾害救助范围的扩展性、灾害救助的不确定性和灾害救助的非经常性。

3. 灾害救助存在的问题

我国灾害救助体制存在的问题主要包括:一是政府间权责不清,没有充分调动地方积极性;二是防灾基础设施建设不完善,救灾技术落后;三是救灾工作绩效评价体系不完善,防灾减灾效果不明显以及缺乏应对巨灾的风险分担机制;四是救灾资金存在平均分配的现象;五是救灾数量和素质亟待提升;六是自然灾害救助法规与其监督机制有待进一步完善。

4. 救灾过程中存在问题的解决对策

我国救灾过程中存在问题的解决对策包括:

(1)在切实保障灾民基本生活的前提下,明确各级政府的救灾责任,逐步建立起救灾工作分级负责、分级管理和救灾款分级负担的救灾体制。

(2)争取中央财政和地方财政增加救灾经费预算,不断增强救灾实力。

(3)探索建立救灾预备金制度,进一步加强救灾扶贫周转金和救灾扶贫经济实体的管理,提高群众抗灾救灾等级,改善救灾和生产自救的能力。

(4)建立救灾的监测管理体系,科学评定灾害等级,改善救灾装备,提高救灾工作效率。

(5)实行减灾和救灾相结合,减轻自然灾害损失。

(6)努力争取国际救灾援助,发动国内群众救灾捐赠,开辟救灾经费来源新渠道,加强救灾捐赠的管理。

易考点:①我国灾害救助的形式主要有三种,即国家救助、生产自救和互助互济。②实施自然灾害救助的措施主要有实物救助、现金救助和服务救助三种。

(二)农村扶贫

农村扶贫有广义和狭义之分,广义的农村扶贫是指一切能使农村中的贫困户摆脱贫困为目的的社会救济项目,包括救济式扶贫和开发式扶贫两种。狭义的农村扶贫是指对农村中有一定的生产经营能力的贫困户,从政策、思想、资金、物资、技术、信息等方面给予扶持,使其通过生产经营活动,摆脱贫困的社会救助项目。

易考点:我国在反贫困方面最具特色、效果最好的方式是扶贫开发。

我国农村贫困扶贫的对象主要包括农村中无法定扶养义务人、无劳动能力、无生活来源的,老年人、残疾人、未成年人和因病、灾、缺少劳动能力等造成生活困难的贫困对象。

农村扶贫的方式和方法有劳务输出、小额信贷、以工代赈、文化科技“三下乡”活动和 GB 模式。农村扶贫的资金来源主要有国家扶贫资金和地方配套资金、社会捐助资金及世界银行扶贫资金。

(三)农村五保供养制度

1. 农村五保供养制度的含义

五保制度,是针对农村中缺乏或丧失劳动能力、无依无靠、没有生活来源的老、弱、孤、寡、残疾人员,由乡、村两级组织负责向其提供保吃、保穿、保住、保医、保葬(孤儿保教)等五个方面援助的一种社会救助制度。

易考点:农村五保制度中的“五保”是指保吃、保穿、保住、保医、保葬,其标准是不低于当地村民的平均生活水平。

经典真题再现

[2013 年甘肃省选拔万名普通高校毕业生到基层工作考试社会保障专业知识真题]

【原题】中国农村自新中国成立以来坚持至今并较为规范的一种社会救助制度安排是(　　)。

A. 最低生活保障制度　　B. 医疗救助制度

C. 司法救助制度　　D. 五保供养制度

【解析】农村五保制度是中国农村自新中国成立以来坚持至今并较为规范化的一种社会救助制度安排。故选 D。

2. 农村五保供养的资金来源及职责分工

农村五保供养资金由地方人民政府从财政预算中安排。有农村集体经营等收入的地方,可以从农村集体经营等收入中安排资金,用于补助和改善农村五保供养对象的生活。中央财政通过农村税费改革转移支付,对财政困难地区在资金上给予适当补助。

农村五保供养的职责分工为:国务院民政部门主管全国的农村五保供养工作;县级以上地方各级人民政府民政部门主管本行政区域内的农村五保供养工作;乡、民族乡、镇人民政府管理本行政区域内的农村五保供养工作;村民委员会协助乡、民族乡、镇人民政府开展农村五保供养工作。

经典真题再现

[2013 年甘肃省选拔万名普通高校毕业生到基层工作考试社会保障专业知识真题]

【原题】农村五保供养资金由(　　)。

A. 地方财政预算安排,中央财政补贴　　B. 中央财政预算安排

C. 集体经济收入　　D. 代耕收入

【解析】《农村五保供养工作条例》第十一条规定,农村五保供养资金,在地方人民政府财政预算中安排,中央财政对财政地区的农村五保供养,在资金上给予适当补助。故选 A。

3. 农村五保供养的对象

农村五保供养制度的供养对象通常被称为“五保户”,按照《中华人民共和国农村五保供养工作条例》(以下简称《农村五保供养工作条例》)第六条规定,农村五保供养制度的供养对象为:老年、残疾或者未满 16 周岁的村民,无劳动能力、无生活来源又无法定赡养、抚养、扶养义务人,或者其法定赡养、抚养、

扶养义务人无赡养、抚养、扶养能力的。

按照《农村五保供养工作条例》第七条的规定，享受农村五保供养待遇，应当由村民本人向村民委员会提出申请；因年幼或者智力残疾无法表达意愿的，由村民小组或者其他村民代为提出申请。经村民委员会民主评议，对符合《农村五保供养工作条例》第六条规定条件的，在本村范围内公告；无重大异议的，由村民委员会将评议意见和有关材料报送乡、民族乡、镇人民政府审核。

4. 农村五保供养的内容

按照《农村五保供养工作条例》第九条的规定，农村五保供养包括以下内容：供给粮油、副食品和生活用燃料；供给服装、被褥等生活用品和零用钱；提供符合基本居住条件的住房；提供疾病治疗，对生活不能自理的给予照料；办理丧葬事宜。对于未满16周岁或者已满16周岁仍在接受义务教育的农村五保供养对象，还应当保障他们依法接受义务教育所需费用。

5. 农村五保的供养标准

《农村五保供养工作条例》规定，农村五保供养标准不得低于省人民政府确定的最低限定标准。县级人民政府制定农村五保供养标准应当结合当地农村居民家庭人均生活消费支出和人均纯收入等指标，并不得低于当地村民平均生活水平。农村五保供养标准根据当地村民平均生活水平的提高适时调整。

(四)城市居民最低生活保障

作为“社会最后一道安全网”，最低生活保障制度的确立及其实施，必须遵循一定的原则，包括保障最低生活需要的原则、普遍性原则、与当地实际生活水平相联系原则以及维护个人尊严的原则。

易考点：最低生活保障制度属于社会保障体系中最后一道“安全阀”和“减震器”。

1. 城市居民最低生活保障的概念

城市居民最低生活保障制度，是政府对城市贫困人口按照最低生活保障标准进行差额救助的社会救济制度，其目标是克服现实中的困难问题。

享受城市居民最低生活保障的家庭分为全额享受和差额享受两类。全额享受，是对于无生活来源、无劳动能力，又无法定赡养人、扶养人或抚养人的城市居民，按照其当地城市居民最低生活保障标准全额享受；差额享受，是对尚有一定收入的城市居民，按照家庭人均收入低于当地城市居民最低生活保障标准的差额享受。

2. 城市居民最低生活保障的对象

城市居民最低生活保障制度的保障对象是家庭人均收入低于当地最低生活保障标准的、持有非农业户口的城市居民，主要对象是以下四类人员：一是无生活来源、无劳动能力和无法定赡养或抚养人的居民；二是领取失业救济金期间或失业救济期满仍未重新就业，家庭人均收入低于最低生活保障标准的居民；三是在职人员和下岗人员在领取工资、基本生活费后以及退休人员领取退休金后，其家庭人均收入仍低于最低生活保障标准的居民；四是因天灾人祸造成暂时生活困难的居民。

第一类属于传统的救助对象，后三类属于新增的社会救助对象。在发放最低生活保障金时，对第一类保障对象要按最低生活保障标准全额发放；对其他保障对象均按其家庭人均收入与最低生活保障标准的差额发放。根据国家有关规定享受特殊待遇的优抚对象等人员，其抚恤金等不计入家庭收入。

3. 城市居民最低生活保障的标准

《城市居民最低生活保障条例》规定，城市居民最低生活保障标准，按照当地维持城市居民基本生活所必需的衣、食、住费用，并适当考虑水电燃煤(燃气)费用以及未成年人的义务教育费用确定。

各地制定的低保标准的依据主要包括：维持居民的最低生活需求所需要的物品的种类和数量；生活必需品所需要的费用；市场综合物价指数，尤其是生活必需品的价格指数；居民的平均收入和消费水平；经济发展状况和财政收入状况；其他社会保障标准。

城市居民最低生活保障标准由各地人民政府自行确定。保障标准由各地民政部门会同当地财政、统计、物价等部门制定，经当地人民政府批准后向社会公布，并且随着生活必需品的价格变化和人民生活水平的提高适时调整，所定标准要与其他各项社会保障标准相衔接。

（五）农村最低生活保障制度

1. 农村最低生活保障制度的含义

农村最低生活保障制度指由地方政府为家庭人均纯收入低于当地最低生活保障标准的农村贫困群众，按最低生活保障标准，提供维持其基本生活的物质帮助。该制度是在农村特困群众定期定量生活救济制度的基础上逐步发展和完善的一项规范化的社会救助制度。我国最早实行农村最低生活保障制度的地区是山东烟台。

2. 农村最低生活保障的对象

农村最低生活保障对象是家庭年人均纯收入低于当地最低生活保障标准的农村居民，主要是因病残、年老体弱、丧失劳动能力以及生存条件恶劣等原因造成生活常年困难的农村居民。

3. 农村最低生活保障的标准

农村最低生活保障标准由县级以上地方人民政府按照能够维持当地农村居民全年基本生活所必需的吃饭、穿衣、用水、用电等费用确定，并报上一级地方人民政府备案后公布执行。农村最低生活保障标准随着当地生活必需品价格变化和人民生活水平提高适时进行调整。

（六）城市流浪乞讨人员的救助管理制度

1. 救助管理的含义

救助管理是指为了对在城市生活无着的流浪、乞讨人员实行救助，保障其基本生活权益而提供的一项社会救助制度。2003 年 6 月，国务院发布了《城市生活无着的流浪乞讨人员救助管理办法》（以下简称《救助管理办法》），2003 年 7 月，民政部公布了《城市生活无着的流浪乞讨人员救助管理办法实施细则》（以下简称《实施细则》）。

易考点：对城市流浪乞讨人员实施救助的直接功能是，保障城市流浪乞讨人员的基本生活权益；间接功能是，维护城市秩序，促进社会稳定。

2. 救助管理的特征

《救助管理办法》的特征包括：

（1）救助管理制度有着充分的宪法依据，合法性很强。

（2）救助管理制度明确了对流浪乞讨人员实施救助是其唯一目标。

（3）救助管理制度主要是针对城市生活无着的流浪乞讨人员。流浪乞讨人员，就是指因自身无力解决食宿，无亲友投靠，又不享受城市最低生活保障或者农村五保供养，正在城市流浪乞讨度日的人员。虽有流浪乞讨行为，但不具备前款规定情形的，不属于救助对象。

（4）救助管理制度由民政部门一家负责，公安部门不再直接介入，而是与卫生、交通、铁道、城管等部门一起，“在各自的职责范围内做好相关工作”。

(5)救助管理制度明确规定了自愿受助、无偿受助的原则。

(6)与收容遣送制度相比,救助管理制度更为明确地规定了救助内容。

(7)与收容遣送制度相比,救助管理制度明显强化了对救助站工作人员的约束,而减轻了对受助人员的约束。

(8)救助管理制度体现了一定的开放性,鼓励、支持社会组织和个人参与救助流浪乞讨人员。

3. 救助管理的基本内容

《救助管理办法》第七条规定了对受助人员的五项基本救助内容:一是提供符合食品卫生要求的食物;二是提供符合基本条件的住处;三是对在站内突发急病的,及时送医院救治;四是帮助与其亲属或者所在单位联系;五是对没有交通费返回其住所地或者所在单位的,提供乘车凭证。在实际工作中,还增加了对长期滞留人员的安置和对特殊困难救助对象跨省护送返乡等救助内容。

二、财政扶贫资金

1. 财政扶贫资金的含义

财政扶贫资金是国家设立的用于贫困地区、经济不发达的革命老根据地、少数民族地区、边远地区改变落后面貌,改善贫困群众生产、生活条件,提高贫困农民收入水平,促进经济和社会全面发展的专项资金。

2. 财政扶贫资金的来源

财政扶贫资金的来源包括:中央财政安排的资金和地方配套资金。地方政府应按不低于中央财政安排资金额度30%的比例落实配套资金,地方配套资金包括财政和部门的配套资金。地方财政应落实的配套资金由地方各级财政部门共同负担,负担比例由省人民政府确定,对市、县财政部门确实无力配套的,省级财政必须全部负担。地方各级财政应负担的部分,必须在年初预算中足额安排。配套资金不能虚列预算,不能多头配套,对中央财政第四季度追加的资金,地方各级政府可视财力情况安排配套。

3. 财政扶贫资金的使用

财政扶贫资金的使用范围包括:一是以工代赈资金,主要用于贫困地区基础设施建设,改善群众生产、生活条件和生态环境,适当用于异地扶贫开发中的移民村基础设施建设;二是新增财政扶贫资金和发展资金,重点用于发展种植业、养殖业、科技扶贫,适当用于修建乡村道路、桥梁,建设基本农田、兴建农田水利等事业。

4. 财政扶贫资金的分配

财政扶贫资金分配应依据国家扶贫方针政策、贫困人口数、贫困县数、自然条件、基础设施状况、地方财力、贫困地区农民人均纯收入、资金使用效益及其他。

中央财政扶贫资金的分配程序为:一是以工代赈资金由国家计委商财政部、国务院扶贫开发领导小组办公室提出初步分配方案;二是新增财政扶贫资金和发展资金由财政部商国务院扶贫开发领导小组办公室提出初步分配方案;三是由国务院扶贫开发领导小组办公室汇总平衡提出统一分配方案,上报国务院扶贫开发领导小组审定并于年初一次通知到各省、自治区、直辖市人民政府,同时抄送各省、自治区、直辖市财政厅(局)、计委、扶贫办;四是以工代赈计划由国家计委及时下达,财政部拨付资金。

5. 财政扶贫资金的管理

中央财政每年从以工代赈资金、新增财政扶贫资金、发展资金中分别提取1.5%用于项目管理费。以工代赈项目管理费由国家计委商财政部、国务院扶贫开发领导小组办公室,新增财政扶贫资金、发展资金项目管理费由财政部商国务院扶贫开发领导小组办公室专项下达各地。地方各级、各部门不得以任何理由、任何方式再提取项目管理费和其他费用。

省以下(含省本级)各级财政部门要设立财政扶贫资金专户,实行专项管理,封闭运行。当年结余,结转下年继续使用。专户存储所得利息,全额转作扶贫资金,继续用于扶贫。

财政扶贫资金安排的建设项目实行省级管理制度,省以下不能层层切块分配,要严格实施项目管理。做到资金到项目、管理到项目、核算到项目,按项目建设进度核拨资金,确保资金及时足额到位。

6. 财政扶贫资金的监督与检查

各级财政部门、计委(以工代赈办)、扶贫办要依法加强对财政扶贫资金的监督检查,配合审计等有关部门做好审计、检查、稽查工作。

有下列情形之一的,要如数调减下年度分配指标,并视情节对直接责任人员依法予以处罚:一是挥霍、浪费、截留、克扣、挤占财政扶贫资金的;二是配套资金不足的;三是同一项目多头申报、多头申请资金的。对骗取、套取、挪用、贪污财政扶贫资金的行为,要如数抵减下年度拨款,并依法对单位和直接责任人员进行处罚。构成犯罪的,移交司法部门依法追究刑事责任。

三、我国社会救助制度存在的问题及完善措施

1. 我国社会救助制度存在的问题

我国社会救助制度存在的问题主要包括:

(1)社会救助体系不够完整,即救助体系不够完整和救助体系二元化。

(2)社会救助管理体制上存在的问题,即当前社会救助由各级政府部门牵头,分别由社保、民政、卫生、财政、教育、建设、司法等部门按照各自职责负责实施,但职责划分不明确,并且在实施过程中,各部门标准各异,相互之间不衔接,协调性很差,缺乏整体性,救助时机不统一,救助额度不规范。

(3)社会救助实施中的问题,包括社会救助资金来源单一,社会慈善事业发展滞后,救助标准偏低和覆盖面偏窄。

(4)社会救助制度法律法规上的问题,即一方面,我国社会救助制度长期处于"无法可依"的状态,当前我国社会救助法律仅有少数法规、部门规章和规范性文件,没有统一的《社会救助法》;另一方面,社会救助法制化建设的滞后导致社会救助工作在很大程度上依赖于地方政府领导人,这就容易引发随意性、不规范性等诸多弊端,使社会救助的制度化建设达不到预期的效果。

(5)社会救助态度存在偏失,即一方面,公民观念存在认识上的偏差,没有"社会救助是公民的一项权利"的意识;另一方面,社会上存在不尊重受助者的现象,使得受助者容易出现感恩心态,容易丧失自尊心或自尊心受挫。这种社会救助理念,往往影响到当前的社会救助工作,也不利于社会的和谐稳定。

2. 进一步完善我国社会救助制度的措施

推进政府职能转变和部门职责整合,构建与经济社会发展水平相适应、与其他保障制度相衔接、逐步完善的社会救助体系,使救助工作科学化、规范化、法制化。进一步完善我国社会救助制度的措施包括:

(1)切实保障最低生活。国家对共同生活的家庭成员人均收入低于当地最低生活保障标准,且符合当地最低生活保障家庭财产状况规定的家庭,给予最低生活保障。

(2)明确特困人员的供养内容。特困人员供养应当与城镇居民社会养老保险、新型农村社会养老保险等制度相衔接。

(3)规范受灾人员救助。县级以上人民政府应当为受灾人员提供应急救助。

(4)开展医疗救助。最低生活保障家庭成员、特困供养人员,以及其他特殊困难人员,可以申请相关

医疗救助;国家对需要急救但身份不明或者无力支付急救费用的急重危伤病患者给予疾病应急救助。

(5)完善教育救助。国家对在义务教育阶段就学的最低生活保障家庭成员、特困供养人员,给予教育救助,国家对在高中教育(含中等职业教育)、普通高等教育阶段就学的人员,及不能入学接受义务教育的残疾儿童,根据实际情况给予适当教育救助。

(6)建立住房救助。国家对符合规定标准的住房困难的最低生活保障家庭、分散供养的特困人员,给予住房救助。

(7)加强就业救助。县级以上地方人民政府应当采取措施,确保最低生活保障家庭中的"零就业"家庭,至少有一人就业。

(8)做好临时救助。国家对基本生活暂时出现严重困难的家庭,给予临时救助。

(9)鼓励社会力量参与救助。国家鼓励社会力量通过捐赠、设立帮扶项目、创办服务机构、提供志愿服务等方式,参与社会救助。

强化提升训练

一、单项选择题

1. 社会救助最基本和最直接的功能是(　　)。

A. 作为社会的稳定器　　B. 填补市场不足

C. 缓解贫困问题　　D. 作为一种国家的宏观调控工具

2. 我国的住房公积金计划是国家依法建立的,由单位和个人共同承担缴费责任的(　　)。

A. 自愿性住房储蓄计划　　B. 强制性住房储蓄计划

C. 营利性住房储蓄计划　　D. 商业性住房储蓄计划

3. 我国在反贫困方面最具特色、效果最好的方式是(　　)。

A. 灾害救助　　B. 住房救助　　C. 扶贫开发　　D. 失业救助

二、多项选择题

1. 社会救助的手段主要有(　　)。

A. 资金救助　　B. 实物救助　　C. 服务救助　　D. 以工代赈

2. 绝对贫困线的划定方法有(　　)。

A. 生活形态法　　B. 市场菜篮子法　　C. 恩格尔系数法　　D. 收入平均数法

3. 我国灾害救助体制存在的问题主要有(　　)。

A. 政府间责权不清　　B. 防灾基础设施建设和救灾技术落后

C. 缺乏应对巨灾的风险分担机制　　D. 救灾数量和素质亟待提升

三、判断题

1. 社会救助的目标是满足社会成员的最低生活需求。(　　)

2. 农村五保供养对象可以在当地的农村五保供养服务机构集中供养,也可以在家分散供养。农村五保供养对象可以自行选择供养形式。(　　)

3. 最低生活保障制度属于社会保障体系中最后一道“安全阀”和“减震器”。(　　)

参考答案与解析

一、单项选择题

1. C【解析】缓解贫困问题是社会救助最基本和最直接的功能。

2. B【解析】住房公积金计划是依据国家的政策法令所建立的一项由单位和个人共同承担缴费责任的强制性住房储蓄计划。

3. C【解析】中国扶贫开发事业取得的成就表明,中国走出了一条独具特色的扶贫开发道路,是最具特色、效果最好的反贫困方式。

二、多项选择题

1. ABCD【解析】社会救助的手段主要有资金救助、实物救助、服务救助和以工代赈四种。

2. BC【解析】绝对贫困线的划定方法有市场菜篮子法和恩格尔系数法两种。

3. ABCD【解析】我国灾害救助体制存在的问题主要包括:一是政府间权责不清,没有充分调动地方积极性；二是防灾基础设施建设不完善，救灾技术落后；三是救灾工作绩效评价体系不完善，防灾减灾效果不明显以及缺乏应对巨灾的风险分担机制；四是救灾资金存在平均分配的现象；五是救灾数量和素质亟待提升；六是自然灾害救助法规与其监督机制有待进一步完善。

三、判断题

1. T【解析】社会救助是一种政府或社会的行为，其目标是满足社会成员的最低生活需要，其对象是社会脆弱群体。
2. T【解析】略。
3. T【解析】略。

第八章　社会福利

本章提要：

熟悉社会福利的含义、特点及分类与模式，掌握社会福利的基本框架，即老年人福利、残疾人福利、妇女儿童福利等福利制度的含义、内容及特点等。

重要考点	出题频次	经典例题	命题趋势
社会福利概述	★★★★★	广义上社会福利的同义语是(A)。 A. 社会保障　B. 社会救助 C. 社会优抚　D. 社会保险	重点考查社会福利的概念及基本框架，常以选择题或判断题的形式进行考查
我国的社会福利制度	★★★★	我国社会福利的特征是(BC)。 A. 一元性　B. 二元性 C. 三位一体　D. 四方合作社	重点考查我国社会福利的含义、发展以及老年人、残疾人等福利的内容，常以选择题或判断题的形式进行考查

第一节　社会福利概述

一、社会福利的概念

1. 社会福利的含义

广义的社会福利实际上是广义的社会保障的同义语，是国家和社会对全体社会成员提供的全部物质和文化生活的保障和福利，除社会保险和社会救助外，还包括其他旨在改善与提高国民生活质量的物质福利，以及全部公共的文化、教育、卫生、体育设施和服务。

易考点：广义社会福利的同义语是——社会保障。

狭义的社会福利，作为社会保障的从属概念，是与社会保险、社会救助并列的概念，是社会保障体系中日益重要的子系统。

狭义上的社会福利，其含义包括以下四种：一是公共福利事业，是指国家或社会团体兴办的以全体人民为对象的公益性事业，如教育、科技、环境保护、文化、体育、卫生等设施；二是特别的、专门性的福利事业，主要是民政部门为残疾者、孤儿、生活无着落的老年人等具有特殊需要而又无力自理的人举办的疗养院、教养院等；三是局部性或选择性的福利措施，这主要是国家为照顾一定地区或一定范围的居民，对部分必要生活资料的需要而采取的优惠措施；四是上述三种内容的综合。

易考点：公共福利的对象是全体社会成员，其基本特征包括，广泛的外部性、广泛的社会性、公共物品性和供求的非均衡性。

经典真题再现

[2013年甘肃省选拔万名普通高校毕业生到基层工作考试社会保障专业知识真题]

【原题】西方社会福利主流理念分别经历的三个阶段是(　　)。

A. 自助理念—责任共担理念—国家福利理念

B. 自助理念—国家福利理念—责任共担理念

C. 责任共担理念—国家福利理念—自助理念

D. 国家福利理念—责任共担理念—自助理念

【解析】西方社会福利实践模式经历了三个阶段:第一阶段是在19世纪末以前,西方社会福利基本理念是自助理念;第二阶段是19世纪末到20世纪70年代,西方社会福利理念是国家福利理念;第三阶段是20世纪70年代中期以后,在自助、互助和国家保障的社会福利理念的影响下,西方社会福利制度实践开始出现明显的变化,这就是追求社会福利中国家责任、社会责任与个人责任的协调和平衡,即责任共担理念。故选B。

2. 社会福利的主要特点

社会福利是整个社会保障体系的一个子系统,是社会保障体系的最高层次。具有如下特点:

(1)政府主导。社会福利是由政府主导的一项社会公共事业,它不仅需要立法规范和政策引导,而且需要公共财政支撑并由政府承担监督管理责任。

(2)保障对象的全民性。社会福利在性质上表现为全民的普遍性福利,也就是在立法或政策范围内的全体社会成员均能享受到的保障。

(3)社会福利的公平性。社会福利作为实现社会公平的一种必需手段和重要方面,一方面通过强调社会成员参与的机会公平,另一方面通过提供基本生活保障和解除后顾之忧来维持社会成员参与社会的公平竞争,并消除发展过程中因意外灾祸、竞争失败及疾病等因素导致的社会不公平,起到维持社会成员发展起点公平与过程公平的作用。

(4)保障待遇的高层次性。社会福利的根本目的是改善和提高社会成员的生活质量,即社会成员的基本生活因为社会保险和社会救助制度而得到国家和社会的保障以外,国家通过社会福利使社会成员的生活状况得到进一步的改善,并使其生活质量得到提高。

(5)社会福利的服务性。与其他社会保障制度相比,社会福利更强调以服务来满足社会成员的保障需求,并受制于特有的社会规范体系。

(6)实施过程的社会化。即社会福利真正变成全社会的共同事业而不单纯是政府或社会成员个人的事业,形成政府、企业、社区、团体、私人和家庭并举的多元格局,建立起政府、企业与民间慈善机构等主体共同分担社会福利责任的机制。

(7)福利标准的不确定性。即国家对社会福利水平的高低,没有硬性指标规定,不具有法律强制性,一般与当地的经济发展水平有关。

3. 社会福利的功能

社会福利的功能主要包括:一是以不同的方式分配和再分配公民的收入;二是在社会福利体系中,社会福利的一个重要角色就是促进社会整合和社会和谐;三是社会福利本身也是社会控制的一种手段,它可以维护和促进社会的稳定;四是在出现社会问题时,社会福利为有需要的人提供补偿;五是通过社会福利可以促进个人和整个社会福利状况的改善;六是社会福利可以当作是一种社会投资;七是社会福利可以增强社会中的利他主义的助人要素。

二、社会福利的分类与模式

1. 社会福利的分类

社会福利二分法，由美国学者威伦斯基和李宾士于1965年在《工业社会与社会福利》一书中提出，一类是剩余性福利，它是为社会上无法自助者提供的暂时性、补偿性和紧急性的社会救助；另一类是制度性福利，它是指政府为所有公民提供的福利。

英国社会政策学者蒂特姆斯在其《福利的承诺》中认为，社会福利从概念上可以分为三类，即第一类是剩余性福利，主要指社会服务；第二类是财政福利，即通过税收渠道安排相关津贴和待遇；第三类是职业福利，它是以就业为基础的福利津贴和服务。

社会福利的单一分类，即认为福利就是“综合性的社会福利”，它是指民间和政府机构、团体推动的一系列完整的、有组织的活动。它针对认定的社会问题，提供适当的补助和预防，福利与经济发展密切相关。

2. 社会福利的模式

社会福利的模式可分为普惠型社会福利模式、剩余型社会福利模式和混合型社会福利模式三种。

普惠型社会福利模式，强调的是福利津贴的统一费率和社会服务中的普遍主义原则。

剩余型社会福利模式，其基本特征是国家在社会福利方面扮演有限的角色，政府除了在社会救助和基本的社会服务方面承担主要责任外，在其他社会服务或福利领域，基本上依赖市场、非政府组织和就业者个人。

混合型社会福利模式，是上述两种模式的综合，它的社会政策路线是“中间道路”，其经济发展的方式是公私混合的模式。

三、社会福利制度的基本框架

（一）老年人福利

1. 老年人福利的含义

老年人福利是指国家和社会建立的专门面向老年人提供现金或服务的福利，为了发扬敬老爱老美德，安定老年人生活，维护老年人健康，充实老年人精神文化生活而采取的政策措施和提供的设施和服务。老年人福利是养老保险的延续和提高，在保障老年人基本物质生活需要、解决好“养”的基础上，进一步满足老年人精神文化生活的需要，努力实现老有所养、老有所医、老有所为、老有所乐、老有所教和老有所学。

经典真题再现

［2013年甘肃省选拔万名普通高校毕业生到基层工作考试社会保障专业知识真题］

【原题】新修订的《老年人权益保障法》开始实施的时间是(　　)。

A. 2013年1月1日　　B. 2013年7月1日

C. 2013年9月9日　　D. 2013年12月1日

【解析】2009年新修订的《老年人权益保障法》于2013年7月1日起正式实施。故选B。

2. 老年人社会福利与相关概念的比较

老年人社会福利与老年人社会保障、养老保险的区别，表现在以下几个方面：

(1)在覆盖范围上,老年人社会保障的范围大于养老保险和狭义的老年人社会福利,其对象是全体老年人,而不仅仅是退休者。

(2)在内容上,老年人社会福利的内容也比较宽泛,除养老的基本物质(经济)生活保障外,还包括老年人的医疗、护理、休闲娱乐、生活照顾、福利服务等各方面的内容。

(3)在提供保障和服务的主体上,老年人社会福利除了政府等正式的机构外,还包括广大的社会部门、社会工作者等。而老年人社会保障、养老保险则主要是政府的责任,由国家立法强制实行,企业单位和个人都必须参加。

(4)在提供保障和服务的目标理念上,老年人社会福利除了保障老年人的基本生活外,还有更高层次的老年人发展、老年人精神生活以及各种老年人服务。而老年人社会保障、养老保险的目的是保障老年人的基本生活需求,为其提供稳定可靠的生活来源。

3. 老年人社会福利保障应注意的问题

由于人口老龄化趋势的加剧,老年人福利客观上成为现代社会保障体系中日益重要的内容。在发展老年人事业上,需要注意以下问题:

(1)国家应当加大对老年人福利事业的投入,把满足老年人需求放到国计民生的高度考虑,公共财政要成为公共福利的重要支撑,而老年人福利居于重中之重的地位。

(2)充分调动民间力量,走官民结合的社会化道路。

(3)立足社区发展老年人福利事业。

(4)统筹发展老年人福利事业。在大力发展老年人福利服务设施的同时,有必要将家庭照顾、社区照顾、机构照顾和志愿组织照顾有机的结合起来。

(5)应当培养一支为老年人福利服务的队伍。

(二)残疾人福利

经典真题再现

[2013 年甘肃省选拔万名普通高校毕业生到基层工作考试社会保障专业知识真题]

【原题】国家和社会保证残疾人能够进出和享用公共建筑与设施、公共住房和公共交通工具,并通过宣传促进公众对残疾人的理解,消除种种妨碍残疾人参与社会生活的障碍的保障内容是(　　)。

A. 康复保障　　B. 就业保障　　C. 残疾预防　　D. 环境保障

【解析】环境保障是指国家和社会保证残疾人能够进出和享用公共建筑与设施、公共住房和公共交通工具,并通过宣传促进公众对残疾人的理解,消除种种妨碍残疾人参与社会生活的障碍。故选 D。

1. 残疾人与残疾人福利的含义

残疾人是指在心理、生理、人体结构上,某种组织、功能丧失或者不正常,全部或者部分丧失以正常方式从事某种活动能力的人,它包括视力残疾、听力残疾、言语残疾、肢体残疾、智力残疾、精神残疾、多重残疾和其他残疾,是一个特殊的社会群体。

从狭义的角度来看,残疾人社会福利与老年人社会福利、儿童社会福利、妇女社会福利并列,是社会保障体系中的一个子体系。广义的残疾人社会福利是指这样一种制度,即国家保障有残疾的公民在年老、疾病、缺乏劳动能力及退休、失业、失学等情况下获得基本的物质帮助,并根据社会的经济、文化发展水平，给予残疾人相应的康复、医疗、教育、劳动就业、文化生活、社会环境等方面的权益保障，以维护社会稳定，实现残疾人“平等、参与、共享”的目标。一般性的残疾人社会福利，是指国家和社会为保障残疾人的特殊需要和利益而提供的照顾和服务。

易考点：①世界卫生组织根据残疾对人的生理功能和社会功能的不同程度的影响，把残疾分为三个层次，即第一层为功能、形态残疾，第二层为丧失功能残疾，第三层为社会功能残疾。②残疾人社会福利的目标是实现残疾人的平等、参与、共享。

经典真题再现

［2013 年甘肃省选拔万名普通高校毕业生到基层工作考试社会保障专业知识真题］

【原题】2008 年修订的《中华人民共和国残疾人保障法》明确的残疾类别有（　　）。

A. 5 类　　B. 6 类　　C. 8 类　　D. 12 类

【解析】2008 年修订的《中华人民共和国残疾人保障法》第二条规定，残疾人包括视力残疾、听力残疾、言语残疾、肢体残疾、智力残疾、精神残疾、多重残疾和其他残疾。故选 C。

2. 残疾人社会福利的理论

残疾人社会福利的相关理论主要包括：

（1）供养理论，家人和社会通过对残疾人的供养而表示对残疾人的责任和爱。一般来说，这种供养大多限于经济方面或物质方面。

（2）回归社会理论，20 世纪 50 年代美国社会学家戈夫曼在研究庇护所里的精神病人的情况后指出，由于在庇护所里精神病患者始终处于不良的同伴关系和“关护”关系，结果并没有使精神病患者的病情好转，相反可能会加重患者的病情。解决这一问题的基本方法是使精神病患者走出封闭状态，进入社会。

（3）增能理论，是站在人的发展立场上，认为通过一定的方法可以使残疾人在一定程度上恢复失去的机体的、社会的功能，并有助于他们进入一般的、正常的社会生活。

（4）新的完整的残疾人观，事实就是实现平等、参与与共享的目标。

易考点：残疾人社会福利的相关理论主要包括有供养理论、回归社会理论、增能理论以及新的完整的残疾人观。

（三）妇女儿童社会福利

1. 妇女儿童社会福利的含义

妇女社会福利是国家和社会为保障妇女生理和职业的特殊需要、特殊利益而制定的各项福利政策和开展的社会福利事业。

广义的儿童社会福利对象是所有的家庭和儿童，狭义的儿童社会福利是指由特定形态的机构向特殊的儿童群体提供的一种特定的服务。一般的儿童社会福利是指由国家或社会为立法范围内的所有儿童普遍提供的旨在保证正常生活的尽可能全面健康发展的资金与服务的社会政策和社会事业。

2. 妇女儿童社会福利的功能

妇女社会福利的功能包括：一是实现男女平等的重要条件；二是有利于提高人口质量；三是对维护家庭和睦幸福和社会稳定具有重要作用，同时能够缓解过重的家庭责任所导致的工作生活压力；四是有利于妇女的潜能在社会活动中得到充分的发挥，减轻职业妇女在家务劳动和养育子女方面的负担。

儿童社会福利的功能主要是促进儿童全面发展，包括身心健康、教育和培训；促进社会安全；促进社会发展。

易考点：儿童社会福利的功能主要倾向于救助、矫治、扶助等恢复性功能。

第二节 我国的社会福利制度

一、我国社会福利的概念

1. 我国社会福利的含义

福利是有关人民幸福和利益的概念，发展社会福利是现代社会文明、进步的标志，社会福利作为社会发展的稳定机制，可以为经济建设创造一个和谐良好的社会环境，体现一定程度的社会公平。

社会福利的发展。一方面，随着经济和社会的发展、人民生活水平的提高，将对社会福利提出更高的要求；另一方面，社会福利的发展又必须和生产力发展水平相适应，既不能超前也不应落后。因此，社会福利的发展过程是一个动态的过程。基于这个认识，中国发展社会福利事业的指导思想是福利事业要从国家当前的国情国力出发，按照有利生产、保障生活的原则，有步骤地改善和发展；国家不应把社会福利事业全部包揽下来，而要坚持国家、集体、个人多渠道多层次举办社会福利事业的原则，大力推进福利事业的社会化；在新形势下，社会福利事业要逐步由救济型转向福利型。

易考点：①福利是有关人民幸福和利益的概念。②社会福利的发展过程是一个动态的过程。

2. 我国社会福利的发展

中国自20世纪50年代开始建立的社会福利制度，是以城镇职工福利为核心的一套相互分割、封闭运行的福利制度。到80年代以后，随着我国经济体制改革的深入，国家对原有的福利制度也进行了相应的改革，提出了社会福利事业改革发展的纲要，包括由单一的国家负担转变为国家、集体、个人三方共同负担，由“救济型”福利事业转变为“福利型”福利事业等。

中国传统的公共福利事业在发展过程中也存在许多问题，尤其是在公共福利设施方面，主要包括福利设施建设高度垄断、设施总量不足和经济发展水平的不同导致的结构失衡等问题。这就需要我们在公共福利建设过程当中有效引进更多社会资金，尽量避免由于体制阻碍对公共福利事业发展的影响，加大对公共福利的投入，根据经济和社会发展水平适时调整福利政策，不断提高我国的公共福利水平。

目前，我国社会福利实行的是以“二元性”和“三位一体”为特征的福利措施。二元性就是城乡相结合；三位一体是指以居家为基础、以社区为依托、以机构为补充。这两个特征是我国社会福利特有的特征之一。

从市场经济条件下的国民需求出发，中国社会福利制度的未来发展适宜的取向将是以不断改善和提高国民的生活质量为追求目标，走向福利社会化、多元化的发展道路。这条道路至少包含以下四层含义：

(1)重整社会福利结构，使其由体系残缺向体系完整、功能全面、服务系统的方向发展。

(2)以不断改善和提高国民的生活质量为追求目标，即社会福利制度在发展中要与社会救助、社会保险等相区别，侧重于满足国民服务保障与精神文化方面的需求等。

(3)实现社会福利的开放与社会化，即走出板块分割、封闭运行状态，实现社会福利项目及实施对全体居民开放，并采取社会化手段来经营社会福利事业。

(4)在制度架构中推进社会福利的多元化，即在发展中国社会福利事业过程中，应当始终坚持家庭保障与社会福利相结合，推进政府与民间的合作，让政府、社会、社区、企业或用人单位分别成为不同社会福利事业的责任主体。

易考点：①我国公共福利设施存在的问题包括高度垄断、总量不足和结构失衡三方面。②我国社会福利的特征是“二元性”和“三位一体”。③我国社会福利制度的未来发展适宜的取向，将是以不断改善和提高国民的生活质量为追求目标，走福利社会化、多元化的发展道路。

经典真题再现

［2013 年甘肃省选拔万名普通高校毕业生到基层工作考试社会保障专业知识真题］

【原题】社会福利社会化的最佳载体是（　　）。

A. 家庭　　B. 单位　　C. 社区　　D. 养老院

【解析】随着经济发展和社会结构的变迁，社会福利社会化成为我国社会福利体制改革的必然趋势。在这一发展趋势中，作为社会成员生活中心的社区就成为我国社会福利社会化的最佳载体，社会福利社区化的实现是我国社会福利社会化的重要体现。故选 C。

二、我国的老年人福利

（一）我国老年人社会福利的概念

随着我国人口老龄化的加剧，给我国的社会保障制度带来了巨大的影响，这就使老年人保障成为整个社会保障体系中最为重要的系统。

我国现行的老年人保障，包括社会保障（社会保险和社会救助）、家庭养老、机构照顾和社区照顾四个主要部分，属于结构性老年人保障。社会保障主要是满足老年人在经济收入方面的需求；家庭养老、机构照顾和社区照顾则主要是为满足老年人保健服务和生活照料方面的需求。

（二）我国老年人社会福利的内容

1. 我国老年人的经济保障

现阶段我国老年人的社会保障涵盖城镇职工的社会基本养老保险，以及面向城市贫困老年人口的最低生活保障制度、面向部分农村地区的农村基本养老保险制度和面向农村“五保户”提供的社会救助制度。其中，面向城镇退休职工的社会基本养老保险制度是我国目前主要的老年人生活保障制度。

老年人经济保障的主要任务：一是建立政府、社会、家庭和个人相结合的经济供养体系；二是加快建立统一、规范、完善的养老保险体系；三是在农村要逐步建立和完善土地保障、家庭赡养和社会扶持相结合的农民养老保障体系；四是按照政府救济和社会互助相结合的原则，构建多层次、多元化、多项目的贫困老年人救助体系。

高龄津贴是政府为了解决高龄老年人基本生活、提高高龄老年人的生活质量的补贴制度。年龄在 80（或 90）周岁以上的老年人可享受高龄老年人津贴，资金主要来源为各级地方财政，各地的高龄津贴政策和标准有所不同。

2. 我国老年人的服务保障

社会养老保险固然为老年人的物质生活提供了经济上的保障，但仅有社会养老保险并不能解决老年人的所有问题，老年人的服务保障多年来倍受人们忽视，而它也是构成老年社会保障的重要内容之一。老年人服务保障包括老年人的机构照顾、老年人的居家养老和老年人的社区照顾三部分。

机构照顾是在一定的专门社会服务机构内为老年人提供护理、食宿、生活服务的照顾，是一种以入住方式提供给老年人的综合服务。机构照顾通常分为三个层级，即老年公寓、老年福利院和护理院。

居家养老是指以家庭为核心、以社区为依托、以专业化服务为依靠，为居住在家的老年人提供以解决日常生活困难为主要内容的社会化服务。居家养老主要有两种形式，一种是由经过专业培训的服务人员上门为老年人开展照料服务；另一种是在社区创办老年人日间服务中心，为老年人提供日托服务。

社区照顾是指一种在社区范围内提供的非机构形式的服务，是指在社区中由社区各类人士合作去为有需要的人士提供照顾，以求在社区环境中改善居民生活质量的综合服务体系。

3. 我国老年人的医疗保障

在离退休老年人继续享受原有的医疗保障待遇的同时，一些地方为困难老年人提供医疗补贴或医疗救助，一些地方通过社区定期组织老年人体检，大多数医院开设有专门的老年病科等。

4. 我国老年人的精神保障

国家保障老年人继续受教育的权利，并采取相应的措施，如鼓励民间举办老年大学和老年人活动中心，开展适合老年人的群众性文化、教育、娱乐活动，丰富老年人的精神生活。此外，国家和社会还提供老年人参与社会发展的机会，如根据社会需要和可能，鼓励老年人在自愿和量力的情况下，从事兴办社会公益事业、慈善事业等活动。

5. 大力发展我国老龄事业

启动养老服务业综合改革试点，统筹推进城乡养老服务业。着力提高城乡社区老年人日间照料服务覆盖率。加强社区服务设施网络建设，支持社区引入社会组织和家政、物业等企业，兴办或运营老年供餐、社区日间照料、老年活动中心等服务。大力支持社会力量兴办养老机构，启动公办养老机构改制试点。大力发展农村养老服务。制定完善医养结合政策，支持市场主体开发安全有效的老年服务产品。

三、我国的残疾人福利

1. 我国残疾人福利的发展进程

从发展阶段来看，中国残疾人社会福利政策与立法的演进大致可分为三个阶段：初创时期（1949—1965）、停滞时期（1966—1976）、恢复和发展时期（1977 年至今）。其中，第三个阶段是我国残疾人福利事业发展的主要阶段，也是成果最为丰硕的一个时期。

2. 我国残疾人福利的主要内容

我国 2008 年颁布的《中华人民共和国残疾人保障法》（以下简称《残疾人保障法》）规定的残疾人的权利包括：

（1）政治权利，即制定有关法律和政策要听取残疾人意见。《残疾人保障法》规定，国家采取措施，保障残疾人依照法律规定，通过各种途径和形式，管理国家事务、管理经济和文化事业、管理社会事务。制定法律、法规、规章和公共政策，对涉及残疾人权益的重大问题，应当听取残疾人和残疾人组织的意见。

（2）康复权利，即优先开展残疾儿童抢救性治疗和康复。《残疾人保障法》规定，各级政府和有关部门应当采取措施，为残疾人康复创造条件，建立和完善残疾人康复服务体系，并分阶段实施重点康复项目，增强残疾人参与社会生活的能力。康复工作应当从实际出发，以实用、易行、受益广的康复内容为重点，优先开展残疾儿童抢救性治疗和康复。

（3）教育权利，即给予寄宿生活费等费用补助。《残疾人保障法》规定，各级政府对接受义务教育的残疾学生、贫困残疾人家庭的学生提供免费教科书，并给予寄宿生活费等费用补助，对接受义务教育以外其他教育的残疾学生、贫困残疾人家庭的学生给予资助。

(4)就业权利,即实行按比例安排残疾人就业制度。《残疾人保障法》规定,国家实行按比例安排残疾人就业制度,国家机关、社会团体、企业事业单位、民办非企业单位应当按照规定的比例安排残疾人就业,并为其选择适当的工种和岗位。达不到规定比例的,按照国家有关规定履行保障残疾人就业的义务。

(5)文化权利,即设立盲人有声读物图书室。《残疾人保障法》规定,组织和扶持盲文读物、盲人有声读物及其他残疾人读物的编写和出版,根据盲人的实际需要,在公共图书馆设立盲文读物、盲人有声读物图书室。

(6)社会保障权利,即无劳动能力、无扶养人者政府供养。《残疾人保障法》规定,对生活确有困难的残疾人,按照国家有关规定给予社会保险补贴。县级以上地方政府对享受最低生活保障待遇后,仍有特别困难的残疾人家庭,应当采取其他措施,保障其基本生活。对生活不能自理的残疾人,地方各级政府应当根据情况给予护理补贴。

(7)无障碍权利,即公共交通工具逐步达到无障碍要求。《残疾人保障法》规定,新建、改建和扩建建筑物等设施,应当符合国家有关无障碍设施工程建设标准。

(8)无障碍条例和康复条例已纳入国务院立法计划。

(9)国家机关企事业单位要带头安置残疾人。

(10)按比例安排残疾人就业上升为法律制度。

易考点:《残疾人保障法》规定,每年五月的第三个星期日为全国助残日。

3. 我国残疾人社会福利实施中存在的问题及改善的策略

我国残疾人社会福利实施中存在的主要问题包括:一是目前残疾人就业依然困难;二是残疾人教育基础较为薄弱;三是残疾人康复医疗发展较为缓慢;四是残疾人文化生活单调;五是残疾人社会环境存在漏洞。

改善我国残疾人社会福利的策略包括:一是强化责任政府意识,逐步推进残疾人社会福利的理念变革;二是坚持以人为本,逐步构建以需求为导向的残疾人社会福利体系;三是注重公平优先,逐步推进残疾人社会福利的均等化;四是明确责任主体,发展政府、社会组织与市场合作协商的福利供给模式,推进残疾人社会福利主体的多元化;五是立足基层,打好基础,大力发展社区残疾人社会福利。

四、我国的妇女儿童福利

1. 我国妇女福利的内容

我国妇女福利的主要内容包括:

(1)生育福利,即对于妇女生育发给生育津贴,是各国比较通行的做法。我国目前仅对职业妇女实行生育津贴制度,随着我国经济的发展,妇女津贴的范围应当进一步扩展,非职业妇女生育也应当给予一定的生育补贴。

(2)妇女劳动保护福利,即为维护女职工的合法权益,减少和解决女职工在劳动和工作中因生理特点造成的特殊困难,保护其健康,国务院制定了《女职工劳动保护规定》。

(3)妇女保健福利,在我国的《母婴保健法》和《女职工保健规定》中规定,县以上的各级妇幼保健机构,负责对管理范围内的各单位进行业务指导,各单位的医疗卫生部门应负责本单位女职工保健工作。

(4)为妇女提供的福利设施和福利服务,涉及妇女的生活、保健等多个方面,如妇幼保健院、妇产医院、妇女活动中心、咨询服务中心、健美中心、妇女用品专卖店等。

2. 我国儿童福利的内容

在《中华人民共和国未成年人保护法》中，规定了对未成年人的家庭保护、学校保护、社会保护和司法保护等措施，并对有关儿童福利问题做了种种规定。我国儿童福利的内容主要包括以下几个方面：

(1)儿童医疗保健设施和服务。卫生部门对儿童实行预防接种制度，积极防治儿童常见病、多发病，加强对传染病防治工作的监督管理和对托儿所、幼儿园卫生保健的业务指导。另外，国家还兴办专为儿童医疗保健服务的儿童医院，或者在全科医院设立儿科，同时开展儿童保健工作，定期进行儿童健康检查、预防接种等，使儿童健康成长。

(2)儿童的活动场所和条件。国家和社会负责建立和普及托儿所、幼儿园，为婴幼儿提供良好的活动、生活条件和保育服务；建立儿童活动中心、少年宫、少年活动站以及儿童公园、儿童乐园等儿童活动学习场所。另外，博物馆、纪念馆、科技馆、文化馆、影剧院、体育馆、动物园、公园等场所，对中小学生实行优惠开放。

(3)普及义务教育。在《中华人民共和国教育法》和《中华人民共和国义务教育法实施细则》中规定，国家实行九年制义务教育；地方各级人民政府应当合理设置小学、初级中等学校，使儿童、少年就近入学；国家对接受义务教育的学生免收学费；地方各级人民政府创造各种条件，使适龄儿童入学接受义务教育。

(4)儿童的日常生活保障。儿童的生命权、健康权应该受到保护。父母或者其他监护人应当依法履行对儿童的监护职责和抚养义务，不得虐待、遗弃儿童，不得歧视女童或者残疾儿童，禁止溺婴、弃婴。

(5)儿童福利院。儿童福利院是指我国民政部门在城市举办的以孤儿为主要收养对象的社会福利事业单位，其主要任务是收养城市中无家可归、无生活来源、无法定义务抚养人的孤儿，以及收养家庭无力看管的儿童。儿童福利院配备有医生、护士、护理员和文化教员，专门负责儿童、弃婴和残疾儿童的生活护理、康复训练和文化教育。这些儿童的生活一般保持在相当于当地居民生活的中等水平上。

(6)SOS 儿童村。SOS 儿童村是一项安置孤儿的国际性社会福利设施，由奥地利人赫尔曼·格迈纳创立。儿童村招收孤儿的条件是父母双亡，无法定抚养人或法定抚养人无力抚养；年龄在 8 周岁以下，身心健康，发育正常，无家族遗传病史。

(7)残疾儿童康复服务。国家设立残疾儿童康复服务中心，为残疾儿童提供门诊和家庭咨询，开展各种功能训练和医疗、教育、职业培训，以减轻他们的残疾程度，帮助他们恢复生活自理和劳动能力，为其走向社会创造条件。

3. 加强对妇女儿童的权益保障

坚持不懈促进妇女平等就业。大力开发适合妇女的就业岗位，拓宽妇女就业创业渠道。坚决贯彻男女公平就业的法律规定，规范企业招工用工行为，落实同工同酬，严厉查处侵害女职工和新经济组织中妇女劳动权益的行为。

依法保障儿童受教育权利。推动义务教育均衡发展，教育资源向贫困地区、薄弱学校、困难群体倾斜，注重解决流动、留守儿童的入学入园问题，提高孤儿、残疾儿童和贫困儿童就学资助水平。

着力保障妇女儿童民生。提高面向妇女儿童的公共服务供给能力和水平。要扩大儿童福利范围，扩大适度普惠型儿童福利制度试点，提高儿童基本医疗保障水平，建立流动、留守儿童服务机制。

切实提高妇女儿童健康水平。在推进基本公共卫生服务均等化进程中扩大妇女儿童受益面，增加农村和边远地区妇幼卫生投入，努力解决妇女儿童的特殊困难。落实出生缺陷三级防治措施，逐步降低出生缺陷发生率，改善儿童营养状况，保障儿童食品、用品安全。

不断加强对妇女儿童的法律保护。完善孤儿保障制度，规范弃婴收留行为，制定事实无人抚养儿童保障政策。对拐卖妇女儿童犯罪行为重拳出击。加快推进反家庭暴力立法，完善预防、制止、救助一体化工作机制。

强化提升训练

一、单项选择题

1. 公共福利的对象是(　　)。

A. 需要救助的社会成员　　B. 全体社会成员

C. 需要参加社会保障的成员　　D. 需要参加社会保险的成员

2. 社会福利的发展过程是(　　)。

A. 动态的　　B. 静态的　　C. 多元化的　　D. 社会化的

3. 儿童社会福利的功能主要倾向于(　　)等恢复性功能。

A. 儿童权利和利益的维护　　B. 救助、矫治、扶助

C. 营养、快乐、安全　　D. 成长、教育、快乐

二、多项选择题

1. 公共福利的基本特性是(　　)。

A. 广泛的外部性　　B. 广泛的社会性　　C. 公共物品性　　D. 供求的非均衡性

2. 我国公共福利设施存在的问题是(　　)。

A. 高度垄断　　B. 总量不足　　C. 结构失衡　　D. 管理混乱

3. 员工福利和基本社会保障制度之间存在着明显的区别,主要是(　　)。

A. 性质不同　　B. 目标不同　　C. 受益范围不同　　D. 内容不同

三、判断题

1. 妇女社会福利不利于开发和利用女性劳动力资源。(　　)

2. 我国民政部门一般将社会福利分为老年人福利、特殊社会福利以及社区社会福利服务。(　　)

3. 残疾人社会福利的目标是实现残疾人的自由、平等与幸福。(　　)

参考答案与解析

一、单项选择题

1. B【解析】公共福利作为社会福利的重要项目,它是国家和社会为满足全体社会成员的物质及精神生活基本需求而兴办的公益性设施和提供的相关服务。即公共福利的对象为全体社会成员。

2. A【解析】一方面,随着经济和社会的发展、人民生活水平的提高,将对社会福利提出更高的要求;另一方面,社会福利的发展又必须和生产力发展水平相适应,既不能超前也不能落后。因此,社会福利的发展过程是一个动态的过程。

3. B【解析】儿童社会福利的功能主要倾向于救助、矫治、扶助等恢复性功能。

二、多项选择题

1. ABCD【解析】公共福利是社会福利的重要项目,其基本特征是广泛的外部性、广泛的社会性、公共物品性和供求的非均衡性。

2. ABC【解析】我国在发展公共福利事业当中存在许多问题,尤其是在公共福利设施方面,主要包括:福利设施建设高度垄断;设施总量不足;经济发展水平不同导致结构失衡等。

3. ABCD【解析】员工福利和基本社会保障制度之间存在着明显的区别，主要是性质不同、受益范围不同、内容不同、目标不同和调节机制不同。

三、判断题

1. F【解析】妇女社会福利的实施是为了更好地保护妇女公平参与社会工作和活动，享受与男性相同的劳动就业权利。因而，更加有利于开发和利用女性的劳动力资源。
2. F【解析】我国民政部门一般将社会福利分为职工集体福利、特殊社会福利和社区社会福利服务。
3. F【解析】残疾人社会福利的目标是实现残疾人的“平等、参与、共享”。

第九章 社会优抚

本章提要：

了解社会优抚的内涵和体系，熟悉我国的社会优抚制度及其内容，掌握我国军人的伤亡、养老、医疗、随军配偶的社会保险以及军人保险基金等的内容。

重要考点	出题频次	经典例题	命题趋势
社会优抚概述	★★★	根据相关规定，我国对烈士遗属、牺牲和病故军人遗属、伤残军人等对象实施(D)。 A. 工会抚恤　B. 企业抚恤 C. 地方抚恤　D. 国家抚恤	重点考查社会抚恤、社会优待的主要内容，常以选择题或判断题的形式进行考查
我国的军人保险制度	★★★	军人保险基金包括(ABC)。 A. 军人伤亡保险基金 B. 军人退役养老保险基金 C. 军人退役医疗保险基金 D. 军人退役工伤保险基金	重点考查我国军人的伤亡、养老等保险制度，常以选择题的形式进行考查

第一节 社会优抚概述

一、社会优抚制度的内涵和体系

1. 社会优抚的含义

优抚，是“优待”和“抚恤”的简称。社会优抚制度，是指国家和社会按照规定，对法定的优抚对象提供确保一定生活水平的资金和服务，是一种带有褒扬和抚慰性质的特殊社会保障制度。社会优抚是社会保障的特殊构成部分，属于特殊阶层的社会保障，是实现社会保障的特殊纲领。

2. 社会优抚的对象及标准

我国社会优抚的对象，是法定范围内的特殊群体，包括：中国人民解放军现役军人（以下简称现役军人）、服现役或者退出现役的残疾军人以及复员军人、退伍军人、烈士遗属、因公牺牲军人遗属、病故军人遗属、现役军人家属。这些都是我国法定的抚恤优待对象，依照相关规定享受抚恤优待。军人的抚恤优待，实行国家和社会相结合的方针，保障军人的抚恤优待与国民经济和社会发展相适应，保障抚恤优待对象的生活不低于当地的平均生活水平。

3. 社会优抚的体系

我国社会优抚体系如图 2－9－1 所示。

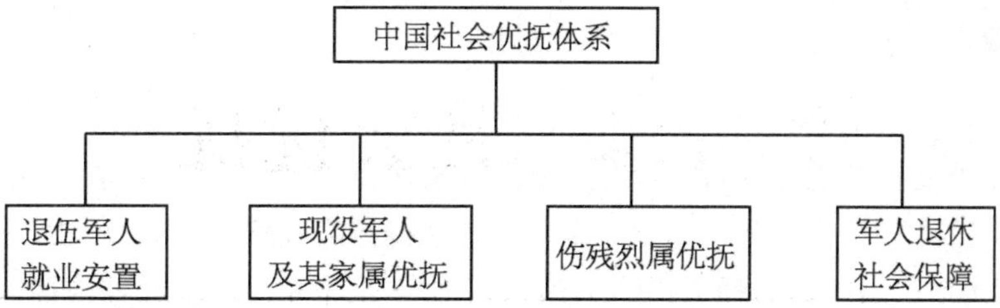

图 2-9-1 中国社会优抚体系

经典真题再现

[2013 年甘肃省选拔万名普通高校毕业生到基层工作考试社会保障专业知识真题]

【原题】我国社会优抚体系包括(　　)。

A. 退伍军人就业安置　　B. 现役军人及其家属优抚

C. 伤残烈属优抚　　D. 军人退役社会保障

【解析】我国社会优抚体系由退伍军人就业安置、现役军人及其家属优抚、伤残烈属优抚和军人退役社会保障四部分组成。故选 ABCD。

4. 社会优抚资金的来源

社会优抚资金的主要来源是国家财政拨款,这体现出政府在社会优抚工作中的主体地位,由国家预算安排的优抚事业费是社会优抚制度的主要财力保证,由各级民政部门负责管理和使用。社会优抚资金的另一个来源是社会募集,即企业、团体和个人的捐助,这是优抚资金的重要补充来源,随着社会经济水平的不断增长,这部分资金呈现出增长的势头。此外,个人投保是优抚资金的另一个来源。优抚资金的这三个来源,体现出优抚资金来源和筹集的多渠道和多层次性,随着社会水平的不断发展,社会优抚资金的规模也在不断扩大。

5. 社会优抚相对于社会救助的优点

社会优抚相对于社会救助来说有两方面的优点:一是因为社会优抚的抚恤群体比较单一,主要是针对军人及其家属,所以社会优抚能准确地甄别其目标群体,有利于克服信息不对称导致的冒充问题;二是由于其甄别的方便、准确,能有效地降低甄别成本,管理成本也能因此有效降低,提高效率。

易考点:① 社会优抚不同于其他社会保障的最主要特征是,带有褒扬和抚慰性质。②根据我国《军人抚恤优待条例》规定,中国人民解放军现役军人、服现役或者退出现役的残疾军人以及复员军人、退伍军人、烈士遗属、因公牺牲军人遗属、病故军人遗属、现役军人家属统称为优抚对象,按规定享受抚恤优待。③社会优抚资金的来源包括中央财政拨款、社会募集以及个人投保。

二、我国的社会抚恤制度

易考点:①抚恤主要指慰问伤残人员或死者家属并发给一定数额的费用。在我国,其对象主要是革命烈士家属、因公牺牲人员的家属和病故军人家属、因战或因公以及因病致残的革命伤残军人。②我国的社会抚恤制度分为死亡抚恤和残疾抚恤两种。

(一)死亡抚恤

1. 烈士的认定

《国务院、中央军事委员会关于修改〈军人抚恤优待条例〉的决定》(以下简称《军人抚恤优待条例》)第八条规定,现役军人死亡,符合下列情形之一的,批准为烈士:一是对敌作战死亡,或者对敌作战负伤在医疗终结前因伤死亡的;二是因执行任务遭敌人或者犯罪分子杀害,或者被俘、被捕后不屈遭敌人杀害或者被折磨致死的;三是为抢救和保护国家财产、人民生命财产或者执行反恐怖任务和处置突发事件死亡的;四是因执行军事演习、战备航行飞行、空降和导弹发射训练、试航试飞任务以及参加武器装备科研试验死亡的;五是在执行外交任务或者国家派遣的对外援助、维持国际和平任务中牺牲的;六是其他死难情节特别突出,堪为楷模的。

现役军人在执行对敌作战、边海防执勤或者抢险救灾任务中失踪,经法定程序宣告死亡的,按照烈士对待。批准烈士,属于因战死亡的,由军队团级以上单位政治机关批准;属于非因战死亡的,由军队军级以上单位政治机关批准;属于其他死难情节特别突出,堪为楷模的,由中国人民解放军总政治部批准。

2. 因公牺牲的认定

《军人抚恤优待条例》第九条规定,现役军人死亡,符合下列情形之一的,确认为因公牺牲:一是在执行任务中或上下班途中,由于意外事件死亡的;二是被认定为因战、因公致残后因旧伤复发死亡的;三是因患职业病死亡的;四是在执行任务中或者在工作岗位上因病猝然死亡,或者因医疗事故死亡的;五是其他因公死亡的。

现役军人在执行对敌作战、边海防执勤或者抢险救灾以外的其他任务中失踪,经法定程序宣告死亡的,按照因公牺牲对待。现役军人因公牺牲,由军队团级以上单位政治机关确认;属于其他因公死亡情形的,由军队军级以上单位政治机关确认。

3. 病故军人的认定

《军人抚恤优待条例》第十条规定,病故军人是指在服役期间因病死亡,并经军队团级以上单位的政治机关确认的军人。现役军人非执行任务死亡或者失踪,经法定程序宣告死亡的,按照病故对待。现役军人病故,由军队团级以上单位政治机关确认。

4. 死亡军人遗属的认定

对烈士遗属、因公牺牲军人遗属、病故军人遗属,由县级人民政府民政部门分别发给《中华人民共和国烈士证明书》《中华人民共和国军人因公牺牲证明书》《中华人民共和国军人病故证明书》。

5. 现役军人死亡待遇及支付标准

现役军人死亡被批准为烈士的,依照《烈士褒扬条例》的规定发给烈士遗属烈士褒扬金。

现役军人死亡,根据其死亡性质和死亡时的月工资标准,由县级人民政府民政部门发给其遗属一次性抚恤金,标准是:烈士和因公牺牲的,为上一年度全国城镇居民人均可支配收入的20倍加本人40个月的工资;病故的,为上一年度全国城镇居民人均可支配收入的2倍加本人40个月的工资。月工资或者津贴低于排职少尉军官工资标准的,按照排职少尉军官工资标准计算。

6. 获得荣誉称号或者立功的死亡军人遗属的待遇标准

获得荣誉称号或者立功的烈士、因公牺牲军人、病故军人,其遗属在应当享受的一次性抚恤金的基础上,由县级人民政府民政部门按照下列比例增发一次性抚恤金:一是获得中央军事委员会授予荣誉称号的,增发35%;二是获得军队军区级单位授予荣誉称号的,增发30%;三是立一等功的,增发25%;四是立二等功的,增发15%;五是立三等功的,增发5%。

多次获得荣誉称号或者立功的烈士、因公牺牲军人、病故军人，其遗属由县级人民政府民政部门按照其中最高等级奖励的增发比例，增发一次性抚恤金。对生前做出特殊贡献的烈士、因公牺牲军人、病故军人，除按照本条例规定发给其遗属一次性抚恤金外，军队可以按照有关规定发给其遗属一次性特别抚恤金。

7. 一次性抚恤金的发放对象

一次性抚恤金发给烈士、因公牺牲军人、病故军人的父母（抚养人）、配偶、子女；没有父母（抚养人）、配偶、子女的，发给未满 18 周岁的兄弟姐妹和已满 18 周岁但无生活费来源且由该军人生前供养的兄弟姐妹。

8. 定期抚恤金的发放对象

对符合下列条件之一的烈士遗属、因公牺牲军人遗属、病故军人遗属，发给定期抚恤金：一是父母（抚养人）、配偶无劳动能力、无生活费来源，或者收入水平低于当地居民平均生活水平的；二是子女未满 18 周岁或者已满 18 周岁但因上学或者残疾无生活费来源的；三是兄弟姐妹未满 18 周岁或者已满 18 周岁但因上学无生活费来源且由该军人生前供养的。对符合享受定期抚恤金条件的遗属，由县级人民政府民政部门发给《定期抚恤金领取证》。

（二）残疾抚恤

1. 因战、因公、因病残疾的认定

《军人抚恤优待条例》第二十一条规定，现役军人残疾被认定为因战致残、因公致残或者因病致残的，依照本条例的规定享受抚恤。因第八条第一款规定的情形之一导致残疾的，认定为因战致残；因第九条第一款规定的情形之一导致残疾的，认定为因公致残；义务兵和初级士官因第九条第一款第三项、第四项规定情形以外的疾病导致残疾的，认定为因病致残。

2. 残疾等级的划分

《军人抚恤优待条例》第二十二条规定，残疾的等级，根据劳动功能障碍程度和生活自理障碍程度确定，由重到轻分为一级至十级。残疾等级的具体评定标准由国务院民政部门、人力资源社会保障部门、卫生部门会同军队有关部门规定。

《军人抚恤优待条例》第二十三条规定，现役军人因战、因公致残，医疗终结后符合评定残疾等级条件的，应当评定残疾等级。义务兵和初级士官因病致残符合评定残疾等级条件，本人（精神病患者由其利害关系人）提出申请的，也应当评定残疾等级。因战、因公致残，残疾等级被评定为一级至十级的，享受抚恤；因病致残，残疾等级被评定为一级至六级的，享受抚恤。

3. 因战、因公、因病致残性质的认定和残疾等级的评定权限

《军人抚恤优待条例》第二十四条规定，因战、因公、因病致残性质的认定和残疾等级的评定权限是：一是义务兵和初级士官的残疾，由军队军级以上单位卫生部门认定和评定；二是现役军官、文职干部和中级以上士官的残疾，由军队军区级以上单位卫生部门认定和评定；三是退出现役的军人和移交政府安置的军队离休、退休干部需要认定残疾性质和评定残疾等级的，由省级人民政府民政部门认定和评定。

评定残疾等级，应当依据医疗卫生专家小组出具的残疾等级医学鉴定意见。残疾军人由认定残疾性质和评定残疾等级的机关发给《中华人民共和国残疾军人证》。

4. 残疾军人的抚恤金标准

残疾军人的抚恤金标准应当参照全国职工平均工资水平确定。残疾抚恤金的标准以及一级至十级残疾军人享受残疾抚恤金的具体办法，由国务院民政部门会同国务院财政部门规定。

退出现役的因战、因公致残的残疾军人因旧伤复发死亡的，由县级人民政府民政部门按照因公牺牲军人的抚恤金标准发给其遗属一次性抚恤金，其遗属享受因公牺牲军人遗属抚恤待遇。退出现役的因战、因公、因病致残的残疾军人因病死亡的，对其遗属增发12个月的残疾抚恤金，作为丧葬补助费；其中，因战、因公致残的一级至四级残疾军人因病死亡的，其遗属享受病故军人遗属抚恤待遇。

对分散安置的一级至四级残疾军人发给护理费，护理费的标准为：一是因战、因公一级和二级残疾的，为当地职工月平均工资的50%；二是因战、因公三级和四级残疾的，为当地职工月平均工资的40%；三是因病一级至四级残疾的，为当地职工月平均工资的30%。

三、我国的社会优待制度

社会优待是国家和社会按照立法规定和社会习俗，对军人及其亲属提供维持一定生活水平和生活质量的资金和服务的保障项目，优待标准不低于当地平均生活水平。

1. 义务兵的优待

《军人抚恤优待条例》第三十三条规定，义务兵服现役期间，其家庭由当地人民政府发给优待金或者给予其他优待，优待标准不低于当地平均生活水平。义务兵和初级士官入伍前是国家机关、社会团体、企业事业单位职工（含合同制人员）的，退出现役后，允许复工复职，并享受不低于本单位同岗位（工种）、同工龄职工的各项待遇；服现役期间，其家属继续享受该单位职工家属的有关福利待遇。义务兵和初级士官入伍前的承包地（山、林）等，应当保留；服现役期间，除依照国家有关规定和承包合同的约定缴纳有关税费外，免除其他负担。义务兵从部队发出的平信，免费邮递。

2. 伤残军人的优待

《军人抚恤优待条例》第三十四条规定，国家对一级至六级残疾军人的医疗费用按照规定予以保障，由所在医疗保险统筹地区社会保险经办机构单独列账管理，具体办法由国务院民政部门会同国务院人力资源社会保障部门、财政部门规定。七级至十级残疾军人旧伤复发的医疗费用，已经参加工伤保险的，由工伤保险基金支付，未参加工伤保险，有工作的由工作单位解决，没有工作的由当地县级以上地方人民政府负责解决；七级至十级残疾军人旧伤复发以外的医疗费用，未参加医疗保险且本人支付有困难的，由当地县级以上地方人民政府酌情给予补助。残疾军人、复员军人、带病回乡退伍军人以及因公牺牲军人遗属、病故军人遗属享受医疗优惠待遇，具体办法由省、自治区、直辖市人民政府规定。中央财政对抚恤优待对象人数较多的困难地区给予适当补助，用于帮助解决抚恤优待对象的医疗费用困难问题。

3. 现役军人、残疾军人的交通优待

现役军人凭有效证件、残疾军人凭《中华人民共和国残疾军人证》优先购票乘坐境内运行的火车、轮船、长途公共汽车以及民航班机；残疾军人享受减收正常票价50%的优待。现役军人凭有效证件乘坐市内公共汽车、电车和轨道交通工具享受优待，具体办法由有关城市人民政府规定。残疾军人凭《中华人民共和国残疾军人证》免费乘坐市内公共汽车、电车和轨道交通工具。

4. 退役军人的教育优待

义务兵和初级士官退出现役后，报考国家公务员、高等学校和中等职业学校，在与其他考生同等条件下优先录取。残疾军人、因公牺牲军人子女、一级至四级残疾军人的子女，驻边疆国境的县（市）、沙漠区、国家确定的边远地区中的三类地区和军队确定的特、一、二类岛屿部队现役军人的子女报考普通高中、中等职业学校、高等学校，在录取时按照国家有关规定给予优待；接受学历教育的，在同等条件下优先享受国家规定的各项助学政策。现役军人子女的入学、入托，在同等条件下优先接收。具体办法由国务院民政部门会同国务院教育部门规定。

易考点:①死亡抚恤是具有褒扬意义的资金补助,分为一次性抚恤和定期抚恤两种。②残疾抚恤是具有生活保障性质的资金和服务。③优待涉及生活、医疗、就业等诸多方面。拥军优属和优抚事业单位是落实优抚的重要形式和载体。

第二节　我国的军人保险制度

一、军人保险制度概述

《中华人民共和国军人保险法》于2012年4月27日第十一届全国人民代表大会常务委员会第二十六次会议通过,自2012年7月1日起施行。制定该法的目的,是规范军人保险关系,维护军人合法权益,促进国防和军队建设。

二、军人伤亡保险

《中华人民共和国军人保险法》规定,已经评定残疾等级的因战、因公致残的军人退出现役参加工作后旧伤复发的,依法享受相应的工伤待遇。军人伤亡保险所需资金由国家承担,个人不缴纳保险费。

1. 享受军人伤亡保险待遇的对象

《中华人民共和国军人保险法》规定,军人因战、因公死亡的,按照认定的死亡性质和相应的保险金标准,给付军人死亡保险金。军人因战、因公、因病致残的,按照评定的残疾等级和相应的保险金标准,给付军人残疾保险金。军人死亡和残疾的性质认定、残疾等级评定和相应的保险金标准,按照国家和军队有关规定执行。

2. 不享受军人伤亡保险待遇的情形

《中华人民共和国军人保险法》第十条规定,军人因下列情形之一死亡或者致残的,不享受军人伤亡保险待遇:一是故意犯罪的;二是醉酒或者吸毒的;三是自残或者自杀的;四是法律、行政法规和军事法规规定的其他情形。

三、退役养老、医疗保险

(一)退役养老保险

1. 军人退役养老保险补助标准

军人退出现役参加基本养老保险的,国家给予退役养老保险补助。军人退役养老保险补助标准,由中国人民解放军总后勤部会同国务院有关部门,按照国家规定的基本养老保险缴费标准、军人工资水平等因素拟订,报国务院、中央军事委员会批准。

2. 军人退役养老保险手续的转接

《中华人民共和国军人保险法》规定,军人入伍前已经参加基本养老保险的,由地方社会保险经办机构和军队后勤(联勤)机关财务部门办理基本养老保险关系转移接续手续。军人退出现役后参加职工基本养老保险的,由军队后勤(联勤)机关财务部门将军人退役养老保险关系和相应资金转入地方社会保险经办机构,地方社会保险经办机构办理相应的转移接续手续。军人服现役年限与入伍前和退出现役后参加职工基本养老保险的缴费年限合并计算。军人退出现役后参加新型农村社会养老保险或者城镇居民社会养老保险的，按照国家有关规定办理转移接续手续。

3. 军人退役到公务员岗位或采取退休安置的养老办法

军人退出现役到公务员岗位或者参照公务员法管理的工作人员岗位的，以及现役军官、文职干部退出现役自主择业的，其养老保险办法按照国家有关规定执行。军人退出现役采取退休方式安置的，其养老办法按照国务院和中央军事委员会的有关规定执行。

（二）退役医疗保险

军人退役医疗保险，是为了保障军人退出现役后享有国家规定的医疗保险待遇，维护军人权益，激励军人安心服役而建立的一种军人保险制度。

1. 军人退役医疗保险补助标准

《中华人民共和国军人保险法》规定，参加军人退役医疗保险的军官、文职干部和士官应当缴纳军人退役医疗保险费，国家按照个人缴纳的军人退役医疗保险费的同等数额给予补助。义务兵和供给制学员不缴纳军人退役医疗保险费，国家按照规定的标准给予军人退役医疗保险补助。

2. 军人退役医疗保险个人缴费标准和国家补助标准的确定

《中华人民共和国军人保险法》规定，军人退役医疗保险个人缴费标准和国家补助标准，由中国人民解放军总后勤部会同国务院有关部门，按照国家规定的缴费比例、军人工资水平等因素确定。

3. 退役军人医疗保险手续的转接

《中华人民共和国军人保险法》规定，军人入伍前已经参加基本医疗保险的，由地方社会保险经办机构和军队后勤（联勤）机关财务部门办理基本医疗保险关系转移接续手续。军人退出现役后参加职工基本医疗保险的，由军队后勤（联勤）机关财务部门将军人退役医疗保险关系和相应资金转入地方社会保险经办机构，地方社会保险经办机构办理相应的转移接续手续。军人服现役年限视同职工基本医疗保险缴费年限，与入伍前和退出现役后参加职工基本医疗保险的缴费年限合并计算。军人退出现役后参加新型农村合作医疗或者城镇居民基本医疗保险的，按照国家有关规定办理。

四、随军未就业的军人配偶保险

国家为随军未就业的军人配偶建立养老保险、医疗保险等。随军未就业的军人配偶参加保险，应当缴纳养老保险费和医疗保险费，国家给予相应的补助。随军未就业的军人配偶保险个人缴费标准和国家补助标准，按照国家有关规定执行。

1. 随军未就业的军人配偶保险手续的转接

《中华人民共和国军人保险法》规定，随军未就业的军人配偶随军前已经参加社会保险的，由地方社会保险经办机构和军队后勤（联勤）机关财务部门办理保险关系转移接续手续。

随军未就业的军人配偶实现就业或者军人退出现役时，由军队后勤（联勤）机关财务部门将其养老保险、医疗保险关系和相应资金转入地方社会保险经办机构，地方社会保险经办机构办理相应的转移接续手续。军人配偶在随军未就业期间的养老保险、医疗保险缴费年限与其在地方参加职工基本养老保险、职工基本医疗保险的缴费年限合并计算。

2. 随军未就业的军人配偶的退休待遇

随军未就业的军人配偶达到国家规定的退休年龄时，按照国家有关规定确定退休地，由军队后勤（联勤）机关财务部门将其养老保险关系和相应资金转入退休地社会保险经办机构，享受相应的基本养老保险待遇。

3. 随军未就业的军人配偶的安置

地方人民政府和有关部门应当为随军未就业的军人配偶提供就业指导、培训等方面的服务。随军未就业的军人配偶无正当理由拒不接受当地人民政府就业安置,或者无正当理由拒不接受当地人民政府指定部门、机构介绍的适当工作、提供的就业培训的,停止给予保险缴费补助。

五、军人保险基金

1. 军人保险基金的内容

军人保险基金包括军人伤亡保险基金、军人退役养老保险基金、军人退役医疗保险基金和随军未就业的军人配偶保险基金。各项军人保险基金按照军人保险险种分别建账,分账核算,执行军队的会计制度。

2. 军人保险基金的构成及缴纳

军人保险基金由个人缴费、中央财政负担的军人保险资金以及利息收入等资金构成。军人应当缴纳的保险费,由其所在单位代扣代缴。随军未就业的军人配偶应当缴纳的保险费,由军人所在单位代扣代缴。中央财政负担的军人保险资金,由国务院财政部门纳入年度国防费预算。

3. 军人保险基金的管理

军人保险基金按照国家和军队的预算管理制度,实行预算、决算管理;实行专户存储,具体管理办法按照国家和军队有关规定执行;由中国人民解放军总后勤部军人保险基金管理机构集中管理。管理机构应当严格管理军人保险基金,保证基金安全。

4. 军人保险基金的使用原则

军人保险基金应当专款专用,按照规定的项目、范围和标准支出,任何单位和个人不得贪污、侵占、挪用,不得变更支出项目、扩大支出范围或者改变支出标准。

六、保险经办与监督

军队后勤(联勤)机关财务部门和地方社会保险经办机构应当建立健全军人保险经办管理制度。

1. 军队后勤机关财政部门的职责

军队后勤(联勤)机关财务部门,应当按时足额支付军人保险金;同地方社会保险经办机构应当及时办理军人保险和社会保险关系转移接续手续;应当为军人及随军未就业的军人配偶建立保险档案,及时、完整、准确地记录其个人缴费和国家补助,以及享受军人保险待遇等个人权益记录,并定期将个人权益记录单送达本人;同地方社会保险经办机构应当为军人及随军未就业的军人配偶提供军人保险和社会保险咨询等相关服务。

2. 军队后勤(联勤)机关、地方社会保险行政部门人员的职责

军人保险信息系统由中国人民解放军总后勤部负责统一建设。

中国人民解放军总后勤部财务部门和中国人民解放军审计机关按照各自职责,对军人保险基金的收支和管理情况实施监督。军队后勤(联勤)机关、地方社会保险行政部门,应当对单位和个人遵守本法的情况进行监督检查;其实施监督检查时,被检查单位和个人应当如实提供与军人保险有关的资料,不得拒绝检查或者谎报、瞒报;其保险经办机构及其工作人员,应当依法为军队单位和军人的信息保密,不得以任何形式泄露。任何单位或者个人有权对违反本法规定的行为进行举报、投诉。

3. 军队和地方有关部门、机构对举报、投诉的处理原则

军队和地方有关部门、机构对属于职责范围内的举报、投诉,应当依法处理;对不属于本部门、本机构职责范围的,应当书面通知并移交有权处理的部门、机构处理。有权处理的部门、机构应当及时处理,不得推诿。

易考点:中国军人退役安置包括离退休干部安置、退役士兵安置和转业复员干部安置。其中,退役士兵安置是军人退役安置的主体,面临困境,在改革中艰难推进。

七、新世纪我国军人社会保障的改革思路

1. 改革的目标

我国军人社会保障发展的总体目标是基本建立起与社会主义市场经济相适应、与国家社会保障制度相衔接、体现军人权益保障的特殊要求、资金来源多渠道、保障方多层次、权利与义务相对应、管理与服务社会化的军人保障制度。

2. 未来军人社会保障的发展趋势

未来军人社会保障的发展方向可以分为三步,即第一步是解决与地方保障制度的接轨问题,初步建立起基本的保障制度和管理体系;第二步是逐渐增加保障项目,加大基金积累,提高给付水平,增强服务质量功能,使军人养老、医疗、伤亡有可靠的保障;第三步是随着军人薪酬的大幅提升,军人及其家属基本生活得到充分保障,需要进一步地提高军人的生活质量,提供完善的社会服务。

3. 我国军人社会保障制度发展趋势

市场经济时期我国军人社会保障制度的建立和发展,既要受到社会主义市场经济特性的制约,又要受到军队职能的制约与军队建设要求的制约,其基本趋势是:一是军人社会保障的社会化;二是军人社会保障的规范化;三是军人社会保障的效能化;四是军人社会保障的法制化。

强化提升训练

一、单项选择题

1. 社会优抚不同于其他社会保障的最主要特征是具有(　　)。
   A. 法定性　B. 普遍性　C. 经济性　D. 褒扬性
2. 军人保障是一种(　　)性的社会保障。
   A. 效率　B. 综合　C. 公平　D. 义务
3. 下列不属于军人保障方式的是(　　)。
   A. 优待　B. 褒奖　C. 抚恤　D. 安置

二、多项选择题

1. 我国抚恤金的种类包括(　　)。
   A. 死亡抚恤金　B. 残疾抚恤金　C. 精神抚恤金　D. 生活抚恤金
2. 社会优抚的资金来源渠道主要有(　　)。
   A. 国家财政拨款　B. 企业缴纳费用　C. 社会募集统筹　D. 个人投保
3. 下列(　　)属于社会优抚的对象。
   A. 因公出差受伤的国家公务员　B. 执行公务受伤的武警
   C. 抗美援朝战争中负伤的军人　D. 现役军人家属

三、判断题

1. 社会福利的对象是全体国民,而社会优抚的对象是军人。(　　)
2. 分散安置的因战、因公三级和四级残疾的军人,其护理费用为当地职工月平均工资的30%。(　　)
3. 抚恤主要指慰问伤残人员或死者家属并发给一定数额的费用。(　　)

参考答案与解析

一、单项选择题

1. D【解析】社会优抚制度,是指国家和社会按照规定,对法定的优抚对象提供确保一定生活水平的资金和服务,是一种带有褒扬和抚慰性质的特殊社会保障制度。
2. B【解析】和一般社会保障相比,军人保障包括的内容更为广泛,它既不是单纯的社会救助,也不是单纯的社会保险或社会福利,而是呈现综合性的特点。
3. B【解析】中国新型军人保障制度包括:军人抚恤优待、军人保险、军人安置保障以及军人福利四项内容。

二、多项选择题

1. AB【解析】我国的社会抚恤制度分为死亡抚恤和残疾抚恤两种,相对应的我国的抚恤金制度也包括死亡抚恤金和残疾抚恤金两种。
2. ACD【解析】社会优抚资金的主要来源是国家财政拨款,这体现出政府在社会优抚工作中的主体地位;社会优抚资金的另一个来源是社会募集,即企业、团体和个人的捐助,这是优抚资金的重要补充来源;此外,个人投保是优抚资金的另一个来源。

3. BCD【解析】社会优抚的对象，是法定范围内的特殊群体，包括中国人民解放军的现役军人、革命伤残军人、复员退伍军人、革命烈士家属、因公牺牲军人家属、病故军人家属、现役军人家属等。

三、判断题

1. F【解析】略。
2. F【解析】对分散安置的一级至四级残疾军人发给护理费，护理费的标准为：因战、因公一级和二级残疾的，为当地职工月平均工资的50%；因战、因公三级和四级残疾的，为当地职工月平均工资的40%；因病一级至四级残疾的，为当地职工月平均工资的30%。
3. T【解析】抚恤主要指慰问伤残人员或死者家属并发给一定数额的费用，其对象主要是革命烈士家属、因公牺牲人员的家属和病故军人家属、因战或因公以及因病致残的革命伤残军人。

第十章 补充保障

本章提要：

熟悉补充保障的概念、特征、功能以及政府在补充保障中的职能，掌握补充保障的主要内容，即慈善事业、员工福利、企业年金以及互助保障的含义、特点、具体内容等。

重要考点	出题频次	经典例题	命题趋势
补充保障概述	★★	下列不属于补充保障措施的是(D)。 A. 慈善事业 B. 社区服务 C. 家庭保障 D. 优抚安置	重点考查实行补充保障的条件、补充保障的特征等，常以选择题的形式进行考查
补充保障的主要内容	★★★★	根据世界银行对养老保障体系的发展的指引，企业年金属于多支柱养老保障体系的(B)。 A. 第一支柱 B. 第二支柱 C. 第三支柱 D. 第四支柱	重点考查补充保障的主要内容，常以选择题或判断题的形式进行考查

第一节 补充保障概述

一、补充保障的概念

1. 补充保障的含义

补充保障，是基本社会保障制度安排之外的，以非政府主导性、非强制性为特征，对社会成员起有补充保障作用的各种保障措施的总称。对这一概念的理解有以下三个方面：一是补充保障是现代社会保障体系的一个组成部分；二是补充保障是相对于基本社会保障制度而言的，它是一个相对的概念；三是补充保障具有非强制性的特征。

2. 补充保障的分类

从世界各国的实践来看，补充保障是一个非常复杂的系统，因此存在多种分类方式。

按照补偿方式划分，可分为经济保障、服务保障和精神保障。

按照实施主体划分，可分为社会补充保障、企业补充保障和个人自我保障。

从保障水平划分，可分为社会救助型、查漏补缺型和增进福利型。

从保障内容划分，可分为补充养老保障和补充医疗保障等。

3. 实行或参加补充保障的条件

实行或参加补充保障必须具备以下三个条件：

(1)必须依法参加基本社会保障，按时足额缴纳各项社会保险费，这是实行或参加补充保障的基本前提。

(2)要有一定的经济承受能力,这是实行或参加补充保障的经济条件。

(3)民主管理基础较为健全,已建立集体协商机制,这是实行或参加补充保障的组织保证。

二、补充保障的基本特征与功能

1. 补充保障的基本特征

补充保障的基本特征包括:

(1)处于配角地位,即补充保障是基本社会保障制度安排之外的,是一种补充性的保障。

(2)不具有强制性,即补充保障是用人单位或个人的行为,资金主要来自单位或个人,是否实行补充保障,是由单位或个人决定的。国家在强制推行基本保障的基础上,鼓励和引导推行补充保障。

易考点:补充保障的资金主要来源于单位或个人。

(3)强调效率优先,即用人单位的经济条件是能否实行补充保障的首要条件。经济效益好时,可以多推行补充保障,反之则不进行或少进行补充保障。

(4)形式、内容多样化,即补充保障的自由度高,形式、内容相对比较灵活。

(5)补充保障是个相对的概念。

2. 补充保障的功能

补充保障的主要功能包括:

(1)激励功能。激励功能能改善用人单位与员工之间的关系,吸引人才、凝聚人才,激励各类人才不断发挥已有才能和潜在的创造力,促进生产发展。

(2)追加功能。补充保障的首要功能是补充基本保障的不足,追加基本保障待遇,提高保障水平和生活质量。补充保障与基本保障之间的关系,实际上是“基本+提高”的有机组合。

(3)对等功能。“对等”是指权利与义务对等,补充保障的资金模式是完全积累型,保障程度由缴费的多少决定,原则上是多缴多得、少缴少得、不缴不得。而义务又要与贡献紧密挂钩,必须是对单位做出贡献,以贡献大小来决定单位为个人缴费多少,从而享受补充保障的权利。

易考点:补充保障的资金模式是完全积累型。

三、补充保障的社会功能

补充保障具有如下社会功能:

(1)补充保障具有为基本社会保障制度“查漏补缺”的功能。一方面,补充保障为尚未被基本社会制度覆盖的人群提供了化解风险的途径;另一方面,补充保障可以对基本社会保障制度之外的保障项目进行补充保障。

(2)补充保障提高了国民社会保障的水平,增进了特定人群的福利。

(3)一些补充保障可以作为组织人力资源管理的手段,为实现组织目标服务。这主要是指以员工福利为表现形式的企业补充保障。

(4)补充保障还具有满足人们施与仁爱之心、促进社会和谐的功能。

四、政府在补充保障中的职能

尽管补充保障在某种意义上排斥政府的行政干预,但它的发展同样需要有政府的政策扶持甚至财政

援助。政府在补充保障中的责任主要包括:

(1)推动立法。推动立法的目的在于为补充保障的发展创建良好的宏观环境,保护信息资源劣势一方的合法权益,规范补充保障行为。

(2)实行监督。各国在针对不同的补充保障项目或者补充项目运作的不同环节进行立法规范的同时,还需要有政府的适度监督,以确保补充保障能够规范运行、健康发展。

(3)宏观调控,政策引导。对于补充保障,应充分注重运用市场"无形的手"和政府经济调控政策"有形的手"两种手段,政府最重要的调控手段,就是财政和货币政策,它可以起到引导补充保障发展的作用。

第二节 补充保障的主要内容

一、慈善事业

(一)慈善、慈善事业与慈善基金

1. 慈善的含义

慈善是一种美德、善行和爱心,是人类最应当具备的基础性伦理道德。也有学者认为慈善可分解为慈心与善行,强调慈心是动机,善行是效果。现代慈善已经不能被简单理解为上对下的恩赐、富对贫的施舍,其本质是人类善爱之心的表现与标志。

2. 慈善事业的含义

慈善事业是建立在社会捐献基础之上的民营社会性救助事业,这一定义可以分解为以下四个层次:一是捐献为慈善事业的立身之本,没有捐献就没有慈善事业;二是慈善事业是民营事业;三是慈善事业是社会性事业;四是慈善事业是救助性事业。

易考点:从经济学角度看,慈善事业是对财富和资源进行的第三次分配。

经典真题再现

[2013 年甘肃省选拔万名普通高校毕业生到基层工作考试社会保障专业知识真题]

【原题】慈善事业是建立在社会捐献基础之上的民营社会化保障事业。这说明(　　)。

A. 捐献为慈善事业的立身之本　　B. 慈善事业是民营事业

C. 慈善事业是社会化事业　　D. 慈善事业是社会化保障事业

【解析】本题的正确答案为 ABCD。

3. 慈善基金的含义

慈善基金是指来自民间的一种社会资金,也是国民收入中自愿用于慈善公益事业的专用资金,属于消费资金的一部分。

慈善基金的作用是为了帮助社会上孤、老、病、残、幼、贫等生活最困难者,是社会保障事业的财力补充。其主要来源包括:政府资助、企业捐赠、社会民众个人捐赠、国外社会各界的捐赠与赞助、兴办慈善事业服务的实业收入、会员缴纳的会费、慈善基金存入金融机构的利息以及其他合法收入。

（二）慈善事业的特征与功能

1．慈善事业的基本特征

慈善事业在发展实践中表现出的基本特征包括：

(1)善爱之心是慈善事业的道德基础，即慈善属于道德范畴，慈善事业的非强制性和慈善行为的自愿性，决定了社会成员的善爱之心对慈善事业的发展起着道德支配作用。

(2)贫富差别是慈善事业的社会基础，即只有存在贫富差距，才能形成援助活动的供给和需求两方，形成“慈善市场”，进而很好地发展慈善事业。

(3)社会捐赠是慈善事业的经济基础，即慈善事业的本源财政基础是社会各界尤其是社会成员的自愿捐献。

(4)民营机构是慈善事业的组织基础，即慈善事业只能由民间公益团体或公益组织承担具体的组织实施工作，这是慈善事业区别于单个施舍行为和强制性社会保障事业或官方社会救助的重要特征。

(5)捐献者的意愿是慈善事业的实施基础，即慈善事业的经济基础是社会捐献，这就决定了慈善组织需要坚持以捐献者的意愿作为实施基础。

(6)社会成员的普遍参与是慈善事业的发展基础，即发达国家或地区的发展实已证明，只有社会成员的普遍参与，才能使慈善事业发展成为一项宏伟的事业。

2．慈善事业的功能

慈善事业主要有以下几方面的功能：一是财富或资源的再分配功能；二是增进社会福利功能；三是协调社会发展功能；四是道德教化功能；五是对基本社会保障制度的补充功能。

（三）加快发展慈善事业的基本原则与主要目标

1．发展慈善事业的基本原则

发展慈善事业的基本原则包括：

(1)平等原则。慈善捐助者自主实施捐赠行为，自行决定捐赠的规模、方式和用途，禁止强捐、索捐、变相摊派等行为，要充分尊重受赠人的尊严和隐私。

(2)公开透明原则。慈善捐赠程序、善款善物的管理和使用方式、捐助效果评估等信息通过有效形式公开，接受政府部门的监管和社会监督。有关捐赠信息的公开，尊重捐赠人意愿。

(3)鼓励创新原则。我国慈善事业发展的领域和区域差异较大，鼓励各地各领域结合实际，积极探索有效募集慈善资源、加强慈善捐助管理与监督、推动慈善事业持续健康发展的新机制、新方式。

(4)依法推进原则。坚持依照法律法规支持慈善事业发展。政府推动制定并落实促进慈善事业发展的法律、法规和政策，依法培育监管公益慈善组织、规范慈善行为。公益慈善组织依法开展慈善募捐和资源调配等活动，充分发挥运作主体作用。

2．加快发展慈善事业的主要目标

加快发展慈善事业的主要目标包括以下几个方面：

(1)促进慈善事业健康发展的法律法规政策体系基本建立，捐赠税收优惠政策得到落实，慈善事业依法有序健康发展。

(2)以社会主义核心价值体系为指引，慈善文化全面普及，慈善理念广泛传播，公民、企业和社会组织的社会责任意识逐步增强，越来越多的公众、企业和社会组织参与慈善活动，慈善逐步成为社会风尚和人们的生活方式。

(3)公益慈善组织稳步发展，资源募集使用能力和社会公信力明显提高，布局合理、类型齐全、分工明确、管理完善、公开透明、自主高效的现代公益慈善组织体系初步形成，慈善服务网点全面覆盖城乡社区。

(4)专兼职结合的慈善工作队伍和志愿者队伍进一步发展壮大，志愿者人数占总人口的比例显著提高，公益慈善组织成为吸纳社会就业、提供社会服务的重要方面。

(5)政府监管、民间运作、行业自律、社会监督的慈善事业管理体制和运行机制进一步完善，各级各类慈善事业推动主体和运作主体权责明晰、分工协作，共同推动慈善事业发展。

(四)慈善事业与社会保障

1. 慈善事业与社会保障的关系

慈善事业是现代社会保障体系中的一个有机组成部分，它既与法定的基本社会保障制度有联系，并构成对基本社会保障制度的补充，又与基本社会保障制度有重大的区别。首先，慈善事业扶困助弱的功能在客观上构成了官方社会救助的补充，减轻了政府财政的压力。其次，现代慈善事业逐步发展，其活动涉及的方面除了传统的救灾济贫外，还扩展到了文化教育、保健、环境保护等诸多公益领域。

2. 政府对慈善事业的支持

正是由于慈善事业与社会保障的密切关系，各国政府对慈善事业均采取支持的态度，利用财政税收政策和直接拨款援助是通常采取的扶持慈善事业发展的政策措施。在税收优惠方面，主要有：一是对社会各界的慈善性捐赠给予免税待遇，即税前列支；二是对慈善团体所进行经营活动的利润用于慈善事业的部分免税；三是鼓励遗产继承人将遗产中的一部分捐赠给慈善事业；四是积极促使高收入阶层积极参与慈善事业等。《中华人民共和国公益事业捐赠法》在“优惠措施”中就有规定，公司和其他企业依照本法的规定捐赠财产用于公益事业，依照法律、行政法规的规定享受企业所得税方面的优惠。

(五)我国慈善事业的发展

1. 我国慈善事业的概况

我国慈善事业在近些年有了突飞猛进的发展，特别是在经历了2008年的汶川大地震后，慈善事业所发挥的作用越来越明显，但是与国外的慈善事业相比还有一定的差距。总体来讲，中国的慈善公益机构发展刚刚起步，不仅数量少，而且动员社会资源能力有限，多数尚没有得到足够的社会公信力，且慈善观念落后，相关法律滞后，还需要进一步的改革与发展。

2. 影响我国慈善事业发展的因素

我国慈善事业的发展受到以下因素的影响：

(1)道德因素。道德因素是人们参与慈善事业的基本保障，如果没有道德基础慈善事业是不可能发展的。虽然参与慈善事业的人并不都是出于道德因素，但是道德因素作为慈善事业发展的基础是非常重要的。

(2)社会因素。社会因素包括，“金字塔”形社会结构阻碍慈善事业发展；公共诚信度不高，影响捐献热情和动力；政府干预过多。

(3)经济因素。由于我国经济总体水平还比较落后，贫困和需要救济的人员还有很多，而慈善事业发展最需要的就是资金。

3. 积极发展我国慈善事业

健全政府支持政策措施，加强慈善组织监管，为慈善事业健康发展创造良好条件。完善慈善捐助减免税制度，落实公益性捐助所得税前扣除政策。制定支持中央企业和民营企业积极投身慈善事业的政策，支持企业和慈善组织举办医院、学校、养老和残障康复设施等公益事业，鼓励市场主体以捐赠资金留本运营、利润分配、安置就业等方式参与慈善。完善志愿服务工作，推广“菜单式”志愿服务，推动志愿服务需求与供给有效对接。制定保障政策，探索志愿服务时间储蓄、回馈激励及志愿者保险制度，促进志愿服务有序健康发展。

二、员工福利

（一）员工福利的概念

1. 员工福利的含义

员工福利，又称职业福利或机构福利，是以企业或社会团体为责任主体，专门面向内部员工的一种福利待遇。

广义的员工福利通常由以下几部分组成：国家规定实施的各类基本的社会保障、企业年金（补充养老金计划）及其他商业团体保险计划、股权与期权计划、其他自主建立的福利计划等，它在本质上属于职工激励机制范畴，是职工薪酬制度的重要组成部分。

本节所讲的“员工福利”指的是狭义的员工福利，即为满足职工的生活和工作需要，企业自主建立的、非法定的、在工资收入之外向员工本人及其家属提供的一系列福利项目，包括货币津贴、实物和服务等形式。

通常，企业常选用的几种福利类型及形式有：一是法定的员工福利（或称公共福利），如国家依法强制参与的医疗保险、养老保险等；二是个人福利，如补充养老金（企业年金）、住房津贴等；三是有偿假期，如病假、事假、旅游等；四是生活福利，如法律顾问、心理咨询费等。

2. 员工福利的分类

作为补充保障的重要表现形式之一，狭义的员工福利确切地说就是非法定的员工福利。与法定员工福利计划相比，非法定员工福利计划更有激励功能，种类也更多并更加灵活。这类福利通常可分为以下几类：

（1）收入保障计划，它是企业为提高员工的现期收入或未来收入水平的一种福利计划，如利润分享、员工持股计划、企业年金、团体人寿险以及住房援助计划等。

（2）健康保健计划，它是企业为员工提供的弥补社会医疗保险不足的一种补充医疗保障。

（3）员工服务计划，它是企业为员工及其家属提供相关服务的一种福利计划，目的在于帮助员工克服生活困难和支持员工事业的发展。

3. 员工福利的意义

员工福利的意义包括：一是通过给员工提供各种福利、援助，有助于员工及其家庭经济收入和生活质量的提高；二是员工福利不仅为员工提供了经济保障，同时也是企业薪酬体系的重要组成部分，使企业在人才市场上更具有吸引人才和留住人才的凝聚力；三是提高了员工及其家庭基本生活的保障力度，促进了企业的发展，由此而具有稳定社会和推进社会进步的功能。

（二）员工福利的发展

1. 员工福利发展中的问题

员工福利的大规模发展，是在20世纪60年代以后的事情，历史并不长，人们对员工福利的认识也还并不十分清晰。从各国员工福利的发展实践来看，员工福利发展过程中的问题主要表现在以下几个方面：

（1）对员工福利的认识问题。一方面，对企业而言，现有员工福利项目是否合理、实施效果如何等问题显然是需要事先搞清楚的，否则员工福利就可能背离其初衷；另一方面，员工关心的只是福利越多越好，而很少考虑福利计划的可持续性和企业的长远发展。

(2)员工福利的成本问题。员工福利是企业用经济手段来提高员工福利待遇进而激励员工提高劳动生产效率的一种手段，从而必然需要相应的经费支出，它作为现代企业薪酬体系的一个有机组成部分，同样具有薪酬制度刚性发展的某些特征。因此，员工福利成本问题就构成了企业发展中的一个必须正视的问题，但许多企业在实施员工福利之初时，通常很难预见因环境变化等因素所导致的费用增长过快问题。

(3)员工福利激励功能异化的问题。员工福利在建立之初是属于激励因素之一，但随着员工对它的逐步接受，员工福利就会由激励因素转变成为保健因素，员工福利计划也不会再给公司带来预期的理想效益。如何解决员工福利激励功能异化的问题，其实是企业必须周密考虑的。

(4)缺乏灵活性和针对性。工作方式、家庭模式以及人们的观念等的转变，使得人们对福利的需求也在不断变化，而传统的福利项目并不能满足人们新时期的需求，使得员工福利制度或计划虽然可能令企业投入了巨大成本，但效果却被大打折扣。员工福利与各种管理制度一样，需要适应形势的发展，不断改进不断创新。

2. 员工福利的发展趋势

如上所述，一方面，社会尤其是企业、员工需要员工福利，也就是说员工福利具有供给和需求；另一方面，这种供给和需求又常常出现结构性矛盾，影响举办机构的目标实现。因此，进入21世纪以后，企业员工福利出现了以下两个重要的发展趋势：一是弹性福利计划兴起并日趋完善，即员工根据自己的需要和意愿选择相应的福利项目，从而体现可选择性、个性化和人性化的特征；二是举办机构日益注重福利计划与其战略目标、组织文化和员工类型的匹配性。

(三)员工福利与基本社会保障制度

员工福利可以划入现代社会保障体系并事实上发挥着应有的功能，但它与国家法定的基本社会保障制度毕竟不同，因此，有必要对员工福利与国家法定的基本社会保障制度的关系给予明确。

1. 员工福利与基本社会保障制度的区别

员工福利与基本社会保障制度是既相互区别又相互联系的一对范畴，两者的区别主要体现在以下几个方面：

(1)性质不同。员工福利属于企业或社会团体人力资源管理范畴，是纯粹内部事务；而基本社会保障则属于社会政策范畴，是政府主导的并由公共机构或社会团体举办的公共事务。

(2)受益范围不同。员工福利只面向举办机构的员工；而基本社会保障则是一个开放的、稳定的系统，面向所有有需要的社会成员。

(3)内容不同。基本社会保障制度的保障内容都是由相应的法律明确规范的，在实践中并不具有灵活性；而员工福利却可以根据企业的发展战略及员工的需求，选择个性化的福利项目。

(4)目标不同。企业或社会团体举办员工福利，其最终目标是为确保举办者利润的最大化；而国家法定的基本社会保障的目标是出于社会公平与正义，旨在使社会成员的基本生活获得保障。

(5)调节机制不同。员工福利的基础与实质是举办者对内部资源的调配，必须遵守市场规则，服从于市场竞争规律；而基本社会保障的实质则是国民收入再分配，涉及公共资源的分配和政府的干预，服从社会需要。

2. 员工福利与基本社会保障制度的联系

员工福利与基本社会保障制度存在诸多差别的同时，也存在着某些共性与联系。一方面，越来越多的国际性协议(如全球协议),开始强调企业的社会责任并得到了广泛认同,这些协议要求企业不仅是一个达到最低要求的合法企业,而且还提出了更高的要求,即企业要在保证员工的生产条件、休息场所、健康安全等方面负责,企业或社会团体承担的福利责任进一步引起重视,进而使员工福利事实上具有了越来越大的社会功能,在一个国家或地区的社会保障体系中占据更加显著的位置。另一方面,在社会保障领域,政府直接承担的责任会适度化,强调责任分担对于福利国家模式和社会主义模式的国家来说,就意味着政府责任会减轻,从而需要寻求替代者,需要企业和社会团体共同努力。

三、企业年金

(一)企业年金的概念

1. 企业年金的含义

企业年金是指企业及其职工在依法参加基本养老保险的基础上,自愿建立的补充养老保障制度。

易考点:根据世界银行对养老保障体系发展的指引,企业年金属于多支柱养老保障体系的第二支柱。

从宏观角度讲,企业年金既不同于基本养老保险,也不完全等同于商业性的人寿保险,它作为多支柱养老保障体系中的支柱之一,实质上是对法定的基本养老保险制度的一种补充,其直接目的虽然是激励员工的劳动积极性,但客观上会提高劳动者的退休养老金水平。

从微观角度讲,企业年金一般被企业视为人力资源管理战略的有机组成部分,它作为人力资源管理系统中的薪酬管理或员工福利管理项目,是雇主为了吸引和留住雇员长期为企业服务和提高劳动生产率,向雇员提供的一笔退休金。

从员工角度讲,企业年金属于员工私人经济范畴,是一种私人性质的产品。年金基金在经营中一般独立于公司本身的资金和业务,即使公司破产,员工仍然可以领到企业年金。因此,企业年金还是以民间储蓄为基础的私人养老金。

经典真题再现

[2013 年甘肃省选拔万名普通高校毕业生到基层工作考试社会保障专业知识真题]

【原题】在 2000 年国务院下发的《关于完善城镇社会保障体系的试点方案》中,正式将企业补充养老保险更名为(　　)。

A. 企业年金　　B. 职业年金　　C. 国民年金　　D. 员工福利

【解析】2000 年底,国务院在《关于完善城镇社会保障体系的试点方案》(国发〔2000〕42 号)中,将原有的企业补充养老保险正式更名为“企业年金”。故选 A。

2. 企业年金的作用

企业年金的作用包括:一是补充基本养老保险或公共养老金保险,提高劳动者的退休待遇;二是促进资本市场和劳动力市场的完善,有利于改善劳资关系;三是企业年金为雇主提供了一种新的可供采用的收益分配形式;四是企业年金是提高劳动生产率和增强企业凝聚力的重要手段;五是企业年金的运营还会给雇员带来丰厚的经济回报。

3. 建立企业年金计划应遵循的原则

建立企业年金计划应遵循的原则包括:

(1)民主原则,即建立企业年金计划,应由用人单位与工会组织或职工代表集体协商确定。

(2)效益原则,即企业年金供款资金主要来源于企业经营成果和经济效益的增长,供款金额可以随经济效益变化适度调整。

(3)激励原则,即用人单位可根据营利情况和职工的绩效考核以及其他有利于本单位发展的因素确定每个职工的不同供款水平,形成有利于稳定职工队伍和激发职工工作热情的内部激励机制。

(二)企业年金的特点与划分

1. 企业年金的特点

与基本养老保险相比,企业年金具有以下几方面的特点:

(1)社会养老保险制度通常是强制实施的、统一的养老金计划,管理机构的经费纳入财政预算由政府安排,由政府机构进行管理。而企业年金绝大多数由企业自愿决定是否建立,并利用市场机制来选择合适的管理和运作方式,弹性较大、灵活性较强。

(2)社会养老保险的养老金是公共产品,而企业年金属于私人产品。

(3)基本养老保险一般有三种筹资模式,即现收现付模式、完全积累模式和部分积累模式,而企业年金几乎都采用的是完全积累模式。

(4)基本养老保险基金一般由政府机构管理和运营,而企业年金主要是通过资本市场来运作的,投资手段更为多样化,更加注重基金的投资收益率。

(5)基本养老保险强调的是社会公平原则,而企业年金则更注重效率原则,在企业内部人力资源战略中是具有激励机制的福利手段。

易考点:我国建立企业年金计划的企业必须同时满足的条件有,一是必须依法参加基本养老保险并按时足额缴费;二是企业经营比较稳定,经济效益较好;三是企业内部管理制度健全。

2. 企业年金的划分

企业年金不是国家法定的制度安排,而是在国家政策引导下,由各组织单位自主建立并实施的,因此,它也就不可能有统一的模式。在各国企业年金的实践中,按照不同的划分标准,可分为以下几类:

(1)根据创立主体的不同,可以分为由单个企业创立的企业年金和由多个企业创立的企业年金。

(2)根据供款来源不同,可以分为个人缴费的企业年金和个人不缴费的企业年金。

(3)根据决定因素不同,有强制性企业年金、自愿性企业年金和集体谈判决定的企业年金三种。

(4)根据筹资方式的不同,企业年金计划分为积累模式和现收现付模式企业年金。

(5)根据缴费和受益关系的不同,企业年金分为待遇确定型、缴费确定型等几种。

(三)企业年金的内容

1. 影响企业年金覆盖范围的因素

企业年金的覆盖范围是指企业年金的参与人员和受益对象。影响其覆盖范围的因素包括:一是政府主导的基本养老保险覆盖率和待遇水平;二是政府是否通过立法强制实施;三是政府的税收政策;四是企业的经济实力。

2. 企业年金的缴费

企业年金有待遇确定型和缴费确定型两种。待遇确定型的企业年金计划一般由雇主单方缴费,有时雇员也需要向企业年金计划缴纳其工资的一定比例,由雇主补足剩余部分;缴费确定型是先确定缴费比例,由雇主和雇员分担或只由雇主缴费,计入雇员的个人账户。

3. 企业年金基金的投资运营

与公共养老保险的管理方式有所不同,企业年金更加需要通过投资运营来获取收益,以实现基金的保值增值。在企业年金的投资中,通常要遵守三个基本原则,即安全性原则、流动性原则和收益性原则。对企业年金资产的管理,可分为自我管理和委托外部专业机构管理两种。企业年金的投资工具一般有银行存款、债券、股票、房地产等,不同的投资工具所承担的风险和回报差异很大,而且一般风险大小与回报率成正比。

四、互助保障

(一)互助保障的概念

1. 互助保障的含义

互助保障是指社会成员之间通过一定的机制相互提供物质帮助(包括经济援助与服务援助等)的一种生活保障系统。

易考点:互助保障是由非营利性的互助组织承办,具有自愿参加、互助共济、非营利、合作制等特点。

2. 互助保障含义的内容

互助保障的含义包括以下几方面的内容:一是互助保障的本质在于社会成员之间的相互帮助,它在实践中则体现为以互助为条件的自助与他助;二是互助保障是一种社会化的生活保障机制;三是互助保障机制的运行具有封闭性;四是补助保障是一种综合性的生活保障机制;五是互助保障是民营公益事业,不以营利为目的;六是互助保障不是国家的法定社会保障,在实施中具有非强制性。

(二)互助保障的分类

互助保障虽然层次较低、相互封闭,每个互助组织的互助范围有限,但互助保障同样是对基本社会保障制度的一种有益补充。

依据不同的标准,互助保障可分为以下几类:

(1)按照保障对象和范围,互助保障可分为家庭互助、社区互助、职业团体互助、特殊群体互助等。

(2)按照运作形式不同,互助保障可分为互助保险、互助救济和互助服务等。

(3)按照互助内容不同,互助保障可分为经济互助和志愿者服务。

(4)按照互助机构服务的范围,互助保障可以分为综合性互助保障和单项互助保障。

需要指出的是与其他补充保障不同,互助保障更加直观地表现了社会保障的互助共济的精神实质,是原始形式以及传统与现代保障手段的结合。不仅如此,互助保障还可以通过适当的政策,引导家庭成员对年老一代的赡养义务、夫妇的相互扶助的义务,提倡邻里、街坊、社区成员间的互助,有助于传统保障特色的更好保持与发挥。尤其是在城市化、工业化、人口流动加速和邻里关系日益淡化的现实情况下,社区互助创造了一种新型的邻里、社区关系,增强了社区成员之间的友爱感和归属感,还开创了某些新的职业(家政服务)或生活方式(志愿服务)。

(三)中国的互助保障

一句“远亲不如近邻”揭示了互助是中国的传统。虽然在计划经济时代因为人的单位化且由单位包办了一切事务,人们之间的互助有所削弱,但随着市场经济的发展,由工会组织的职工互助保障、社区组织的社区互助保障以及社会互助保障,却得到了一定程度的发展,它们构成了中国互助保障的基本支柱。

1. 职工互助保障

职工互助保障，是由工会组织举办、职工自愿参加的具有互助互济性质的会员合作制保障，它是各级工会为满足职工的福利需求而组织职工在不断提高自我保障意识和互助友爱精神的基础上发展起来的一种补充保障措施，也是市场经济条件下各级工会履行维护职工权益职能的新形式。

在实践中，职工互助保障面向职工，以解决职工的困难并提供相应的服务为出发点，不以营利为目的，它充分发挥工会组织网络健全和职工人数众多的资源优势，可以在低成本下运转，从而具有生命力。在经费来源方面，一般包括工会经费补贴、企业或雇主投入、会员缴费、社会捐献等。在保障内容方面，职工互助保障涉及职工养老、医疗、灾祸救助、生活困难援助等多个方面，从而在一定程度上缓解了职工的特殊困难。职工互助保障的特性有：民主、平等的社员制，身份比重制；自愿参与；互助、共济；面向中低收入职工。

2. 社区互助保障

社区互助是由社区非营利组织面向本社区居民举办的各种社会服务的统称。市场经济改革带来的一个重大的变化，就是个人从计划经济时代依附于单位转变为社会人，而社区便成为人们独立生活的场所。与此相适应，过去由单位包办的各种生活服务及相关福利，也必然要在社区寻找到替代者。因此，在政府的支持下，大量的社区非营利组织得以产生，在解决社区存在的各种问题和满足社区居民的各种需求方面做出贡献。改革开放以来，社区互助以提供各种便民服务为主要形式，逐渐扩展为涵盖社区福利、社区救助，以及教育、医疗保健、卫生体育、环境保护、家政服务、小区管理等在内的全方位社区互助工作，成为补充保障体系中日益重要的组成部分。

从规范的社区互助保障要求来看，社区组织要把单向的帮困变为单向与双向互助帮困结合起来，形成互助的服务机制。从社区互助在中国一些地区的实践来看，它主要体现出四点特征，即托底性、服务性、群众性和筹资多渠道性。

3. 社会互助保障

社会互助保障是指一种跨区域、跨单位、由有关方面或组织自发为其成员建立的一种互助保障，它是一种非强制性但内容较丰富的低层次的互助保障机制。社会互助保障坚持互助与自主相结合、帮困与救济相结合、非营利与高效率相结合、权利与义务相结合的原则，通过积聚社会各方面力量，共同落实社会互助保障资金。

经典真题再现

[2013 年甘肃省选拔万名普通高校毕业生到基层工作考试社会保障专业知识真题]

【原题】在春秋战国时期，著名思想家墨子主张“兼爱交利”，这属于中国社会保障思想中的(　　)。

A. 大同社会论　　B. 社会互助论　　C. 仓储后备论　　D. 社会救济论

【解析】兼爱、交利思想是墨子社会思想的核心，是他解决社会问题的主要办法。这一思想落实到实处就是个人、家庭、国家之间不分彼此、互惠互利，这属于中国社会保障思想的社会互助论。故选 B。

社会互助保障的主要内容是医疗互助保障，包括以下三种形式：一是特殊病种互助，即针对患恶性肿瘤、癌症等特殊病人；二是针对遇有疾病、死亡等特困投保人及家属，积极给付一次性互济金或抚恤金；三是意外伤害互助，主要对因自然灾害、交通事故等意外伤害而造成伤残或死亡的投保人，根据实际情况，给付一定的互助保障金。

强化提升训练

一、单项选择题

1. 慈善事业是对财富和资源进行的(　　)。
   A. 初次分配　　B. 再次分配　　C. 第三次分配　　D. 第四次分配
2. 按照(　　)的不同,补充社会保障可分为经济保障、服务性保障和精神层面的保障。
   A. 保障内容　　B. 补偿方式　　C. 实施主体　　D. 与基本保障的关系
3. 关于政府立法对员工福利制度的发展所起的作用,下列说法不正确的是(　　)。
   A. 各国普遍实施的工伤和职业伤害方面的法律法规强制企业采取措施预防员工在工作中可能受到的伤害,并对因工受伤和发生职业病的员工进行赔偿
   B. 对员工的工伤和职业病赔偿所产生的高额成本促使企业自发地采取措施来预防工伤和职业病的发生,其中包括提高员工健康水平的福利和服务
   C. 国家对员工福利的关注主要是在税收上给予优惠,这对员工福利制度的发展起了极大的推动作用
   D. 企业出于避税目的开展员工福利计划,员工并未直接获得税收减免的好处

二、多项选择题

1. 补充保障的社会功能包括(　　)。
   A. 为基本社会保障制度查漏补缺　　B. 增进特定人群的福利
   C. 作为组织人力资源管理的手段　　D. 促进社会融合
2. 补充社会保障的基本特征包括(　　)。
   A. 不具有强制性　　B. 补充保障是一个相对的概念
   C. 处于非主导地位　　D. 内容丰富,形式灵活
3. 建立企业年金计划应遵循的原则是(　　)。
   A. 民主原则　　B. 效益原则　　C. 公平原则　　D. 激励原则

三、判断题

1. 根据我国有关规定,建立企业年金计划的企业必须满足三个基本条件,即依法参加基本养老保险并按时足额缴费,属于国有企业且经营比较稳定,企业经济效益较好。(　　)
2. 企业年金市场需求产生的原因有,应对退休收入的需要、企业补偿性契约的需要、企业激励性契约的需要以及企业和员工获得税收优惠的需要等。(　　)
3. 企业年金是一项简单的福利计划,它不具有风险性。(　　)

参考答案与解析

一、单项选择题

1. C【解析】从经济学角度看,慈善事业是对财富和资源进行的第三次分配。
2. B【解析】按照补偿方式的不同,补充社会保障可分为经济保障、服务性保障和精神层面的保障。经济保障是通过现金给付或实物援助的方式来提供保障;服务性保障是以生活为主要保障内容;精神层面的保障主要包括文化、伦理等方面的保障。

3. D【解析】略。

二、多项选择题

1. ABCD【解析】补充保障的社会功能包括:补充保障具有为基本社会保障制度“查漏补缺”的功能;补充保障提高了国民社会保障的水平,增进了特定人群的福利;一些补充保障可以作为组织人力资源管理的手段,为实现组织目标服务;补充保障还具有满足人们施与仁爱之心、促进社会和谐的功能。
2. ABCD【解析】补充保障的基本特征包括:处于配角地位、不具有强制性、强调效率优先、形式和内容多样化、补充保障是个相对的概念。
3. ABD【解析】建立企业年金计划应遵循的原则有:民主原则、效益原则和激励原则。

三、判断题

1. F【解析】根据我国有关规定,建立企业年金计划的企业必须满足三个基本条件:一是依法参加基本养老保险并按时足额缴费;二是企业经营比较稳定,经济效益较好;三是企业内部管理制度健全。
2. T【解析】略。
3. F【解析】企业年金并不是一项简单的福利计划,它可能会面临以下风险:合规性风险;市场风险;操作风险,如制度风险、人员风险、独立性风险、技术风险。

第三篇　社会保障政策法规

本篇为法律法规篇，主要介绍了与社会保障相关的一些政策法规，包括《中华人民共和国社会保险法》《甘肃省城镇企业职工基本养老保险关系转移接续实施办法》《甘肃省城乡居民基本养老保险实施办法》《甘肃省新型农村社会养老保险试点试行办法》《甘肃省城乡医疗救助试行办法》《甘肃省农民工参加工伤保险办法》《甘肃省就业登记和失业登记管理办法》和《甘肃省农村居民最低生活保障管理办法》。本篇的重点是《中华人民共和国社会保险法》中的相关内容，还重点介绍了甘肃省内的一些社会保障相关法规，帮助考生更好地了解甘肃省的社会保障制度。

- ◇ 中华人民共和国社会保险法
- ◇ 甘肃省城镇企业职工基本养老保险关系转移接续实施办法
- ◇ 甘肃省城乡居民基本养老保险实施办法
- ◇ 甘肃省新型农村社会养老保险试点试行办法
- ◇ 甘肃省城乡医疗救助试行办法
- ◇ 甘肃省农民工参加工伤保险办法
- ◇ 甘肃省就业登记和失业登记管理办法
- ◇ 甘肃省农村居民最低生活保障管理办法

中华人民共和国社会保险法

（2010年10月28日第十一届全国人民代表大会常务委员会第十七次会议通过）

第一章　总　则

第一条　为了规范社会保险关系，维护公民参加社会保险和享受社会保险待遇的合法权益，使公民共享发展成果，促进社会和谐稳定，根据宪法，制定本法。

第二条　国家建立基本养老保险、基本医疗保险、工伤保险、失业保险、生育保险等社会保险制度，保障公民在年老、疾病、工伤、失业、生育等情况下依法从国家和社会获得物质帮助的权利。

第三条　社会保险制度坚持广覆盖、保基本、多层次、可持续的方针，社会保险水平应当与经济社会发展水平相适应。

第四条　中华人民共和国境内的用人单位和个人依法缴纳社会保险费，有权查询缴费记录、个人权益记录，要求社会保险经办机构提供社会保险咨询等相关服务。

个人依法享受社会保险待遇，有权监督本单位为其缴费情况。

第五条　县级以上人民政府将社会保险事业纳入国民经济和社会发展规划。

国家多渠道筹集社会保险资金。县级以上人民政府对社会保险事业给予必要的经费支持。

国家通过税收优惠政策支持社会保险事业。

第六条　国家对社会保险基金实行严格监管。

国务院和省、自治区、直辖市人民政府建立健全社会保险基金监督管理制度，保障社会保险基金安全、有效运行。

县级以上人民政府采取措施，鼓励和支持社会各方面参与社会保险基金的监督。

第七条　国务院社会保险行政部门负责全国的社会保险管理工作，国务院其他有关部门在各自的职责范围内负责有关的社会保险工作。

县级以上地方人民政府社会保险行政部门负责本行政区域的社会保险管理工作，县级以上地方人民政府其他有关部门在各自的职责范围内负责有关的社会保险工作。

第八条　社会保险经办机构提供社会保险服务，负责社会保险登记、个人权益记录、社会保险待遇支付等工作。

第九条　工会依法维护职工的合法权益，有权参与社会保险重大事项的研究，参加社会保险监督委员会，对与职工社会保险权益有关的事项进行监督。

第二章　基本养老保险

第十条　职工应当参加基本养老保险，由用人单位和职工共同缴纳基本养老保险费。

无雇工的个体工商户、未在用人单位参加基本养老保险的非全日制从业人员以及其他灵活就业人员可以参加基本养老保险,由个人缴纳基本养老保险费。

公务员和参照公务员法管理的工作人员养老保险的办法由国务院规定。

第十一条 基本养老保险实行社会统筹与个人账户相结合。

基本养老保险基金由用人单位和个人缴费以及政府补贴等组成。

第十二条 用人单位应当按照国家规定的本单位职工工资总额的比例缴纳基本养老保险费,记入基本养老保险统筹基金。

职工应当按照国家规定的本人工资的比例缴纳基本养老保险费,记入个人账户。

无雇工的个体工商户、未在用人单位参加基本养老保险的非全日制从业人员以及其他灵活就业人员参加基本养老保险的,应当按照国家规定缴纳基本养老保险费,分别记入基本养老保险统筹基金和个人账户。

第十三条 国有企业、事业单位职工参加基本养老保险前,视同缴费年限期间应当缴纳的基本养老保险费由政府承担。

基本养老保险基金出现支付不足时,政府给予补贴。

第十四条 个人账户不得提前支取,记账利率不得低于银行定期存款利率,免征利息税。个人死亡的,个人账户余额可以继承。

第十五条 基本养老金由统筹养老金和个人账户养老金组成。

基本养老金根据个人累计缴费年限、缴费工资、当地职工平均工资、个人账户金额、城镇人口平均预期寿命等因素确定。

第十六条 参加基本养老保险的个人,达到法定退休年龄时累计缴费满十五年的,按月领取基本养老金。

参加基本养老保险的个人,达到法定退休年龄时累计缴费不足十五年的,可以缴费至满十五年,按月领取基本养老金;也可以转入新型农村社会养老保险或者城镇居民社会养老保险,按照国务院规定享受相应的养老保险待遇。

第十七条 参加基本养老保险的个人,因病或者非因工死亡的,其遗属可以领取丧葬补助金和抚恤金;在未达到法定退休年龄时因病或者非因工致残完全丧失劳动能力的,可以领取病残津贴。所需资金从基本养老保险基金中支付。

第十八条 国家建立基本养老金正常调整机制。根据职工平均工资增长、物价上涨情况,适时提高基本养老保险待遇水平。

第十九条 个人跨统筹地区就业的,其基本养老保险关系随本人转移,缴费年限累计计算。个人达到法定退休年龄时,基本养老金分段计算、统一支付。具体办法由国务院规定。

第二十条 国家建立和完善新型农村社会养老保险制度。

新型农村社会养老保险实行个人缴费、集体补助和政府补贴相结合。

第二十一条 新型农村社会养老保险待遇由基础养老金和个人账户养老金组成。

参加新型农村社会养老保险的农村居民,符合国家规定条件的,按月领取新型农村社会养老保险待遇。

第二十二条 国家建立和完善城镇居民社会养老保险制度。

省、自治区、直辖市人民政府根据实际情况,可以将城镇居民社会养老保险和新型农村社会养老保险合并实施。

第三章 基本医疗保险

第二十三条 职工应当参加职工基本医疗保险，由用人单位和职工按照国家规定共同缴纳基本医疗保险费。

无雇工的个体工商户、未在用人单位参加职工基本医疗保险的非全日制从业人员以及其他灵活就业人员可以参加职工基本医疗保险，由个人按照国家规定缴纳基本医疗保险费。

第二十四条 国家建立和完善新型农村合作医疗制度。

新型农村合作医疗的管理办法，由国务院规定。

第二十五条 国家建立和完善城镇居民基本医疗保险制度。

城镇居民基本医疗保险实行个人缴费和政府补贴相结合。

享受最低生活保障的人、丧失劳动能力的残疾人、低收入家庭六十周岁以上的老年人和未成年人等所需个人缴费部分，由政府给予补贴。

第二十六条 职工基本医疗保险、新型农村合作医疗和城镇居民基本医疗保险的待遇标准按照国家规定执行。

第二十七条 参加职工基本医疗保险的个人，达到法定退休年龄时累计缴费达到国家规定年限的，退休后不再缴纳基本医疗保险费，按照国家规定享受基本医疗保险待遇；未达到国家规定年限的，可以缴费至国家规定年限。

第二十八条 符合基本医疗保险药品目录、诊疗项目、医疗服务设施标准以及急诊、抢救的医疗费用，按照国家规定从基本医疗保险基金中支付。

第二十九条 参保人员医疗费用中应当由基本医疗保险基金支付的部分，由社会保险经办机构与医疗机构、药品经营单位直接结算。

社会保险行政部门和卫生行政部门应当建立异地就医医疗费用结算制度，方便参保人员享受基本医疗保险待遇。

第三十条 下列医疗费用不纳入基本医疗保险基金支付范围：

（一）应当从工伤保险基金中支付的；

（二）应当由第三人负担的；

（三）应当由公共卫生负担的；

（四）在境外就医的。

医疗费用依法应当由第三人负担，第三人不支付或者无法确定第三人的，由基本医疗保险基金先行支付。基本医疗保险基金先行支付后，有权向第三人追偿。

第三十一条 社会保险经办机构根据管理服务的需要，可以与医疗机构、药品经营单位签订服务协议，规范医疗服务行为。

医疗机构应当为参保人员提供合理、必要的医疗服务。

第三十二条 个人跨统筹地区就业的，其基本医疗保险关系随本人转移，缴费年限累计计算。

第四章 工伤保险

第三十三条 职工应当参加工伤保险，由用人单位缴纳工伤保险费，职工不缴纳工伤保险费。

第三十四条 国家根据不同行业的工伤风险程度确定行业的差别费率，并根据使用工伤保险基金、工伤发生率等情况在每个行业内确定费率档次。行业差别费率和行业内费率档次由国务院社会保险行政部门制定,报国务院批准后公布施行。

社会保险经办机构根据用人单位使用工伤保险基金、工伤发生率和所属行业费率档次等情况,确定用人单位缴费费率。

第三十五条 用人单位应当按照本单位职工工资总额,根据社会保险经办机构确定的费率缴纳工伤保险费。

第三十六条 职工因工作原因受到事故伤害或者患职业病,且经工伤认定的,享受工伤保险待遇;其中,经劳动能力鉴定丧失劳动能力的,享受伤残待遇。

工伤认定和劳动能力鉴定应当简捷、方便。

第三十七条 职工因下列情形之一导致本人在工作中伤亡的,不认定为工伤:

(一)故意犯罪;

(二)醉酒或者吸毒;

(三)自残或者自杀;

(四)法律、行政法规规定的其他情形。

第三十八条 因工伤发生的下列费用,按照国家规定从工伤保险基金中支付:

(一)治疗工伤的医疗费用和康复费用;

(二)住院伙食补助费;

(三)到统筹地区以外就医的交通食宿费;

(四)安装配置伤残辅助器具所需费用;

(五)生活不能自理的,经劳动能力鉴定委员会确认的生活护理费;

(六)一次性伤残补助金和一至四级伤残职工按月领取的伤残津贴;

(七)终止或者解除劳动合同时,应当享受的一次性医疗补助金;

(八)因工死亡的,其遗属领取的丧葬补助金、供养亲属抚恤金和因工死亡补助金;

(九)劳动能力鉴定费。

第三十九条 因工伤发生的下列费用,按照国家规定由用人单位支付:

(一)治疗工伤期间的工资福利;

(二)五级、六级伤残职工按月领取的伤残津贴;

(三)终止或者解除劳动合同时,应当享受的一次性伤残就业补助金。

第四十条 工伤职工符合领取基本养老金条件的,停发伤残津贴,享受基本养老保险待遇。基本养老保险待遇低于伤残津贴的,从工伤保险基金中补足差额。

第四十一条 职工所在用人单位未依法缴纳工伤保险费,发生工伤事故的,由用人单位支付工伤保险待遇。用人单位不支付的,从工伤保险基金中先行支付。

从工伤保险基金中先行支付的工伤保险待遇应当由用人单位偿还。用人单位不偿还的,社会保险经办机构可以依照本法第六十三条的规定追偿。

第四十二条 由于第三人的原因造成工伤,第三人不支付工伤医疗费用或者无法确定第三人的,由工伤保险基金先行支付。工伤保险基金先行支付后,有权向第三人追偿。

第四十三条 工伤职工有下列情形之一的,停止享受工伤保险待遇:

(一)丧失享受待遇条件的;

(二)拒不接受劳动能力鉴定的;

(三)拒绝治疗的。

第五章　失业保险

第四十四条　职工应当参加失业保险，由用人单位和职工按照国家规定共同缴纳失业保险费。

第四十五条　失业人员符合下列条件的，从失业保险基金中领取失业保险金：

（一）失业前用人单位和本人已经缴纳失业保险费满一年的；

（二）非因本人意愿中断就业的；

（三）已经进行失业登记，并有求职要求的。

第四十六条　失业人员失业前用人单位和本人累计缴费满一年不足五年的，领取失业保险金的期限最长为十二个月；累计缴费满五年不足十年的，领取失业保险金的期限最长为十八个月；累计缴费十年以上的，领取失业保险金的期限最长为二十四个月。重新就业后，再次失业的，缴费时间重新计算，领取失业保险金的期限与前次失业应当领取而尚未领取的失业保险金的期限合并计算，最长不超过二十四个月。

第四十七条　失业保险金的标准，由省、自治区、直辖市人民政府确定，不得低于城市居民最低生活保障标准。

第四十八条　失业人员在领取失业保险金期间，参加职工基本医疗保险，享受基本医疗保险待遇。

失业人员应当缴纳的基本医疗保险费从失业保险基金中支付，个人不缴纳基本医疗保险费。

第四十九条　失业人员在领取失业保险金期间死亡的，参照当地对在职职工死亡的规定，向其遗属发给一次性丧葬补助金和抚恤金。所需资金从失业保险基金中支付。

个人死亡同时符合领取基本养老保险丧葬补助金、工伤保险丧葬补助金和失业保险丧葬补助金条件的，其遗属只能选择领取其中的一项。

第五十条　用人单位应当及时为失业人员出具终止或者解除劳动关系的证明，并将失业人员的名单自终止或者解除劳动关系之日起十五日内告知社会保险经办机构。

失业人员应当持本单位为其出具的终止或者解除劳动关系的证明，及时到指定的公共就业服务机构办理失业登记。

失业人员凭失业登记证明和个人身份证明，到社会保险经办机构办理领取失业保险金的手续。失业保险金领取期限自办理失业登记之日起计算。

第五十一条　失业人员在领取失业保险金期间有下列情形之一的，停止领取失业保险金，并同时停止享受其他失业保险待遇：

（一）重新就业的；

（二）应征服兵役的；

（三）移居境外的；

（四）享受基本养老保险待遇的；

（五）无正当理由，拒不接受当地人民政府指定部门或者机构介绍的适当工作或者提供的培训的。

第五十二条　职工跨统筹地区就业的，其失业保险关系随本人转移，缴费年限累计计算。

第六章　生育保险

第五十三条　职工应当参加生育保险，由用人单位按照国家规定缴纳生育保险费，职工不缴纳生育保险费。

第五十四条 用人单位已经缴纳生育保险费的，其职工享受生育保险待遇；职工未就业配偶按照国家规定享受生育医疗费用待遇。所需资金从生育保险基金中支付。

生育保险待遇包括生育医疗费用和生育津贴。

第五十五条 生育医疗费用包括下列各项：

（一）生育的医疗费用；

（二）计划生育的医疗费用；

（三）法律、法规规定的其他项目费用。

第五十六条 职工有下列情形之一的，可以按照国家规定享受生育津贴：

（一）女职工生育享受产假；

（二）享受计划生育手术休假；

（三）法律、法规规定的其他情形。

生育津贴按照职工所在用人单位上年度职工月平均工资计发。

第七章 社会保险费征缴

第五十七条 用人单位应当自成立之日起三十日内凭营业执照、登记证书或者单位印章，向当地社会保险经办机构申请办理社会保险登记。社会保险经办机构应当自收到申请之日起十五日内予以审核，发给社会保险登记证件。

用人单位的社会保险登记事项发生变更或者用人单位依法终止的，应当自变更或者终止之日起三十日内，到社会保险经办机构办理变更或者注销社会保险登记。

工商行政管理部门、民政部门和机构编制管理机关应当及时向社会保险经办机构通报用人单位的成立、终止情况，公安机关应当及时向社会保险经办机构通报个人的出生、死亡以及户口登记、迁移、注销等情况。

第五十八条 用人单位应当自用工之日起三十日内为其职工向社会保险经办机构申请办理社会保险登记。未办理社会保险登记的，由社会保险经办机构核定其应当缴纳的社会保险费。

自愿参加社会保险的无雇工的个体工商户、未在用人单位参加社会保险的非全日制从业人员以及其他灵活就业人员，应当向社会保险经办机构申请办理社会保险登记。

国家建立全国统一的个人社会保障号码。个人社会保障号码为公民身份证号码。

第五十九条 县级以上人民政府加强社会保险费的征收工作。

社会保险费实行统一征收，实施步骤和具体办法由国务院规定。

第六十条 用人单位应当自行申报、按时足额缴纳社会保险费，非因不可抗力等法定事由不得缓缴、减免。职工应当缴纳的社会保险费由用人单位代扣代缴，用人单位应当按月将缴纳社会保险费的明细情况告知本人。

无雇工的个体工商户、未在用人单位参加社会保险的非全日制从业人员以及其他灵活就业人员，可以直接向社会保险费征收机构缴纳社会保险费。

第六十一条 社会保险费征收机构应当依法按时足额征收社会保险费，并将缴费情况定期告知用人单位和个人。

第六十二条 用人单位未按规定申报应当缴纳的社会保险费数额的，按照该单位上月缴费额的百分之一百一十确定应当缴纳数额；缴费单位补办申报手续后，由社会保险费征收机构按照规定结算。

第六十三条 用人单位未按时足额缴纳社会保险费的，由社会保险费征收机构责令其限期缴纳或者补足。

用人单位逾期仍未缴纳或者补足社会保险费的，社会保险费征收机构可以向银行和其他金融机构查询其存款账户；并可以申请县级以上有关行政部门做出划拨社会保险费的决定，书面通知其开户银行或者其他金融机构划拨社会保险费。用人单位账户余额少于应当缴纳的社会保险费的，社会保险费征收机构可以要求该用人单位提供担保，签订延期缴费协议。

用人单位未足额缴纳社会保险费且未提供担保的，社会保险费征收机构可以申请人民法院扣押、查封、拍卖其价值相当于应当缴纳社会保险费的财产，以拍卖所得抵缴社会保险费。

第八章　社会保险基金

第六十四条　社会保险基金包括基本养老保险基金、基本医疗保险基金、工伤保险基金、失业保险基金和生育保险基金。各项社会保险基金按照社会保险险种分别建账，分账核算，执行国家统一的会计制度。

社会保险基金专款专用，任何组织和个人不得侵占或者挪用。

基本养老保险基金逐步实行全国统筹，其他社会保险基金逐步实行省级统筹，具体时间、步骤由国务院规定。

第六十五条　社会保险基金通过预算实现收支平衡。

县级以上人民政府在社会保险基金出现支付不足时，给予补贴。

第六十六条　社会保险基金按照统筹层次设立预算。社会保险基金预算按照社会保险项目分别编制。

第六十七条　社会保险基金预算、决算草案的编制、审核和批准，依照法律和国务院规定执行。

第六十八条　社会保险基金存入财政专户，具体管理办法由国务院规定。

第六十九条　社会保险基金在保证安全的前提下，按照国务院规定投资运营实现保值增值。

社会保险基金不得违规投资运营，不得用于平衡其他政府预算，不得用于兴建、改建办公场所和支付人员经费、运行费用、管理费用，或者违反法律、行政法规规定挪作其他用途。

第七十条　社会保险经办机构应当定期向社会公布参加社会保险情况以及社会保险基金的收入、支出、结余和收益情况。

第七十一条　国家设立全国社会保障基金，由中央财政预算拨款以及国务院批准的其他方式筹集的资金构成，用于社会保障支出的补充、调剂。全国社会保障基金由全国社会保障基金管理运营机构负责管理运营，在保证安全的前提下实现保值增值。

全国社会保障基金应当定期向社会公布收支、管理和投资运营的情况。国务院财政部门、社会保险行政部门、审计机关对全国社会保障基金的收支、管理和投资运营情况实施监督。

第九章　社会保险经办

第七十二条　统筹地区设立社会保险经办机构。社会保险经办机构根据工作需要，经所在地的社会保险行政部门和机构编制管理机关批准，可以在本统筹地区设立分支机构和服务网点。

社会保险经办机构的人员经费和经办社会保险发生的基本运行费用、管理费用，由同级财政按照国家规定予以保障。

第七十三条　社会保险经办机构应当建立健全业务、财务、安全和风险管理制度。

社会保险经办机构应当按时足额支付社会保险待遇。

第七十四条 社会保险经办机构通过业务经办、统计、调查获取社会保险工作所需的数据,有关单位和个人应当及时、如实提供。

社会保险经办机构应当及时为用人单位建立档案,完整、准确地记录参加社会保险的人员、缴费等社会保险数据,妥善保管登记、申报的原始凭证和支付结算的会计凭证。

社会保险经办机构应当及时、完整、准确地记录参加社会保险的个人缴费和用人单位为其缴费,以及享受社会保险待遇等个人权益记录,定期将个人权益记录单免费寄送本人。

用人单位和个人可以免费向社会保险经办机构查询、核对其缴费和享受社会保险待遇记录,要求社会保险经办机构提供社会保险咨询等相关服务。

第七十五条 全国社会保险信息系统按照国家统一规划,由县级以上人民政府按照分级负责的原则共同建设。

第十章　社会保险监督

第七十六条 各级人民代表大会常务委员会听取和审议本级人民政府对社会保险基金的收支、管理、投资运营以及监督检查情况的专项工作报告,组织对本法实施情况的执法检查等,依法行使监督职权。

第七十七条 县级以上人民政府社会保险行政部门应当加强对用人单位和个人遵守社会保险法律、法规情况的监督检查。

社会保险行政部门实施监督检查时,被检查的用人单位和个人应当如实提供与社会保险有关的资料,不得拒绝检查或者谎报、瞒报。

第七十八条 财政部门、审计机关按照各自职责,对社会保险基金的收支、管理和投资运营情况实施监督。

第七十九条 社会保险行政部门对社会保险基金的收支、管理和投资运营情况进行监督检查,发现存在问题的,应当提出整改建议,依法做出处理决定或者向有关行政部门提出处理建议。社会保险基金检查结果应当定期向社会公布。

社会保险行政部门对社会保险基金实施监督检查,有权采取下列措施:

(一)查阅、记录、复制与社会保险基金收支、管理和投资运营相关的资料,对可能被转移、隐匿或者灭失的资料予以封存;

(二)询问与调查事项有关的单位和个人,要求其对与调查事项有关的问题做出说明、提供有关证明材料;

(三)对隐匿、转移、侵占、挪用社会保险基金的行为予以制止并责令改正。

第八十条 统筹地区人民政府成立由用人单位代表、参保人员代表,以及工会代表、专家等组成的社会保险监督委员会,掌握、分析社会保险基金的收支、管理和投资运营情况,对社会保险工作提出咨询意见和建议,实施社会监督。

社会保险经办机构应当定期向社会保险监督委员会汇报社会保险基金的收支、管理和投资运营情况。社会保险监督委员会可以聘请会计师事务所对社会保险基金的收支、管理和投资运营情况进行年度审计和专项审计。审计结果应当向社会公开。

社会保险监督委员会发现社会保险基金收支、管理和投资运营中存在问题的,有权提出改正建议;对社会保险经办机构及其工作人员的违法行为,有权向有关部门提出依法处理建议。

第八十一条 社会保险行政部门和其他有关行政部门、社会保险经办机构、社会保险费征收机构及其工作人员，应当依法为用人单位和个人的信息保密，不得以任何形式泄露。

第八十二条 任何组织或者个人有权对违反社会保险法律、法规的行为进行举报、投诉。

社会保险行政部门、卫生行政部门、社会保险经办机构、社会保险费征收机构和财政部门、审计机关对属于本部门、本机构职责范围的举报、投诉，应当依法处理；对不属于本部门、本机构职责范围的，应当书面通知并移交有权处理的部门、机构处理。有权处理的部门、机构应当及时处理，不得推诿。

第八十三条 用人单位或者个人认为社会保险费征收机构的行为侵害自己合法权益的，可以依法申请行政复议或者提起行政诉讼。

用人单位或者个人对社会保险经办机构不依法办理社会保险登记、核定社会保险费、支付社会保险待遇、办理社会保险转移接续手续或者侵害其他社会保险权益的行为，可以依法申请行政复议或者提起行政诉讼。

个人与所在用人单位发生社会保险争议的，可以依法申请调解、仲裁，提起诉讼。用人单位侵害个人社会保险权益的，个人也可以要求社会保险行政部门或者社会保险费征收机构依法处理。

第十一章　法律责任

第八十四条 用人单位不办理社会保险登记的，由社会保险行政部门责令限期改正；逾期不改正的，对用人单位处应缴社会保险费数额一倍以上三倍以下的罚款，对其直接负责的主管人员和其他直接责任人员处五百元以上三千元以下的罚款。

第八十五条 用人单位拒不出具终止或者解除劳动关系证明的，依照《中华人民共和国劳动合同法》的规定处理。

第八十六条 用人单位未按时足额缴纳社会保险费的，由社会保险费征收机构责令限期缴纳或者补足，并自欠缴之日起，按日加收万分之五的滞纳金；逾期仍不缴纳的，由有关行政部门处欠缴数额一倍以上三倍以下的罚款。

第八十七条 社会保险经办机构以及医疗机构、药品经营单位等社会保险服务机构以欺诈、伪造证明材料或者其他手段骗取社会保险基金支出的，由社会保险行政部门责令退回骗取的社会保险金，处骗取金额二倍以上五倍以下的罚款；属于社会保险服务机构的，解除服务协议；直接负责的主管人员和其他直接责任人员有执业资格的，依法吊销其执业资格。

第八十八条 以欺诈、伪造证明材料或者其他手段骗取社会保险待遇的，由社会保险行政部门责令退回骗取的社会保险金，处骗取金额二倍以上五倍以下的罚款。

第八十九条 社会保险经办机构及其工作人员有下列行为之一的，由社会保险行政部门责令改正；给社会保险基金、用人单位或者个人造成损失的，依法承担赔偿责任；对直接负责的主管人员和其他直接责任人员依法给予处分：

（一）未履行社会保险法定职责的；

（二）未将社会保险基金存入财政专户的；

（三）克扣或者拒不按时支付社会保险待遇的；

（四）丢失或者篡改缴费记录、享受社会保险待遇记录等社会保险数据、个人权益记录的；

（五）有违反社会保险法律、法规的其他行为的。

第九十条 社会保险费征收机构擅自更改社会保险费缴费基数、费率，导致少收或者多收社会保险费的，由有关行政部门责令其追缴应当缴纳的社会保险费或者退还不应当缴纳的社会保险费；对直接负责的主管人员和其他直接责任人员依法给予处分。

第九十一条 违反本法规定,隐匿、转移、侵占、挪用社会保险基金或者违规投资运营的,由社会保险行政部门、财政部门、审计机关责令追回;有违法所得的,没收违法所得;对直接负责的主管人员和其他直接责任人员依法给予处分。

第九十二条 社会保险行政部门和其他有关行政部门、社会保险经办机构、社会保险费征收机构及其工作人员泄露用人单位和个人信息的,对直接负责的主管人员和其他直接责任人员依法给予处分;给用人单位或者个人造成损失的,应当承担赔偿责任。

第九十三条 国家工作人员在社会保险管理、监督工作中滥用职权、玩忽职守、徇私舞弊的,依法给予处分。

第九十四条 违反本法规定,构成犯罪的,依法追究刑事责任。

第十二章 附 则

第九十五条 进城务工的农村居民依照本法规定参加社会保险。

第九十六条 征收农村集体所有的土地,应当足额安排被征地农民的社会保险费,按照国务院规定将被征地农民纳入相应的社会保险制度。

第九十七条 外国人在中国境内就业的,参照本法规定参加社会保险。

第九十八条 本法自 2011 年 7 月 1 日起施行。

甘肃省城镇企业职工
基本养老保险关系转移接续实施办法

（甘政办发〔2011〕85 号 2011 年 3 月 30 日）

第一章　总　则

第一条　为切实保障参加城镇企业职工基本养老保险人员（以下简称“参保人员”）的合法权益，促进人力资源合理配置和有序流动，保证参保人员流动就业时基本养老保险关系顺畅转移接续，根据《国务院办公厅关于转发人力资源社会保障部财政部城镇企业职工基本养老保险关系转移接续暂行办法的通知》（国办发〔2009〕66 号，以下简称“国办发〔2009〕66 号文件”）、人力资源社会保障部《关于贯彻落实国务院办公厅转发城镇企业职工基本养老保险关系转移接续暂行办法的通知》（人社部发〔2009〕187 号，以下简称“人社部发〔2009〕187 号文件”）和《关于印发城镇企业职工基本养老保险关系转移接续若干具体问题意见的通知》（人社部发〔2010〕70 号）精神，结合我省实际，制定本办法。

第二条　本办法适用于参加城镇企业职工基本养老保险的所有人员，包括农民工。已经按国家规定领取基本养老保险待遇的人员，不再转移基本养老保险关系。

第三条　参保人员进出本省流动就业的，基本养老保险关系的转移接续按国办发〔2009〕66 号文件、人社部发〔2009〕187 号文件规定办理。对从外省转至本省就业或退休回户籍所在地参保人员确定省内基本养老保险关系接续地或待遇领取地，以及进出本省流动就业基本养老保险关系转移接续涉及的问题，按本办法有关规定执行。

第二章　基金的转移

第四条　参保人员进出本省流动就业转移基本养老保险关系时，统筹基金（单位缴费）以本人 1998 年 1 月 1 日后各年度实际缴费工资为基数，按 12% 的总和转移，参保缴费不足 1 年的，按实际缴费月数计算转移。

第五条　参保人员进出本省流动就业转移统筹基金时，属于临时基本养老保险缴费账户的，单位缴费比例高于 12% 的，按实际缴费比例计算转移金额；低于 12% 的，按 12% 计算转移金额。

以灵活就业人员身份参加城镇企业职工基本养老保险的，在进出本省流动就业转移统筹基金时，除记入个人账户的部分外，均按 12% 的标准计算转移金额。转移时为临时基本养老保险缴费账户的，缴费比例高于 12% 的，按实际缴费比例计算转移金额；低于 12% 的，按 12% 计算转移金额。

参保人员进出本省流动就业转移的统筹基金不计利息。

第六条　参保人员进出本省流动就业转移基本养老保险关系时，个人账户储存额（含本息，下同）1998 年 1 月 1 日之前按个人缴费累计本息计算转移，1998 年 1 月 1 日后按计入个人账户的全部储存额计算转移。

第七条 参保人员进出本省流动就业转移个人账户储存额时，当地 1998 年 1 月 1 日之前已建立个人账户的，从本人建账之日起计算个人账户利息；之后建立个人账户的，统一从 1998 年 1 月 1 日起计算个人账户利息（含放大或调整到规定账户规模调整额的利息）。转出地计算利息的截止时点为办理关系转移手续的上年末（指自然年度，下同），当年的缴费（含当年补缴历年欠费）和上年末累计个人账户储存额应在当年产生的利息，由转入地一并计算。

转移个人账户储存额时，转出地上年记账利率未公布的，按再上一年记账利率计算利息。

第八条 参保人员进出本省流动就业转移个人账户储存额时，个人账户记账额与按规定计算的资金转移额不一致的，1998 年 1 月 1 日之前已建立个人账户的，转出地和转入地均保留原个人账户记录；1998 年 1 月 1 日至 2005 年 12 月 31 日期间，个人账户记账比例高于 11% 的部分不计算为转移资金，个人账户记录不予调整，低于 11% 的，转出地按 11% 计算转移资金，并相应调整个人账户记录；2006 年 1 月 1 日之后个人账户记账比例高于 8% 的部分不转移，个人账户记录不予调整，低于 8% 的，转出地按 8% 计算转移资金，并相应调整个人账户记录。个人账户记录按规定调整后，参保人员又发生跨省流动的，不再做调整。

第九条 参保人员在本省境内跨市（指设区的市，下同）州流动就业的，不变换基本养老保险个人账户，不转移基本养老保险基金，只转移基本养老保险关系和个人账户信息。

第三章 基本养老保险关系的转移接续

第十条 参保人员进入本省流动就业，其基本养老保险关系转移接续按下列规定办理：

（一）参保人员返回户籍所在市州就业参保的，户籍所在地的社保经办机构应为其及时办理转移接续手续。

（二）参保人员未返回户籍所在市州就业参保的，由新就业地的社保经办机构为其及时办理转移接续手续。但对非本省户籍的参保人员，男性年满 50 周岁和女性年满 40 周岁的，应在原参保地继续保留基本养老保险关系，同时在新参保地建立临时基本养老保险缴费账户，记录单位和个人全部缴费。参保人员再次离开本省流动就业或在新参保地达到待遇领取条件时，将临时基本养老保险缴费账户中的全部缴费本息，转移归集到原参保地或待遇领取地。

（三）参保人员经县级以上党委组织部门、人力资源社会保障行政部门批准调动，且与调入单位建立劳动关系并缴纳基本养老保险费的，不受以上年龄规定限制，应在调入地社保经办机构及时办理基本养老保险关系转移接续手续。

第十一条 非本省户籍参保人员，在 2010 年 1 月 1 日之前在本省就业参保、2010 年 1 月 1 日之后男性年满 50 周岁和女性年满 40 周岁的，参保人员在中断缴费期间男性年满 50 周岁和女性年满 40 周岁的，参保地不得将其基本养老保险关系调整为临时基本养老保险缴费账户。

男性年满 50 周岁和女性年满 40 周岁的非本省户籍参保人员，首次参保地为本省的，参保地应为其建立临时基本养老保险缴费账户。

参保人员在建立临时基本养老保险缴费账户期间达到待遇领取条件时，原保留基本养老保险关系所在地负责将其临时基本养老保险缴费账户进行归集归并。其中，只有临时基本养老保险缴费账户的，由户籍所在地负责归集归并，并在办理转入手续的同时进行参保信息登记。

第十二条 参保人员在本省境内跨市州流动就业，只转移接续基本养老保险关系。按下列规定办理：

（一）参保人员一次或多次在省内跨市州流动就业的，其转移接续手续均由新参保地的社保经办机构负责办理。

（二）参保人员经县级以上党委组织部门、人力资源社会保障行政部门批准调动，且与调入单位建立劳动关系并缴纳基本养老保险费的，应在调入地社保经办机构及时办理基本养老保险关系转移接续手续。

第十三条　本省户籍的参保人员（包括男性年满50周岁和女性年满40周岁的参保人员）从外省返回本省就业参保时，如就业地（含养老保险省直管企业，下同）与户籍所在地属于不同的市州，其基本养老保险关系应转移到就业地。

第十四条　参保人员在建立临时基本养老保险缴费账户期间将户籍迁入本省的，从迁入的次月起将其临时基本养老保险缴费账户调整为基本养老保险关系。

第十五条　本省参保人员流动到外省就业转移基本养老保险关系时，曾办理一次性预缴养老保险费的，先按规定比例计算转移金额；余额部分由转出地暂时保留封存，待本人达到待遇领取条件时再按有关规定处理。

第四章　待遇领取地的确定

第十六条　外省参保人员达到待遇领取条件时，按国办发〔2009〕66号文件确定待遇领取地为本省的，其基本养老保险关系应转回本省，在本省领取基本养老保险待遇。其中，本省户籍的，待遇领取地可根据本人申请，按户籍所在市州或本省内最后一个缴费年限满10年的参保地确定；非本省户籍的，待遇领取地根据在本省有关市州的缴费年限，按最后一个缴费年限满10年的市州确定。

第十七条　在确定参保人员待遇领取地时，累计缴费年限应包括在本省的实际缴费年限和计算在本省的视同缴费年限。其中，曾经在机关事业单位和企业工作的工龄，计算为首次建立基本养老保险关系所在地的视同缴费年限，只有临时基本养老保险缴费账户的，计算为户籍所在地的视同缴费年限；曾经在部队服役的军龄，按国家规定安置就业的，计算为本人退出现役后首次就业参保所在地的视同缴费年限，按国家规定不安置就业的（不包括自主择业的军队干部），计算为本人达到待遇领取条件时户籍所在地的视同缴费年限。

参保人员曾发生多次符合国办发〔2009〕66号文件第五条第（三）款规定的组织人事调动，在确定待遇领取地时，应将其累计缴费年限计算在最后调入地的参保缴费年限中。

第十八条　参保人员在国办发〔2009〕66号文件实施前已办理过基本养老保险关系转移的，实施后没有再出本省流动就业转移基本养老保险关系，在达到待遇领取条件时，其当前基本养老保险关系所在地为待遇领取地；实施后参保人员又再次出本省流动就业转移基本养老保险关系，在达到待遇领取条件时，按国办发〔2009〕66号文件规定确定待遇领取地。

第十九条　参保人员达到待遇领取条件、尚未办理待遇领取手续期间，户籍发生变动的，在确定户籍所在地时，以其达到待遇领取条件的年龄时点为准。

第二十条　本省户籍参保人员在本省境内跨市州流动就业的，达到法定退休年龄时，退休手续由最后一个参保地负责办理，基本养老保险待遇由最后一个参保地社会保险经办机构负责支付，不受缴费年限满10年的限制。

第五章　养老保险待遇计发

第二十一条　参保人员转移接续基本养老保险关系后，符合待遇领取条件的，按照《国务院关于完善企业职工基本养老保险制度的决定》(国发〔2005〕38 号)及《甘肃省人民政府办公厅关于印发〈完善企业职工基本养老保险制度实施办法〉的通知》(甘政办发〔2006〕87 号)有关规定,核定其基本养老金。其中,缴费工资指数以本人在各参保地的缴费工资、缴费年限和待遇领取地相对应各年度在岗职工平均工资(2006 年 1 月 1 日以前按职工平均工资)计算确定,并以此计算本人指数化平均缴费工资和基础养老金。

第二十二条 外省参保人员到本省流动就业转移基本养老保险关系时,本省对转出地记录的缴费基数不进行"封顶保底"计算和调整。参保人员达到待遇领取条件时,待遇领取地在计算该参保人员在外省参保缴费时段的缴费工资指数时上不封顶,下不保底。

第二十三条 参保人员在两地以上同时存续基本养老保险关系或重复缴纳基本养老保险费的,应按照"先转后清"的原则,首先保留转入地缴费记录,清退在其他参保地与转入地同期重复的缴费部分。在非转入地同时存续两个以上账户的同期重复缴费部分,转入地社保机构可以与参保人协商清退同期重复缴费部分。

第二十四条 参保人员未达到待遇领取年龄之前,一般不得终止基本养老保险关系并办理退保手续。对出国定居和到香港、澳门、台湾地区定居的,终止基本养老保险关系,全额退还个人账户储存额;在建立临时基本养老保险缴费账户期间出境定居的,由原保留关系所在地和建立临时基本养老保险缴费账户所在地分别负责办理相关手续,并全额退还个人账户储存额。

第六章　转移接续的办理程序

第二十五条 参保人员进入本省或在本省境内跨市州流动就业的,按下列程序办理基本养老保险关系转移接续手续:

(一)参保人员流动就业前,用人单位或参保人员到基本养老保险关系所在地社保经办机构申请开具《基本养老保险缴费凭证》,并提供相关证明材料。社保经办机构核对缴费信息后,出具《参保缴费凭证》,并告知转移接续条件。对有欠费的参保人员,告知欠费情况并提醒其及时补缴。

(二)参保人员在新就业地按规定建立基本养老保险关系和缴费后,由用人单位或参保人员向新参保地社保经办机构提出基本养老保险关系转移接续的书面申请。

(三)新参保地社保经办机构在 15 个工作日内,审核转移接续申请,对符合本办法规定条件的,向参保人员原基本养老保险关系所在地的社保经办机构发出同意接收函,并提供相关信息;对不符合转移接续条件的,向申请单位或参保人员做出书面说明。

(四)原基本养老保险关系所在地社保经办机构在接到同意接收函的 15 个工作日内,办理好转移接续的各项手续。

(五)新参保地社保经办机构在收到参保人员原基本养老保险关系所在地社保经办机构转移的基本养老保险关系和资金(或个人账户信息,指本省内流动)后,应在 15 个工作日内办结有关手续,并将确认情况及时通知用人单位或参保人员。

第二十六条 参保人员在本省境内跨市州流动就业的,由原参保所在地社保经办机构开具参保缴费凭证,其基本养老保险关系应随同转移到新参保地。参保人员达到基本养老保险待遇领取条件时,其在各地的参保缴费年限合并计算,个人账户储存额累计计算。

第二十七条 本省参保人员(含建立临时基本养老保险缴费账户的人员)流动到外省就业转移基本养老保险关系时,转出地社保经办机构对有欠费记录的应履行告知义务,对申请补缴欠费的,应开具补缴欠费凭证。参保人员本人明确放弃补缴个人欠费的,需本人写出书面承诺,单位欠费仍由转出地社会保险费征缴机构负责清理。

第七章　其　他

第二十八条　农民工中断就业或返乡没有继续缴费的，由原参保地社保经办机构保留其基本养老保险关系，保存其全部参保缴费记录及个人账户，个人账户储存额继续按规定计息。农民工返回城镇就业并继续参保缴费的，无论其回到原参保地就业还是到其他城镇就业，均按前述规定累计计算其缴费年限，合并计算其个人账户储存额，符合待遇领取条件的，与城镇职工同样享受基本养老保险待遇；农民工不再返回城镇就业的，其在城镇参保缴费记录及个人账户全部有效，并根据农民工的实际情况，或在其达到规定领取条件时享受城镇职工基本养老保险待遇，或转入农村社会养老保险。

农民工在城镇参加企业职工基本养老保险与在农村参加新型农村社会养老保险的衔接政策，待国家研究确定后执行。

第二十九条　参保人员在国办发〔2009〕66 号文件实施前进出本省流动就业未按国家规定办理基本养老保险关系转移接续手续，已达到待遇领取条件且没有领取基本养老保险待遇的，应比照国办发〔2009〕66 号文件的规定确定待遇领取地，并补办基本养老保险关系转移接续手续。待遇领取地应按规定将本地和异地的缴费年限合并计算，并核发基本养老保险待遇。

参保人员在国办发〔2009〕66 号文件实施前已办理了基本养老保险关系转移接续手续，且已达到待遇领取条件的，由当前基本养老保险关系所在地负责按规定将本地和异地缴费年限合并计算，并办理基本养老保险待遇核发手续。

第八章　附　则

第三十条　本办法所称缴费年限，除另有特殊规定外，均包括视同缴费年限。

第三十一条　本办法自下发之日起施行。

甘肃省城乡居民基本养老保险实施办法

（2014 年 6 月 20 日省政府第 50 次常务会议审议通过）

第一条 为建立健全城乡社会保障体系，保障城乡居民基本生活，促进城乡社会协调发展，根据《国务院关于建立统一的城乡居民基本养老保险制度的意见》（国发〔2014〕8 号）精神，结合我省实际，制定本实施办法。

第二条 年满 16 周岁（不含在校学生），非国家机关和事业单位工作人员及不属于职工基本养老保险制度覆盖范围的城乡居民，可以在户籍地参加城乡居民基本养老保险。

第三条 城乡居民基本养老保险制度坚持“广覆盖、保基本、有弹性、可持续”的方针。坚持从城乡居民收入实际出发，筹资标准、待遇标准与经济发展和各方面承受能力相适应；个人（家庭）、集体、政府合理分担责任，权利与义务相对应；政府主导和居民自愿相结合；有利于与村干部养老保险、被征地农民养老保险和城乡其他社会保险制度相衔接的原则。

第四条 城乡居民基本养老保险实行个人缴费、集体补助、政府补贴相结合的筹资方式。

（一）个人缴费。符合参保条件的城乡居民应当按规定缴纳养老保险费。缴费标准设为每年 100 元、200 元、300 元、400 元、500 元、600 元、700 元、800 元、900 元、1000 元、1500 元、2000 元 12 个档次。参保人自主选择档次缴费，多缴多得，长缴多得。

（二）集体补助。有条件的村（社区）集体应当对参保人员缴费给予补助，补助标准由村民（居民）委员会民主确定。鼓励有条件的社区将集体补助纳入社区公益事业资金筹集范围。鼓励其他社会经济组织、公益慈善组织、个人为参保人缴费提供资助，补助、资助金额不超过本办法设定的个人最高缴费档次标准。

（三）政府补贴。省级财政按照实际参保缴费人数，对参保人缴费给予补贴，对选择 100 ~ 400 元档次缴费的，每人每年补贴 30 元；对选择 500 元及以上档次缴费的，每人每年补贴 60 元。鼓励有条件的市州、县市区人民政府建立多缴多补激励机制，对选择较高档次缴费的参保人员给予适当补贴，具体补贴办法由市州、县市区人民政府制定，并报省城乡居民基本养老保险工作领导小组备案。

第五条 自本办法实施之日起，年满 16 周岁、符合参保条件的城乡居民，应当按年缴费。对距待遇领取年龄超过 15 年（含 15 年）的，应当逐年缴费，累计缴费不少于 15 年；对距待遇领取年龄不足 15 年的，应当逐年缴费，也允许补缴至 15 年。对个人缴费出现中断的，应当补缴中断年度的费用，补缴的个人缴费不享受政府补贴。

第六条 对城乡居民中一、二级重度残疾人，五保户等缴费特困群体和计划生育“两户”家庭（独生子女领证户和二女节育户），由市州、县市区政府为其代缴全部或部分最低缴费标准的养老保险费，具体代缴标准由市州、县市区政府确定。

第七条 政府为每个参保人员建立终身记录的养老保险个人账户。个人账户资金包括：个人缴纳的养老保险费，村（社区）集体补助资金，省、市州、县市区政府对参保人的缴费补贴，其他社会经济组织、公益慈善组织、个人对参保人的缴费资助资金，利息和其他收入。个人账户储存额按国家规定计息。

第八条 城乡居民基本养老保险待遇由基础养老金和个人账户养老金组成，支付终身。

（一）基础养老金。自本办法实施之日起，已年满60周岁及以上人员，未享受国家规定的基本养老保险待遇的有户籍的老年人不用缴费，可以按月领取城乡居民基本养老保险基础养老金。政府为符合领取城乡居民基本养老保险待遇条件的参保人员全额支付基础养老金。

（二）个人账户养老金。个人账户养老金月计发标准为个人账户全部储存额除以139。

第九条 省政府根据经济发展和物价变动等情况，适时调整提高基础养老金标准。鼓励市州、县市区政府适当提高基础养老金水平，所需资金由本级政府承担。

第十条 参保人员死亡，个人账户资金余额可以依法继承。已经领取待遇的，从次月起停止支付养老金。

第十一条 建立待遇领取人员丧葬补助金制度，补助标准为中央和省级12个月基础养老金之和，所需资金由省级财政承担。

第十二条 参加城乡居民基本养老保险的人员，在缴费期间户籍迁移、需要跨省市区转移养老保险关系的，可在迁入地申请转移养老保险关系，一次性转移个人账户全部储存额，并按迁入地规定继续参保缴费，缴费年限累计计算；本省内转移的，可随户籍转移养老保险关系。已经按规定领取城乡居民基本养老保险待遇的，无论户籍是否迁移，其养老保险关系不转移。

第十三条 自本办法实施之日起，已参加老农村社会养老保险，按规定领取养老金且年满60周岁的农村居民，同时享受城乡居民基本养老保险基础养老金；未满60周岁的，继续参加城乡居民基本养老保险，个人账户合并管理，按城乡居民基本养老保险规定享受政府补贴及相关待遇。

第十四条 自本办法实施之日起，按照《甘肃省村干部养老保险试行办法》（省委办发〔2008〕118号）参加村干部养老保险，尚未达到待遇领取条件的人员，可同时参加城乡居民基本养老保险，个人账户合并管理；已达到待遇领取条件的人员，同时享受城乡居民基本养老保险待遇。因离职等原因不再参加村干部养老保险的人员，继续参加城乡居民基本养老保险，个人账户合并管理，按城乡居民基本养老保险规定享受政府补贴及相关待遇。

第十五条 自本办法实施之日起，按照《甘肃省被征地农民养老保险办法》（甘政发〔2011〕141号）参加被征地农民养老保险、尚未达到待遇领取条件的人员，属于部分失地农民的，继续参加城乡居民基本养老保险，个人账户合并管理，按城乡居民基本养老保险规定享受政府补贴及相关待遇；属于完全失地农民的，继续参加城镇职工或灵活就业人员养老保险，个人账户合并管理，按城镇职工养老保险规定享受相关待遇。

第十六条 自本办法实施之日起，阶段性参加企业职工养老保险、城镇灵活就业人员养老保险、城乡居民基本养老保险的人员，按照人社部、财政部《城乡养老保险制度衔接暂行办法》（人社部发〔2014〕17号）相关规定执行。

第十七条 城乡居民基本养老保险制度与优抚安置、城乡居民最低生活保障、农村五保供养等社会保障制度以及农村部分计划生育家庭奖励扶助制度的衔接，按有关规定执行。

第十八条 将高龄老年人生活补贴纳入城乡居民基本养老保险待遇发放范围，合并发放。高龄老年人生活补贴发放标准为：100周岁以上每人每月100元，90~99周岁每人每月60元，80~89周岁每人每月25元。90周岁以上补贴资金由省级财政承担，80~89周岁补贴资金由县市区财政承担。

第十九条 城乡居民基本养老保险基金实行县级统筹管理，待条件成熟后实行省级统筹管理。

第二十条 建立健全城乡居民基本养老保险基金财务会计制度。城乡居民基本养老保险基金纳入社会保障基金财政专户，实行收支两条线管理，单独记账，独立核算。基金按照国家统一规定投资运营，实现保值增值。城乡居民基本养老保险工作经费纳入同级财政预算，不得从城乡居民基本养老保险基金中列支，县市区财政确有困难的，市州财政应给予适当补助。

第二十一条 各级人力资源和社会保障部门负责会同有关部门建立健全基金内控制度和稽核监督制度，对基金的筹集、上解、划拨、发放、存储、管理等进行监控和检查，并按规定披露信息，接受社会监督。各级财政部门、审计部门负责对基金收支管理、投资运营和政府补贴资金落实情况进行监督检查。出现虚报冒领、挤占挪用、贪污浪费等违法违纪行为，按照国家有关法律法规严肃处理。

第二十二条 国家工作人员在城乡居民基本养老保险工作中玩忽职守、滥用职权、徇私舞弊的，依照有关规定追究行政责任；构成犯罪的，依法追究刑事责任。

第二十三条 各地政府负责组织领导、统筹安排本地区城乡居民基本养老保险工作，及时足额筹集政府补贴资金；整合现有公共服务和社会保险经办管理资源，规范健全工作机构，充实基层经办力量，落实人员编制，保障工作场地，提供必需的工作经费。

第二十四条 省人力资源和社会保障部门负责建立全省统一的城乡居民基本养老保险信息管理系统，实现省、市、县、乡镇（街道）、村（社区）实时联网，并与其他公民信息管理系统实现信息资源共享。

第二十五条 各市州、县市区政府要根据本实施办法，结合本地区实际，制定具体实施方案，统一制度规定、统一政策标准、统一机构名称、统一管理服务、统一信息系统。实施方案报省城乡居民基本养老保险工作领导小组审核批复后实施。

第二十六条 本办法自印发之日起实施。其中，选择500元及以上个人缴费的省级政府补贴从2014年7月1日起执行；高龄老年人生活补贴发放、丧葬补助金制度从2015年1月1日起执行。

2011年8月5日甘肃省人民政府印发的《甘肃省城乡居民社会养老保险试点办法》同时废止。

甘肃省新型农村社会养老保险试点试行办法

（2014年6月20日省政府第50次常务会议审议通过）

第一章　总　则

第一条　为建立健全农村社会保障体系，保障农村居民的基本生活，统筹城乡社会协调发展，根据国务院《关于开展新型农村社会养老保险试点的指导意见》（国发〔2009〕32号），结合我省实际，制定本办法。

第二条　年满16周岁以上（不含在校学生）、未参加城镇职工基本养老保险的农村居民，可以在户籍地自愿参加新型农村社会养老保险（以下简称新农保）。年满60周岁以上的农村居民个人不再缴费，直接享受中央财政补助的基础养老金，但其符合参保条件的子女应当参保缴费。

第三条　新农保制度坚持“保基本、广覆盖、有弹性、可持续”；从农村实际出发，低水平起步，筹资标准和待遇标准与经济发展及各方面承受能力相适应；坚持个人（家庭）、集体、政府合理分担责任，权利与义务相对应；坚持政府主导和农民自愿相结合；坚持有利于与村干部养老保险、被征地农民养老保险和城乡其他社会保险制度相衔接的原则。

第四条　新农保制度实行个人账户和基础养老金相结合的制度模式，采取个人缴费、集体补助、政府补贴相结合的筹资方式。

第五条　新农保制度实行县级统筹。

第二章　养老保险费筹集

第六条　新农保采取按年缴费的方式缴纳。

（一）个人缴费。符合参保条件的农村居民应当按规定缴纳养老保险费。缴费标准暂设为年100元、200元、300元、400元、500元5个档次，各地根据实际情况可适当提高缴费标准。参保人自主选择档次缴费，多缴多得，长缴多得。

（二）集体补助。有条件的村集体应当对参保人缴费给予补助，补助标准由村民委员会民主确定。鼓励其他社会经济组织为参保人缴费提供资助。

（三）政府补贴。国家财政对符合领取条件的参保人全额支付基础养老金。省级财政按照实际参保缴费人数每人每年补贴30元。允许有条件的试点市州、县市区对选择较高缴费档次的给予适当补贴，具体办法由市州政府制定，报省新型农村社会养老保险试点工作领导小组批准后实施。

第七条　对农村重度残疾人等缴费困难群体，由试点市州、县市区政府负责为其代缴部分或全部最低标准的养老保险费。具体办法由有试点县市区的各市州政府确定。

第八条　新农保制度实施时，年满16周岁且不满45周岁的农村居民，按年缴费，累计缴费年限不得低于15年；年满45周岁以上的农村居民，至60岁时累计缴费年限不满15年的允许补缴，补缴时，政府补贴部分由试点县市区政府承担。

第三章　个人账户

第九条　试点县市区社会保险经办机构负责为参保人员建立个人账户。个人账户资金包括:个人缴纳的养老保险费;村集体补助资金;其他经济组织资助资金;省、市州、县市区财政补助资金;利息收入和其他收入。

第十条　参保人员跨统筹区域转移养老保险关系的,个人账户中的资金全部转移。

第四章　养老保险待遇

第十一条　年满60周岁、未享受城镇职工基本养老保险待遇的农村有户籍的老年人,可以按月领取养老金。新农保养老金待遇由基础养老金和个人账户养老金组成,支付终身。

中央确定的基础养老金标准为每人每月55元,个人账户养老金的月计发标准为个人账户全部储存额除以139。

第十二条　参保人员死亡的,个人账户中的资金余额,除政府补贴外,可以依法继承,政府补贴余额用于继续支付其他参保人员的养老金。

第五章　制度衔接

第十三条　本办法实施时,已经按照原农村社会养老保险制度领取养老金的,且已年满60周岁的农村居民,同时享受新农保基础养老金;未满60周岁的,个人账户资金并入新农保个人账户,按照新农保的缴费标准继续缴费,待符合规定条件时享受相应待遇。

第十四条　本办法实施时,参加了村干部养老保险、被征地农民养老保险尚未达到待遇享受年龄的人员,应当参加新农保,其个人账户资金并入新农保个人账户,达到待遇享受年龄时,按本办法规定计发养老金;已达到待遇享受年龄的人员,在享受村干部养老保险、被征农民养老保险待遇的同时,享受新农保基础养老金。

第六章　基金管理和监督

第十五条　建立健全新农保基金财务会计制度。新农保基金纳入财政专户,实行收支两条线管理,单独记账核算,专款专用,任何单位和个人不得挤占挪用。新农保工作经费纳入同级财政预算,不得从新农保基金中列支。

第十六条　国家工作人员在新农保工作中玩忽职守、滥用职权、徇私舞弊的,依照有关规定追究行政责任;构成犯罪的,依法追究刑事责任。

第七章　组织领导和职责分工

第十七条　各级政府负责新农保工作的统一安排部署,协调各成员单位做好各自职责范围内的工作。负责对缴费困难群体补助资金和政府补贴资金的筹集。

第十八条　试点县市区政府负责建立健全新农保工作机构,整合办公资源,落实工作经费。有困难的试点县市区由市州政府给予补助。

第十九条 人力资源和社会保障部门负责新农保政策的制定和完善，对经办工作进行监督指导；财政部门负责建立健全新农保基金的财务、会计制度，检查审核基金收支预决算执行情况，设立新农保基金专户，做好财政补贴资金的审核和拨付；社会保险经办机构负责建立健全统计报表制度，做好参保登记、个人账户管理、待遇发放和基金收支预算管理等工作。其他新农保试点领导小组成员单位各负其责，共同配合做好新农保试点工作。

第八章 附 则

第二十条 按照国务院《关于开展新型农村社会养老保险试点的指导意见》（国发〔2009〕32号）要求，各市州和试点县市区政府要根据本办法分别制定实施方案。试点县市区实施方案报经省新农保试点工作领导小组批准后实施，并报国务院新农保试点工作领导小组备案。

第二十一条 本办法自发布之日起实施。

甘肃省城乡医疗救助试行办法

（2009年11月18日省人民政府第41次常务会议讨论通过）

第一条 为完善城乡医疗救助制度，帮助困难群众病有所医，根据国家有关规定，结合本省实际，制定本办法。

第二条 县级以上人民政府要加强对城乡医疗救助工作的领导，完善城乡医疗救助体系，将医疗救助所需经费纳入本级财政预算，保障城乡困难群众医疗救助工作。

第三条 县级以上民政部门主管城乡医疗救助工作，负责审核、审批和发放医疗救助资金。

财政部门应当做好医疗救助资金的筹集、核拨和监管工作。

卫生、药品监督管理、人力资源和社会保障等部门按照各自职责，做好城乡医疗救助相关工作。

第四条 医疗救助应当坚持以下原则：

（一）属地化管理；

（二）与新型农村合作医疗、城镇居民基本医疗保险相结合；

（三）与当地经济社会发展水平相适应；

（四）突出重点，分类救助。

第五条 鼓励和支持慈善机构等社会力量以各种形式参与医疗救助工作。

第六条 医疗救助对象是指持有当地常住户口，因患病造成生活困难的以下居民：

（一）城乡居民最低生活保障对象；

（二）农村五保供养对象；

（三）经县市区民政部门认定的其他对象。

医疗救助对象应当积极参加城镇居民基本医疗保险、职工基本医疗保险和新型农村合作医疗保险。

第七条 医疗救助实行住院救助为主，门诊救助、参保参合救助、其他特殊救助为辅的方式，解决救助对象的就医困难。

（一）住院救助。对医疗救助对象的住院治疗费用或经城镇居民基本医疗保险、新型农村合作医疗报销后，个人负担仍然较重的，给予一定数额的住院救助资金。

（二）门诊救助。对医疗救助对象的门诊治疗费用给予一定数额的资金救助。对城市低保户中无生活来源，无劳动能力，无法定赡养人、扶养人或抚养人的居民、农村五保供养对象等重点救助对象，每年给予一定数额的门诊救助金。

（三）参保参合救助。资助城乡低保一、二类人员和农村五保供养对象参加城镇居民基本医疗保险和新型农村合作医疗。

（四）其他特殊救助。对有其他特殊困难需要医疗救助的，经县市区民政部门认定后给予救助。

第八条 医疗救助对象在住院和门诊治疗期间，应当享受济困病床等有关优惠政策。

第九条 医疗救助申请人持村（居）民委员会证明、本人身份证、城乡居民最低生活保障证、农村五保供养证、医疗机构诊断证明、费用结算明细单、药费发票等相关材料，向乡镇人民政府、街道办事处提出申请，报县市区民政部门审批。县市区民政部门应当在20个工作日内审批完毕，对不符合救助条件的，书面通知申请人并说明理由。

第十条 县市区民政部门应当坚持医疗救助审核、审批公示制度，接受社会监督，做到公开、公平、公正。

第十一条 县市区民政部门应当建立健全医疗救助对象档案，一户一档，做到医疗救助对象申请书、审批表、诊断书、医疗费发票等资料齐全，管理规范。

第十二条 医疗救助实行定点医疗制度。定点医疗机构与城镇居民基本医疗保险和新型农村合作医疗定点医疗机构相一致。

第十三条 提供医疗救助服务的医疗机构，应当在规定范围内，按照城镇居民基本医疗保险、新型农村合作医疗用药目录、诊疗项目及医疗服务设施目录，为医疗救助对象提供服务。

第十四条 医疗救助标准由县市区人民政府根据本地实际，按救助对象个人自付费用的40% ~80%确定，个人年度救助总额不超过30000元。

第十五条 医疗救助资金按以下渠道筹集：

（一）各级人民政府财政补助资金每年按照当地城乡人口人均不低于1元的标准列支；

（二）各级当年福利彩票公益金的1%；

（三）社会捐助资金。

第十六条 县市区财政部门应当设立城市医疗救助资金专户和农村医疗救助资金专户，办理资金的筹集和核拨；县市区民政部门应当建立相应的城乡医疗救助资金支出专户，办理资金的核拨、支付等业务。

医疗救助资金坚持“专款专用、量入为出、收支平衡”的管理原则，结余资金可结转下年使用。

第十七条 审计、监察部门应当会同有关部门加强对医疗救助资金管理使用情况的监督检查。

第十八条 本办法自2010年1月1日起施行。

甘肃省农民工参加工伤保险办法

第一条 为维护农民工工伤保险权益,根据《工伤保险条例》(以下简称《条例》)、《国务院关于解决农民工问题的若干意见》(国发〔2006〕5 号)、《劳动和社会保障部关于农民工参加工伤保险有关问题的通知》(劳社部发〔2004〕18 号)、《甘肃省人民政府关于解决农民工问题的意见》(甘政发〔2006〕59 号)和《甘肃省人民政府办公厅批转省劳动和社会保障厅关于贯彻落实〈工伤保险条例〉的实施意见》(甘政办发〔2003〕131 号)精神,结合实际,制定本办法。

第二条 本省行政区域内的各类企业、有雇工的个体工商户、外省注册在甘从事生产经营的企业及有雇工的个体工商户(以下统称为"用人单位")和与之形成劳动关系的农民工适用本办法。

第三条 用人单位应当及时为农民工办理参加工伤保险手续,按时足额缴纳工伤保险费。农民工个人不缴费。

第四条 农民工参加工伤保险的缴费基数按照用人单位支付农民工的全部报酬确定,其中本人工资低于统筹地区职工月平均工资60%的,以统筹地区职工月平均工资的60%确定;超过统筹地区职工月平均工资300%的,以统筹地区职工月平均工资的300%确定。

对于使用农民工相对集中、流动性较大的矿山、建筑施工等企业,缴费基数难以确定的,可以按照国家有关规定确定的缴费方式缴费。

缴纳工伤保险费的费率按照统筹地区的规定执行。

第五条 农民工参加工伤保险实行实名制管理。用人单位招用和辞退农民工,应当及时到工伤保险经办机构办理备案手续。

第六条 用人单位注册地与生产经营地不在同一统筹地区的,原则上在注册地参加工伤保险;未在注册地参加工伤保险的,应当在生产经营地参加工伤保险。

第七条 跨统筹地区进行生产经营的用人单位,已在注册地参加工伤保险并为农民工缴纳工伤保险费的,要在生产经营活动开始前到生产经营地工伤保险经办机构备案;未在注册地参加工伤保险的,要在生产经营活动开始前到生产经营地工伤保险经办机构办理参加工伤保险手续,缴纳工伤保险费。

在生产经营地参加工伤保险的用人单位,应当在生产经营活动结束之日起 30 日内到参保地工伤保险经办机构办理工伤保险注销手续。

第八条 已参加工伤保险的农民工受到事故伤害或者被诊断鉴定为职业病的,在参保地进行工伤认定、劳动能力鉴定,并按参保地有关规定依法享受工伤保险待遇。

未参加工伤保险的农民工受到事故伤害或者被诊断、鉴定为职业病的,在生产经营地进行工伤认定、劳动能力鉴定,并按生产经营地有关规定依法享受工伤保险待遇。

第九条 有管辖权的市级劳动保障行政部门应当依法受理农民工的工伤认定申请。劳动保障行政部门对管辖有争议的,由争议双方协商解决;协商不成的,由最先接到工伤认定申请的市级劳动保障行政部门向省劳动保障行政部门申请指定管辖,工伤认定申请人也可向省劳动保障行政部门申请指定管辖。省劳动保障行政部门指定管辖的,市级劳动保障行政部门应当管辖。

第十条 因工伤残一至四级的农民工,已参加工伤保险的,其享受的伤残津贴、生活护理费原则上由工伤保险经办机构从工伤保险基金中按月支付,直至丧失领取条件时止。本人自愿一次性领取伤残津贴、生活护理费的,可以一次性领取。一次性领取的费用计发基数,按照《条例》第三十三条第一款第二项和第三十二条第二款规定标准执行,计发年限从农民工工伤发生之日或职业病诊断、鉴定之日计算至省统计局公布的当期平均寿命。

因工伤残一至四级的农民工,未参加工伤保险的,其享受的伤残津贴、生活护理费按前款规定的标准计算由用人单位一次性支付。

第十一条 已参加工伤保险的农民工因工死亡的,其供养亲属抚恤金原则上按月支付,直至丧失领取条件时止。供养亲属本人自愿一次性领取的,可以一次性领取。一次性领取的金额按《条例》第三十七条第一款第二项规定的标准计算到丧失领取条件时止,计算的最高年龄为省统计局公布的当期平均寿命。

未参加工伤保险的农民工因工死亡的,其供养亲属抚恤金按前款规定的标准计算,由用人单位一次性支付。

第十二条 工伤农民工本人或因工死亡农民工供养亲属按照本办法第十条、第十一条规定自愿一次性领取工伤保险待遇的,本人或供养亲属应当在申请核定一次性伤残补助金、丧葬费、一次性工亡补助金待遇时提出书面申请。已参加工伤保险的,由本人或供养亲属与用人单位以及工伤保险经办机构签订协议,一次性领取各项工伤保险待遇后,解除劳动关系,终止工伤保险关系。未参加工伤保险的,由本人或供养亲属与用人单位签订协议,用人单位一次性支付工伤待遇后,解除劳动关系。

已经按月领取伤残津贴、生活护理费、供养亲属抚恤金待遇的,不得再按照本办法第十条、第十一条规定一次性领取。

第十三条 因工伤残一至四级农民工一次性领取工伤待遇并与用人单位终止劳动关系时,用人单位应当以工伤农民工本人工资为基数,支付一次性工伤医疗补助金。本人工资低于统筹地区上年度职工月平均工资的,以统筹地区上年度职工月平均工资计算。一次性工伤医疗补助金标准为:一级伤残的24个月,二级伤残的22个月,三级伤残的20个月,四级伤残的18个月。

第十四条 用人单位未给农民工办理参加工伤保险手续的,农民工可以向用人单位注册地或生产经营地劳动保障行政部门的劳动保障监察机构举报。劳动保障监察机构应调查核实,依法纠正和查处有关违法行为。

第十五条 工会和企业职工代表大会依法对本单位农民工参加工伤保险工作进行监督。

第十六条 有关农民工工伤认定、劳动能力鉴定、待遇支付方面的争议,按照《条例》第二十六条、第五十二条、第五十三条的规定执行。

第十七条 本办法所称农民工,是指具有农业户口,在国家规定的就业年龄内,与用人单位形成劳动关系的人员。

本办法中所称本人工资是指农民工因工作遭受事故伤害或者被诊断、鉴定为职业病前12个月的平均工资。在用人单位工作不满1年的,以实际工作月份的平均工资作为本人工资。用人单位和农民工双方签订的劳动合同中约定的工资标准与实际支付的工资不一致或本人工资无法确定的,按统筹地区上年度职工月平均工资确定。

第十八条 本办法自印发之日起施行。本办法施行前已受到事故伤害或者被诊断、鉴定为职业病的农民工,未超过1年申请工伤认定时效的,按照本办法规定执行。

甘肃省就业登记和失业登记管理办法

第一章 总 则

第一条 为了建立健广覆盖城乡劳动者的就业登记和失业登记制度,规范就业和失业登记行为,促进充分就业,根据《就业服务与就业管理规定》(劳动和社会保障部令第 28 号)和《甘肃省人民政府关于进一步做好促进就业工作的通知》(甘政发〔2008〕56 号)精神,制定本办法。

第二条 本省行政区域内用人单位招用劳动者或劳动者自主就业,到公共就业服务机构办理就业登记,适用本办法。

本省行政区域内没有就业经历或就业转失业的城镇户籍人员,农村进城务工人员和其他非本省户籍人员在本省行政区域内稳定就业满 6 个月办理失业登记的,适用本办法。

第三条 《甘肃省就业失业登记证》(以下简称《登记证》)是劳动者在本省行政区域内享受公共就业服务和就业扶持政策的凭证。

全省范围内实行统一的《登记证》。《登记证》由省劳动保障厅统一印制,各级公共就业服务机构免费核发。

第四条 公共就业服务机构应当将用人单位办理就业登记情况通报同级社会保险经办机构。

社会保险经办机构在办理用人单位参保手续及审核发放社会保险待遇时,应先查验《登记证》,对未办理《登记证》的,应要求用人单位和劳动者办理就业、失业登记。

第五条 各级劳动保障部门集中审查用人单位劳动保障资料时,应核查用人单位招用人员办理《登记证》情况。未办理《登记证》的用人单位不得评定劳动保障诚信 A、B 级单位。

第二章 就业登记

第六条 就业登记的具体内容:

(一)劳动者个人信息情况(户口本、身份证);

(二)就业单位基本情况;

(三)就业类型、就业时间情况;

(四)就业单位订立、终止或者解除劳动合同情况等;

(五)《登记证》设置的其他内容。

《登记证》首页的工作单位和就业类型按照首次办理就业登记时的用人单位名称、就业类型填写。

第七条 用人单位新招用人员或与劳动者续订劳动合同的,应当于录用之日起 30 日内,按本办法第二条的规定到相应的公共就业服务机构办理就业登记备案手续。

初次就业人员,已办理《登记证》的,用人单位持《登记证》办理就业登记备案手续;没有《登记证》的,用人单位和劳动者应当申请办理《登记证》,并提交以下材料:

(一)劳动合同书(原件);

(二)劳动者从事国家就业准入的职业(工种)的职业资格证书(原件);

(三)被录用人员有效身份证件(复印件);

(四)劳动保障行政部门要求提交的其他证件和材料。

与劳动者续订劳动合同的,用人单位应当提交《登记证》(原件)办理备案手续。

第八条 劳动者从事个体经营或灵活就业的,应当在实现就业后30日内,到其就业所在地公共就业服务机构办理就业登记备案手续。

从事个体经营的,持工商营业执照副本和本人有效身份证件申领《登记证》。灵活就业的,持本人有效身份证件申领《登记证》。

第九条 公共就业服务机构受理就业登记申请后,应在受理之日起10个工作日内对申办《登记证》劳动者的有关情况和资料进行核实,经审核合格的,经办人员按照《登记证》规定内容填写统一编号核发《登记证》。

第三章 失业登记

第十条 失业登记的范围包括下列人员:

(一)年满16周岁,从各类学校毕业、肄业未就业的;

(二)从用人单位就业转失业的;

(三)个体工商户业主或私营企业主停业、破产停止经营的;

(四)承包土地被征用并符合规定条件的;

(五)军人退出现役,且未纳入国家统一安置的;

(六)刑满释放、假释、监外执行或解除劳动教养的;

(七)省劳动保障行政部门确定的其他失业人员。

第十一条 失业人员按以下规定办理失业登记和申办《登记证》:

(一)在法定劳动年龄内,有劳动能力,有就业要求,没有就业经历的城镇户籍人员,持本人有效身份证件到其户籍所在地公共就业服务机构办理失业登记和《登记证》;

(二)农村进城务工人员和其他非本地户籍人员在常住地稳定就业满6个月的,失业后持本人有效身份证件、用人单位(或有关部门)出具的终止或解除劳动关系证明书(判决书或仲裁书)等有关资料,到常住地公共就业服务机构办理失业登记和《登记证》;

(三)城镇户籍劳动者有就业经历的,持本人有效身份证件、《登记证》及原单位终止、解除劳动关系或解聘的证明,到用人单位办理《登记证》的公共就业服务机构办理失业登记;

(四)个体工商户业主或私营企业业主停业、破产停止经营的,持本人有效身份证件、《登记证》及有关部门发给的停业、破产停止经营证明,到办理《登记证》的公共就业服务机构办理失业登记;

(五)其他失业人员,持本人有效身份证件、有关部门发给的相关证明,到本人户籍所在地的公共就业服务机构办理失业登记和《登记证》。

第十二条 公共就业服务机构受理失业登记申请后,应在受理之日起10个工作日内对申请人的有关情况和资料进行审核。经审核属实的,在劳动者《登记证》"就业状态"栏目中登记为失业,审核人员加盖印章。

第十三条 登记失业人员应当定期向公共就业服务机构报告就业失业状况,积极求职,参加公共就业服务机构安排的就业培训。

各级公共就业服务机构应当利用社区劳动保障平台,加强对登记失业人员的管理和服务,掌握登记失业人员的就业状况，及时办理失业登记或注销手续。

第十四条 登记失业人员有下列情形之一，由公共就业服务机构注销其失业登记：

（一）被用人单位录用的；

（二）从事个体经营或创办企业，并领取工商营业执照的；

（三）已从事有稳定收入的劳动，并且月收入不低于当地最低工资标准的；

（四）已享受基本养老保险待遇的；

（五）完全丧失劳动能力的；

（六）入学、服兵役、移居境外的；

（七）被判处收监执行或被劳动教养的；

（八）终止就业要求或拒绝接受公共就业服务的；

（九）连续6个月未与公共就业服务机构联系的；

（十）已进行就业登记的其他人员或省劳动保障部门规定的其他情形。

第四章 《登记证》的发放与管理

第十五条 省属、中央驻甘国有及国有控股企业和军队企业，省直国家机关、事业单位、社会团体的就业、失业登记以及《登记证》核发工作由省公共就业服务机构负责；市、州属国有及国有控股企业，市直国家机关、事业单位、社会团体，省、市、州工商行政管理部门登记注册的其他性质企业和外埠驻甘单位就业、失业登记以及《登记证》核发工作由市公共就业服务机构负责；县属国有及国有控股企业，县直国家机关、事业单位、社会团体，县工商行政管理部门登记注册的其他性质企业就业、失业登记以及《登记证》核发工作由县公共就业服务机构负责。

第十六条 《登记证》由负责发放的公共就业服务机构统一编号。具体按《甘肃省就业失业登记证编号办法》执行。

第十七条 《登记证》在本省行政区域内通用。用人单位申领《登记证》和办理就业失业登记备案的，《登记证》由用人单位统一保管；劳动者申办的，《登记证》由劳动者本人使用。劳动者凭《登记证》享受相关待遇，按有关政策规定执行。

第十八条 《登记证》采用实名制，限持证人本人使用。《登记证》不得转借、转让、涂改，否则视作无效。

第十九条 劳动者在本省行政区域内只能持一本《登记证》和使用唯一的编号。更换、补发《登记证》时，编号不得变更。已持有《登记证》的外省户籍劳动者离开本省后再次入甘就业的，应使用原《登记证》。

第二十条 《登记证》实行年度审验制度，由申办人到发证机构办理年度审验手续。未经年度审验的，《登记证》自行失效。

第二十一条 《登记证》遗失或损毁的，应及时向原发证机构报失和申请补发。

第二十二条 《登记证》的发放、登记和管理应统一使用全省就业登记与失业登记信息管理系统，并实现计算机管理和全省联网运作。各级公共就业服务机构应及时将《登记证》的发放、登记、管理等情况录入全省就业登记与失业登记信息管理系统。

第五章 失业人员档案管理

第二十三条 与劳动者解除或终止劳动合同15日内，用人单位应将劳动者档案从本单位或其他档案代管单位转到办理《登记证》的公共就业服务机构存放。

第二十四条 公共就业服务机构应建立健全档案管理制度,对存放档案人员的家庭情况、收入状况、就业愿望、技能水平等情况,登记造册建立台账。

第二十五条 存放档案人员在就业、入学、入伍、户口迁移时,持相关证明和本人身份证到公共就业服务机构办理个人档案转移手续。

第二十六条 存放档案人员在档案存放期间发生应当存入档案的相关情况,保管档案的公共就业服务机构应将其有关资料归入个人档案。

第二十七条 有关部门和人员需查阅存放档案人员档案的,持有效证明可以到公共就业服务机构查阅。

第六章 附 则

第二十八条 外国人在本省就业,台湾和香港、澳门居民在本省就业,有关登记管理办法按原规定执行。

第二十九条 《登记证》从2009年1月1日起开始使用,原省劳动保障厅印制的《失业证》《外出人员求职登记卡》等证卡不再发放。

第三十条 本办法自2008年12月1日起执行。《关于印发甘肃省劳动厅贯彻劳动部〈就业登记规定实施办法〉的通知》(甘劳发〔1996〕46号)、《关于印发新版就业失业证有关问题的通知》(甘劳社办函〔2007〕31号)同时废止。

甘肃省农村居民最低生活保障管理办法

（2010 年 9 月 20 日省人民政府第 63 次常务会议讨论通过，自 2010 年 11 月 1 日起施行）

第一章　总　则

第一条　为贯彻落实科学发展观，切实保障农村困难群众的基本生活权益，促进城乡协调发展，维护社会和谐稳定，根据国家有关政策规定，结合我省实际，制定本办法。

第二条　农村居民最低生活保障制度，是指政府对家庭年人均纯收入低于当地农村居民最低生活保障标准的农村常住居民实行的救助制度。

第三条　农村居民最低生活保障坚持以人为本、保主保重、公开公平、分类施保、动态管理的原则。

第四条　农村居民最低生活保障工作实行各级人民政府负责制，按属地进行管理。

第五条　各级人民政府要将农村居民最低生活保障工作列入重要议事日程，纳入年度目标责任考核内容。

第二章　保障对象及标准

第六条　农村居民最低生活保障对象是指具有我省农业户口，且在当地农村居住一年以上，因病、因残、因灾以及生存条件恶劣等原因造成上年度家庭年人均纯收入低于当地农村居民最低生活保障标准的居民。

第七条　农村居民最低生活保障标准，由市（州）或县级人民政府根据维持当地农村居民基本生活所必需的衣、食、住、行、用等费用确定，并报上一级政府备案后公布执行。

第八条　农村居民最低生活保障标准要根据当地经济发展及生活必需品价格变化适时进行调整。

第九条　农村居民最低生活保障对象原则上按四类施保。

一类：主要成员重度残疾、缺失劳动力，基本没有收入来源的家庭；家庭主要成员常年患病，经济负担沉重，严重收不抵支的家庭；因意外事故或家庭变故造成无法维持基本生活的单亲家庭。

二类：家庭生活比较困难，且需要政策扶持的计生两户和供养大学生的家庭。

三类：虽有劳动力，但因家庭成员残疾或多病，导致维持基本生活困难较大的家庭。

四类：其他难以维持基本生活的困难家庭。

上述四类中，一、二、三类应占受保对象的 70% 以上，第四类低保对象要严格控制在 30% 以内。

第十条　各类保障对象的补助水平必须拉开档次。一类补助水平达到国家确定的贫困线标准。二、三、四类补助水平在一类补助水平的基础上分别依次下调 25% 左右。

第十一条　家庭生活水平高于当地农村居民最低生活保障标准或其他不符合规定的，不得纳入保障范围。

第十二条　农村居民家庭收入是指共同生活的家庭成员按国家有关农民人均纯收入统计办法核定

的上年度收入的总和,包括家庭生产经营性收入、外出务工经营收入、工资收入及其他收入。

第十三条 优待抚恤金、奖学金、救灾款、新农合和义务教育阶段享受的各类补贴等不计入家庭收入。

第三章 申请审批与管理

第十四条 申请享受农村居民最低生活保障待遇按以下程序办理:

(一)个人申请。农村困难家庭由户主向受村委会委托的村民小组提出书面申请,并提供相关证明材料。

(二)家庭收入摸排调查。由村民小组按有关规定对申请人家庭收入和实际生活水平进行摸底核对,并按困难程度进行排序。

(三)村级评议。村委会依据村民小组摸底排序情况,在进行调查核实的基础上,召开村评议小组会议提出评议意见,并将评议意见返回村民小组予以公示,将符合条件的困难对象名单等相关材料报乡镇人民政府审核。

(四)乡镇人民政府审核。审核前须组织人员进村入户进行核实,核实结果报县级民政部门审批。

(五)县级民政部门审批。审批结果须返回村民小组予以公示,并向符合低保条件的对象以户为单位发放《甘肃省农村居民最低生活保障证》,对未予批准的委托乡镇人民政府送达不予保障的书面通知。

第十五条 县乡两级在民主评议和公示过程中,须做好事前宣传、事中指导和事后监督,确保评定工作透明公正。

第十六条 农村居民最低生活保障须建立县、乡、村三级档案管理制度。

第十七条 各级民政部门要对属于扶贫对象的农村低保对象,及时与扶贫部门进行制度、政策、信息等方面的衔接。

第十八条 农村居民最低生活保障对象实行动态管理。家庭收入无明显变化的低保对象应保持相对稳定,对收入超过最低生活保障标准的,每年审核调整一次,形成有进有退的动态管理机制。

第十九条 县级民政部门统一安排,乡镇人民政府具体负责,对阶段性丧失劳动能力的低保对象,每年摸底排查一次,并将结果作为其是否继续享受农村低保的依据。

第四章 资金筹集、管理与发放

第二十条 农村低保资金和工作经费由各级政府分别按规定比例和保障需要的原则纳入年度财政预算安排。

第二十一条 各级人民政府分配农村低保资金时,应向贫困地区尤其是特困县、乡、村倾斜。

第二十二条 农村低保资金按季度发放。民政部门按照实际保障人数将相关材料报同级财政部门审核后,资金由财政社保专户拨入惠农专户,通过“一折统”进行发放。

第二十三条 农村居民最低生活保障资金以县(市、区)为单位进行核算和管理,实行专项管理、专账核算、专款专用,严禁挤占挪用。

第二十四条 监察、审计等部门要依法对农村低保资金的管理使用情况进行监督检查。

第五章 责任追究

第二十五条 县级以上民政部门是农村居民最低生活保障工作的主管部门,对执行本办法负主要责任。

第二十六条 乡镇人民政府对辖区内低保对象的审核和日常管理工作负直接责任。

村民委员会受乡镇人民政府委托，对本村低保对象调查摸底和民主评议工作的公开、公正负直接责任。

村民小组受村委会委托，要做好对农户收入的摸底排查和比较排序工作。

第二十七条 从事农村居民最低生活保障的工作人员有下列行为之一的，视情节给予批评教育或行政处分，构成犯罪的，移交司法机关处理：

（一）无正当理由对符合条件的申请人拒不受理的；

（二）违反规定为不符合条件的申请人办理低保手续的；

（三）贪污、挪用、扣押、拖欠低保金的；

（四）其他违规违纪行为的。

第二十八条 采用虚报家庭收入、伪造证明材料等不正当手段骗取农村低保金的居民，情节较轻的由县（市、区）人民政府民政部门给予批评教育，追回冒领的低保金；情节严重构成犯罪的，移交司法机关处理。扰乱民主评议秩序，故意撕毁公示文件，对低保工作人员进行人身攻击和侮辱谩骂的，应依法依规严肃处理。

第二十九条 县（市、区）民政部门和乡镇人民政府发生下列情况之一，在全省范围内通报批评：

（一）不严格执行政策规定，工作严重失误造成不良影响的；

（二）违反政策规定弄虚作假的；

（三）对群众来信来访处理不当，引发集体上访、越级上访及其他恶性事件的；

（四）低保金未按规定及时足额发放的；

（五）在工作检查中发现并查实的其他违规问题。

第六章　附　则

第三十条 各市（州）、县（市、区）可依据本办法，结合当地工作实际，制定具体的操作规程。

第三十一条 本办法自2010年11月1日起施行。